INTRODUÇÃO À LITERATURA INFANTIL E JUVENIL ATUAL

TERESA COLOMER

INTRODUÇÃO À LITERATURA INFANTIL E JUVENIL ATUAL

Tradução
Laura Sandroni

© Teresa Colomer, 2015
Título original em espanhol: *Introducción a la literatura infantil y juvenil actual*
Editorial Síntesis, S. A., Madrid, 2ª edición ampliada, 2010
1ª Edição, Global Editora, São Paulo 2017
1ª Reimpressão, 2021

Jefferson L. Alves – diretor editorial
Dulce S. Seabra – gerente editorial
Flávio Samuel – gerente de produção
Malu Poleti – assistente editorial
Jefferson Campos – assistente de produção
Laura Sandroni – tradução
Juliana Campoi e Laura Vecchioli – revisão de texto
Thinglass/Shutterstock – foto de capa
Eduardo Okuno – capa
Mayara Freitas – projeto gráfico

CIP-BRASIL. CATALOGAÇÃO NA PUBLICAÇÃO
SINDICATO NACIONAL DOS EDITORES DE LIVROS, RJ

C68i

   Colomer, Teresa
   Introdução à literatura infantil e juvenil atual / Teresa Colomer; tradução Laura Sandroni. – 1. ed. – São Paulo: Global, 2017.
   il.

   Tradução de: Introducción a la literatura infantil y juvenil actual
   ISBN 978-85-260-2328-4

   1. Leitura - Literatura infantojuvenil. 2. Livros e leitura. I. Sandroni, Laura. II. Título.

16-38037   CDD: 370.71
                                             CDU: 37.02

Obra atualizada conforme o
Novo Acordo Ortográfico da Língua Portuguesa.

Global Editora e Distribuidora Ltda.
Rua Pirapitingui, 111 — Liberdade
CEP 01508-020 — São Paulo — SP
Tel.: (11) 3277-7999
e-mail: global@globaleditora.com.br

 globaleditora.com.br    /globaleditora
 blog.globaleditora.com.br    /globaleditora
 /globaleditora    /globaleditora
/globaleditora

Direitos reservados.
Colabore com a produção científica e cultural.
Proibida a reprodução total ou parcial desta obra
sem a autorização do editor.

Nº de Catálogo: **3844**

INTRODUÇÃO À
LITERATURA
INFANTIL E
JUVENIL ATUAL

Sumário

Introdução 11
   A organização da obra 12
   As seleções bibliográficas 14
   Os quadros de títulos se referem a três tipos de obras literárias 15

1. Funções da literatura infantil e juvenil 19
   1.1. O acesso ao imaginário coletivo 20
   1.2. A aprendizagem da linguagem e das formas literárias 26
      1.2.1. Da primeira infância à leitura autônoma de histórias 31
      1.2.2. A adaptação dos livros à aprendizagem narrativa do leitor 40
      1.2.3. O aprendizado de modelos poéticos por meio do folclore 55
   1.3. A socialização cultural 62
      1.3.1. Os modelos masculinos e femininos nos livros atuais 63
   Atividades sugeridas 76

2. O acesso aos livros infantis e juvenis 79
   2.1. "Aqui alguns livros, aqui algumas crianças" 81
   2.2. A chegada dos livros infantis às bibliotecas e escolas 86
      2.2.1. Livros infantis e leitura funcional 88
      2.2.2. Livros infantis e educação literária 89
   2.3. Os programas escolares de formação leitora 94
      2.3.1. Criar um mundo povoado de livros 95
      2.3.2. Ler em voz alta, recitar e narrar oralmente 97
      2.3.3. Ler de forma autônoma 101
      2.3.4. Compartilhar os livros 102
      2.3.5. Ler de forma guiada 107
      2.3.6. Ter um plano de leitura 111
   Atividades sugeridas 120

3. Os livros clássicos como herança 127
3.1. Por que ler obras da tradição literária? 128
3.1.1. O papel dos clássicos na escola 131
3.2. A história dos livros infantis 133
3.2.1. A literatura de tradição oral 133
3.2.2. Do folclore à literatura infantil escrita 139
3.2.3. Os contos populares como literatura para crianças 143
3.2.4. As versões dos contos populares na literatura infantil atual .. 148
3.3. A literatura infantil e juvenil escrita 154
3.3.1. As narrativas de aventuras 155
3.3.2. As histórias realistas com protagonista infantil 159
3.3.3. As histórias de animais 161
3.3.4. As narrativas fantásticas e de humor 162
3.3.5. O desenvolvimento da literatura infantil e juvenil na Espanha .. 167
3.4. A evolução da ilustração 172
Atividades sugeridas 184

4. A literatura infantil e juvenil atual 189
4.1. A transmissão de novos valores sociais 190
4.1.1. A evolução dos valores na sociedade global 196
4.2. O reflexo das sociedades pós-industriais 199
4.2.1. As mudanças sociológicas: a família 200
4.2.2. A crítica social 203
4.2.3. A multiculturalidade 205
4.2.4. A memória histórica 207
4.3. As tendências literárias e artísticas 210
4.3.1. A narrativa psicológica 210
4.3.2. A renovação do folclore e a fantasia moderna 214
4.3.3. O pós-modernismo e as formas audiovisuais da narrativa 219
4.3.4. A adaptação de gêneros literários adultos 224
4.4. A ampliação do destinatário a novas idades e a criação de novos tipos de livros 228
4.4.1. Livros para não leitores e livros brinquedo 229
4.4.2. Livros infantis e novas formas de ficção 235

4.4.3. A criação de narrativas para adolescentes 238
4.5. A poesia e o teatro 243
Atividades sugeridas 248

5. Critérios de avaliação e seleção de livros infantis e juvenis.. 251
5.1. A qualidade dos livros 253
    5.1.1. A análise da narrativa literária 254
    5.1.2. A análise da ilustração 268
    5.1.3. A análise dos elementos materiais do livro 272
    5.1.4. A análise da relação entre o texto e a imagem 281
5.2. A adequação à competência do leitor 293
    5.2.1. Exemplo de análise de ¡Julieta, estate quieta!, de
    Rosemary Wells 296
5.3. A diversidade de funções 302
    5.3.1. Para leitores diferentes 302
    5.3.2. Para realizar experiências literárias diferentes 303
    5.3.3. Para propósitos variados 304
Atividades sugeridas 306

6. Para saber mais 311
6.1. Bibliografia sobre literatura infantil e juvenil 311
6.2. Centros de documentação 315
6.3. Autores e ilustradores atuais: os prêmios Andersen 316
6.4. Evolução cronológica da literatura infantil e juvenil universal e na
    Espanha até o início da etapa atual (a partir da restauração
    democrática de 1917) 318

Bibliografia 323
Referências bibliográficas 323
Obras infantis e juvenis citadas no texto 327

Introdução

Esta obra se propõe a facilitar uma aproximação da literatura infantil e juvenil a partir da reelaboração e atualização da obra publicada em 1999. Entendemos este tipo de literatura como a iniciação das novas gerações ao diálogo cultural estabelecido em qualquer sociedade por meio da comunicação literária. Nas sociedades ocidentais, esta porta de entrada passa em grande parte pelos livros criados especialmente para a infância e adolescência, ou ainda por aqueles que, em sua difusão social, demonstraram sua idoneidade para esse público, embora não tenham sido criados expressamente para ele. Dizemos "em grande parte" porque há outras formas de transferência que se superpõem à dos livros. A ficção narrativa, por exemplo, ocorre também através dos meios orais e audiovisuais; as funções de entretenimento e participação criativa estão encontrando uma nova via de desenvolvimento na multimídia e nos jogos de mesa; a iniciação teatral inclui muitos aspectos distantes do objeto editorial e a aquisição das convenções e códigos artísticos visuais se produz também nas historietas gráficas e no mundo digital. No entanto, limitamo-nos aqui a tratar dos "livros", e concretamente dos livros "literários", deixando de fora também a produção de livros informativos.

O interesse pela literatura infantil e juvenil se dá em setores sociais muito variados. Atualmente, há muitas profissões que se ocupam da educação ou do tempo de ócio das crianças. Docentes, bibliotecários ou animadores culturais precisam conhecer a literatura dirigida a estas idades para poder cumprir sua missão. Os pais e a sociedade como um todo também podem buscar orientações tanto para utilizar este objeto cultural como para conhecer o tipo de proposta educativa que se veicula por meio dele.

O fenômeno da literatura infantil e juvenil pode ser estudado de diferentes perspectivas. Há algumas décadas, seu interesse promoveu estudos específicos desde a psicologia, a história da alfabetização e da cultura, os estudos ideológicos e literários ou a educação escolar. A orientação adotada aqui, além de seu caráter introdutório, é o de sua utilidade para todas aquelas pessoas que devem mediar as leituras literárias entre meninos e meninas. Trata-se de um primeiro passo, ordenado e encaminhado a expor o que nos parece importante para cuidar da formação leitora das crianças. Este propósito presidiu a seleção de conteúdos da obra, o nível de detalhe com o qual estão expostos. Pretendeu-se construir um quadro geral e, portanto, seu valor depende da coerência dos elementos que o configuram e não da profundidade com que se trata cada um. O leitor interessado na evolução histórica do livro infantil, na organização de uma biblioteca, nos recursos escolares de fomento à leitura ou nas características do folclore pode continuar a viagem através da bibliografia final, oferecida como um segundo passo neste itinerário de conhecimentos.

Os conteúdos e a organização da obra respondem à nossa experiência na formação inicial dos futuros docentes e nas atividades de formação permanente de diversos tipos de mediadores entre os livros e as crianças. Suas demandas e necessidades já guiaram anteriormente o desenvolvimento e a publicação de algumas das ideias que os leitores habituais destes temas poderão encontrar aqui reformuladas e sistematizadas. O propósito de divulgação faz que se tenha evitado a inclusão de pistas bibliográficas de ampliação na redação do texto, assim como a intenção de facilitar a leitura eliminou, exceto em casos pontuais, as referências e outros estudos e autores que podem desenvolver e apoiar as ideias expostas.

A organização da obra

A obra se divide em cinco capítulos. No primeiro se aborda o sentido da iniciação literária por meio da literatura infantil e juvenil. Refletir sobre "para que servem" estes livros não é supérfluo, já que, da resposta dada, depende a orientação que configura a tarefa da mediação. A experiência nos diz, também, que existe uma escassa informação sobre este ponto e que, dessa imprecisão, derivam muitos dos problemas práticos da seleção e do desenvolvimento das atividades de mediação.

O segundo capítulo aborda a atividade de mediação, isto é, "como facilitar o contato" entre os livros e seus destinatários nos diferentes contextos em que esse encontro ocorre. É especialmente conveniente recordar aqui que a intenção da obra é criar algumas coordenadas e estabelecer alguns critérios. As atividades propostas são citadas exclusivamente como exemplos, já que não se trata de uma obra sobre recursos de formação leitora, mas sim de uma introdução à literatura infantil e juvenil.

No terceiro e no quarto capítulos se estabelece um panorama geral sobre as características da literatura que se oferece para a infância e adolescência. Trata-se, pois, de saber "como são" os livros. O texto segue certo critério cronológico, de maneira que, no capítulo três, se expõem a passagem da literatura de tradição oral para um destinatário infantil e o nascimento de uma produção específica para este público nas sociedades modernas, enquanto que, no capítulo quatro, se descrevem os traços da produção a partir do último quarto do século XX até agora.

Estabelecida uma certa caracterização do corpus, o quinto capítulo propõe critérios de seleção. Pretende facilitar a tarefa de "como escolher os livros" e oferece formas de análise dos distintos aspectos das obras que podem contribuir para isso.

Todos os capítulos se encerram com um conjunto de "Atividades sugeridas" pensadas para que o leitor volte aos conteúdos expostos, especialmente pelas reflexões e ações realizadas com livros infantis e que, em geral, encontram seu sentido no quadro de uma formação compartilhada.

Dentro do esquema do livro, os conteúdos se dividem de modo que se complementam mutuamente, tanto quanto possível. Por exemplo, a exposição sobre a função socializável dos livros se realiza por meio do exemplo dos modelos de gênero masculino e feminino, o qual acumula maior desenvolvimento no trecho sobre a transmissão de valores sociais na literatura infantil e juvenil atual. Ou a descrição dos livros infantis como aprendizagem narrativa se concentra nos primeiros anos de infância, o que permite dar por conhecidos esses traços ao tratar do nascimento de uma literatura especialmente dirigida a esta idade. Ou ainda, a evolução do folclore à literatura escrita como a de Chapeuzinho Vermelho funciona como um prenúncio da evolução da literatura infantil, que se relaciona com a descrição da produção atual no quarto capítulo.

No interior deste "quebra-cabeça" deliberado, deu-se maior peso aos exemplos centrados nos livros destinados aos mais pequenos. Procedeu-se assim, por um lado, porque sendo mais curtos facilitam a leitura dos exemplos e das atividades dos capítulos. Por outro, porque, provavelmente, a época em que se aprende a ler e a amar os livros é a que desperta maior atenção no público em geral.

As seleções bibliográficas

Ao longo da obra aparece uma série de quadros com títulos de obras infantis e juvenis. A ideia que rege estas seleções é a de oferecer ao leitor um bom horizonte de expectativas sobre o que se supõe ser a produção de qualidade de livros para meninos, meninas e adolescentes.

Este convite à leitura pode ampliar-se por meio da lista final de títulos que forem sendo citados ao longo do texto, já que se utilizam exemplos de obras que são consideradas de qualidade indiscutível em quase todos os casos aludidos. A seleção realizada também aumenta substancialmente com as obras incluídas nas "Atividades sugeridas". Tanto os livros inseridos nesses trechos quanto aqueles recomendados nos quadros são acompanhados de sua referência bibliográfica, de modo que não aparecem na lista final de referências, a não ser que também tenham sido citados no texto. A consulta aos livros nas bibliotecas infantis pode ser muito pertinente para poder entender melhor o fenômeno descrito, especialmente em todo aquele que fez referência à imagem ou à parte material do livro. As obras são citadas no texto em sua tradução em espanhol, exceto no trecho histórico sobre as obras clássicas. Nas referências bibliográficas, no entanto, são citados os títulos originais em catalão, euskera e galego, acrescentando-se o título em espanhol. Por outro lado, não são feitas referências sobre a edição das obras clássicas universais, dada sua publicação em várias editoras.

Os quadros de títulos se referem a três tipos de obras literárias

1. Clássicos da literatura infantil e juvenil. No capítulo três, ao tratar da história da literatura infantil e juvenil, se oferece uma seleção de personagens "clássicos", restrita às obras publicadas até 1950. Tratam-se de personagens de tamanha importância que às vezes superam a fama de suas histórias concretas e que com frequência as crianças (e muitos adultos) conhecem sem poder precisar sua origem. A seleção se oferece, pois, com a intenção também de ser um instrumento de localização para os mediadores.

A primeira seleção trata de personagens positivos, heróis de aventura, a iniciação ou o mistério, com quem se espera que os leitores se identifiquem. Não foram incluídos os personagens da tradição oral europeia, como Chapeuzinho Vermelho, O gato de botas, O Pequeno Polegar, Barba Azul ou A gata borralheira (todos eles presentes nos contos de Perrault), nem outros, como João e Maria, Rapunzel etc., incorporados também aos contos dos irmãos Grimm. Vale lembrar que muitos desses personagens possuem aspectos distintos e até nomes nas diferentes tradições populares.

Em uma segunda subdivisão aparecem algumas obras nas quais são os personagens negativos, ou *também* os negativos, que ficaram famosos. Visto que esses trechos são longos, não se pode deixar de constatar a maior inconsistência histórica dos personagens adversários. Quando estes se tornaram uma referência compartilhada é porque sua maldade não é tanta, ou não é absoluta, nem é unicamente funcional. Tratam-se, efetivamente, de malvados com um grande componente humano de ambiguidade ou de infortúnio que lhes permite ser apreciados pelos leitores. Como no caso dos personagens positivos resenhados, frequentemente sua força levou seu nome até o título da obra, o que indica sobre quem recai, na realidade, o protagonismo da narrativa.

No capítulo seis se oferece uma seleção cronológica de obras da literatura infantil e juvenil universal. Uma seleção deste tipo remete ao problema dos limites entre literatura adulta e literatura para adolescentes, já que a lista poderia aumentar enormemente com outras narrativas, em especial novelas de detetives ou históricas que foram lidas pelos jovens sem que o gênero tivesse sido desenvolvido pensando neles e também porque alguns dos títulos, geralmente chamados de clássicos juvenis, tocam nos limites do que se entende como literatura juvenil, destinada aos leitores de quinze ou dezesseis anos.

2. Literatura de tradição oral. Alguns quadros do capítulo dois se referem a obras da literatura de tradição oral (contos populares, canções, adivinhas etc.). Os títulos foram aqui reduzidos ao mínimo. Também não quer dizer que sua leitura é imprescindível para os meninos e meninas de hoje, mas optou-se por essa drástica limitação porque existe uma produção de grande qualidade nesses campos em que não é difícil orientar-se. Foram incluídas algumas referências às quatro línguas oficiais da Espanha com a intenção de fomentar a inter-relação e o conhecimento das distintas tradições.

3. Obras infantis e juvenis atuais. A maioria dos quadros de recomendação é constituída por títulos de obras infantis e juvenis atuais que foram escolhidas por sua representatividade com relação ao trecho em que aparecem.

Não se pode dizer que qualquer seleção supõe sempre uma pista de por onde começar a investigar especialmente quando foi feita sem um contexto de leitores determinado. Também se acha aqui enormemente limitada por critérios de extensão, o que implica ausências evidentes para qualquer conhecedor da literatura infantil e juvenil. Como se costuma dizer, não estão todos os que deveriam, mas acreditamos que merecem figurar todos os que estão. Contando, pois, com estes problemas a escolha realizou-se com os critérios expostos em seguida.

Refere-se a obras publicadas ou reeditadas na Espanha nas duas últimas décadas. Dividem-se em contos, narrativas, livros de poesia e obras teatrais. A poesia apenas inclui autores que não escrevem para crianças, já que, em geral, as seleções "para crianças" apresentam muitos problemas.

Por outro lado, os adolescentes podem ler algumas obras escritas para adultos, o que torna desnecessária uma seleção específica. O mesmo pode-se dizer, desde logo, no caso da narrativa, mas aqui existe uma edição juvenil moderna. Também optou-se por apresentar uma pequena lista de obras teatrais, já que dependem muito do uso que se fará delas e a referência a bibliografias específicas pode orientar o mediador adulto.

Deixou-se fora as histórias em quadrinhos, obras audiovisuais e multimídias, já que não são tratadas neste livro.

Finalmente optou-se por incluir uma indicação das idades nos quadros de recomendação. Figura ao lado de cada título e divide as obras em três grandes segmentos: *até os oito anos; **até os doze anos; ***até os dezesseis anos. A prioridade dada à leitura dos mais pequenos pelos critérios observados fez que fossem citados mais livros para o primeiro segmento. É preciso lembrar que nosso propósito não é orientar a leitura de meninos e meninas, mas sim criar um quadro de referências para os adultos.

1
Funções da literatura infantil e juvenil

As seções infantis e juvenis nas bibliotecas e livrarias, em bancas de jornais, bibliotecas escolares, assinaturas de literatura infantil nas universidades, salões do livro infantil e juvenil, editoras especializadas... *Para que servem todos esses livros?* A resposta não tem sido a mesma ao longo de sua história e inclusive, em um mesmo período, podem coexistir visões muito diferentes. Às vezes predomina a ideia de que os livros devem servir para ensinar diretamente às crianças, dando-lhes *exemplos didáticos* de comportamento (tais como serem bem-educados, solidários etc.), ou então são olhados como material escolar adequado para *trabalhar temas* diversos (as cores, o bosque, a toxicodependência etc.). Outras vezes triunfa a ideia de que se trata, antes de tudo, de "literatura", de obras que oferecem a experiência artística que pode estar ao alcance dos pequeninos. É importante refletir sobre isso porque o que se pensa a respeito condiciona a atitude dos adultos, tanto dos que se encarregam de produzir este tipo de livros (escritores, editores etc.), como dos que oferecem sua leitura aos meninos, meninas e adolescentes (professores, bibliotecários, contadores de histórias etc.).

Aqui se sustenta que a literatura para crianças e jovens deve ser, e ser vista, como literatura, e que as principais funções desses textos podem se resumir a três:

1. Iniciar o acesso ao imaginário compartilhado por uma determinada sociedade.
2. Desenvolver o domínio da linguagem através das formas narrativas, poéticas e dramáticas do discurso literário.
3. Oferecer uma representação articulada do mundo que sirva como instrumento de socialização das novas gerações.

1.1. O acesso ao imaginário coletivo

Uma das funções da literatura infantil e juvenil é a de abrir a porta ao imaginário humano configurado pela literatura. O termo "imaginário" foi utilizado pelos estudos antropológico-literários para descrever o imenso repertório de imagens, símbolos e mitos que nós humanos utilizamos como fórmulas típicas de entender o mundo e as relações com as demais pessoas. Frequentemente os encontramos presentes no folclore e na literatura de todos os tempos. Carl Gustav Jung e outros autores defenderam a ideia de que estas imagens podem agrupar-se formando grandes "arquétipos" que seriam inerentes e comuns a toda a humanidade. Esta condição universal permitiria compreender que a literatura de todos os tempos e lugares utilize imagens e temas recorrentes, já que surgiriam das complexas simbologias dos arquétipos. Naturalmente, os estudos literários procuraram classificar de diferentes maneiras todas estas ocorrências, mas esse trabalho não deve fazer esquecer sua função comum, tal como destaca Ramón López Tamés:

> O sol, a chuva, as almas, os sofrimentos, as mães da vida como Cibeles, Deméter, Artemisa, heróis, portanto solares, lunares, agrícolas e da fecundidade, do mar e das águas. Do dilúvio, do número, dos irmãos, Prometeu, Pandora, a Árvore da vida, a Serpente e o Paraíso, a trindade de deuses, o ovo Cósmico, o par primordial (Zeus e Hera, Adão e Eva) e equivalentes em todas as culturas. Fundadores de civilização e de trabalho como o Hermes Grego, Caim e Abel, símbolos de nossa realidade psíquica mais profunda. Múltiplas classificações, famílias, áreas culturais. Mas sempre são fundamentos da ordem social e segurança na concepção do mundo, com força sugestiva e orientadora,

que dirigem as pulsões humanas mais íntimas e elementares e suas relações com a natureza (1985:24).

Alguns destes símbolos podem corresponder, efetivamente, a toda a humanidade. Seria o caso do círculo como representação da perfeição. Mas muitos aparecem em formas culturais específicas, como ocorre no caso da oliveira ou do loureiro, expressão de triunfo na cultura mediterrânea. Por outro lado, a literatura recria constantemente estes temas e motivos e as novas formas podem passar então a ser conhecidas e compartilhadas pela coletividade. Em todos os casos as pessoas utilizam personagens ou mitos para melhorar sua maneira de verbalizar e dar forma a seus próprios sonhos e perspectivas sobre o mundo. Necessitam fazê-lo, e a força educativa da literatura reside, precisamente, no que facilita formas e materiais para essa ampliação de possibilidades: permite estabelecer uma visão distinta sobre o mundo, pôr-se no lugar do outro e ser capaz de adotar uma visão contrária, distanciar-se das palavras usuais ou da realidade em que alguém está imerso e vê-lo como se o contemplasse pela primeira vez. Disse Tzvetan Todorov:

> Mediante o uso evocador das palavras, recorrendo a histórias, aos exemplos, aos casos particulares, a obra literária produz um tremor de sentido, põe em movimento nosso aparato de interpretação simbólica, desperta nossas capacidades de associação e provoca um movimento de ondas de choque que se prolongam muito tempo depois do contato inicial (2007:80).
> A realidade que a literatura aspira compreender é, simplesmente (embora ao mesmo tempo não exista nada mais complexo), a experiência humana (2007:78).

Assim, pois, a literatura oferecida aos meninos e meninas os incorpora a essa forma fundamental do conhecimento humano. No campo da psicologia, a corrente psicoanalítica foi a primeira a destacar a importância da literatura na construção da personalidade. Concretamente, Bruno Bettelheim usou os contos populares para ajudar terapeuticamente os meninos e as meninas traumatizadas pela sua experiência nos campos de concentração nazistas. Daí surgiu sua reflexão sobre o papel do folclore como material literário sabiamente decantado através dos séculos como resposta aos conflitos psíquicos, especialmente durante a etapa infantil, o que explicaria a constância da atração que exerce sobre as crianças. Bettelheim (1977) realizou uma análise pormenorizada dos símbolos contidos nos contos populares à luz das teorias freudianas; mas, em muitos casos, sua análise revela também a transmissão implícita de conhecimentos culturais através destas formas.

Representações associadas ao tema das cinzas em A gata borralheira, *segundo Bruno Bettelheim*

1. A possibilidade de projeção pessoal na humilhação sofrida pela menina. O fato de ser rejeitado pelos demais membros da comunidade, que não reconhecem nosso valor, é um sentimento humano muito experimentado pelas crianças, especialmente em suas rivalidades fraternas.
2. O conhecimento cultural implícito que tornará possível reconhecer e compreender expressões culturais e literárias baseadas na ideia da inocência e da pureza da infância como etapa não contaminada à qual se pede para cuidar do fogo sagrado (do lar). É uma ideia presente em diferentes religiões, como no caso das vestais romanas, meninas que cuidavam do fogo do templo, e que continua aparecendo em várias obras literárias.
3. A associação positiva com a ideia do paraíso da infância, baseada na lembrança – real ou cultural – dos primeiros anos de vida junto à mãe e em pleno centro da casa da família, do "lar".
4. A atração infantil, prazerosa e culpada ao mesmo tempo, pela sujeira das cinzas como símbolo do procedimento instintivo, liberado das normas da civilização.
5. A associação das cinzas com a ideia da morte. A gata borralheira chora a morte de sua mãe, de maneira que as cinzas podem representar a dor pela perda inevitável dessa união primitiva e da necessidade de enfrentar o mundo. As cinzas como expressão da morte e da dor diante dela têm também uma ampla utilização

social desde a "quarta-feira de cinzas" católica, ao costume de cobrir-se de cinzas como símbolo do luto, própria de diferentes povos ao longo da história.
6. A compreensão de uma sequência esperançosa na qual o amadurecimento por meio do sofrimento leva ao contraste brilhante do renascimento posterior, como no mito da Fênix que renasce das próprias cinzas.

Assim, pois, em um pequeno trecho de um de tantos contos populares mostra-se a maneira como os meninos e as meninas que ouvem estas histórias podem entender a forma de representar-se culturalmente a experiência e como este conhecimento inicia sua compreensão dos temas literários presentes em sua cultura.

A literatura de tradição oral compartilha um substrato comum de materiais literários infinitamente reenviados e reutilizados. Os estudos folclóricos mostraram e classificaram de diversas maneiras a constante presença de relações intertextuais entre a literatura épica medieval, o folclore e os mitos religiosos. Assim, temas como a ocultação do herói durante sua primeira infância (como o rei Artur ou Moisés), o uso da cor das velas de um barco como sinal antecipado da vitória ou da derrota (como na história de Teseu), a exceção de um ponto do corpo em sua invulnerabilidade (como no calcanhar de Aquiles ou o ponto nas costas de Sigfrid) e tantos outros constituem elementos vistos centenas de vezes em umas ou outras obras. Se os meninos e as meninas conhecem os contos populares, se familiarizam com todos esses elementos e podem reconhecê-los ao longo de suas leituras de outras obras, tanto da tradição oral como das reutilizações incessantes da literatura escrita ou da ficção audiovisual atual.

Tomemos, por exemplo, o conto *Blancaflor, la hija del diablo (Branca flor, a filha do diabo)*, um dos contos populares que Antonio Rodriguez Almodóvar (1989) classifica entre os básicos da literatura folclórica espanhola e que encontra também na tradição de outras literaturas peninsulares. Além de sua configuração compartilhada com o corpus folclórico (uma missão de busca, três provas, um casamento final etc.), uma simples leitura do conto nos leva a estabelecer conexões evidentes com outras obras literárias.

Conexões de *Branca flor, a filha do diabo* com outras obras literárias	
1. A tragédia grega de Eurípedes, *Medeia*	Em ambas as obras um herói chega a um lugar situado fora do mundo conhecido (o inferno ou a terra de bárbaros) e se apaixona pela filha de quem o governa. Esta trai seu pai pondo a serviço do herói seus poderes especiais para ajudá-lo a conseguir seus propósitos e fugir em seguida.
2. O episódio da fuga de Lot e sua família diante da anunciada destruição de Sodoma e Gomorra na Bíblia	Em ambas as obras se proíbe a quem foge de olhar para trás. A mulher de Lot o fará e se transformará em uma estátua de sal. No conto *Branca flor* é o herói quem o faz, apesar da advertência da moça, e o diabo encontra então oportunidade para amaldiçoá-los e causar uma nova demora na solução do conflito.
3. O mito grego de Orfeu e Eurídice	Como nos casos anteriores o herói chega a um lugar estranho: o reino dos mortos. De lá sai com Eurídice, a quem deseja devolver a vida. Mas de novo encontramos a proibição de voltar-se para olhá-la durante a fuga e sua transgressão, o que impossibilitará a salvação da jovem.
4. O encontro de Ulisses e Nausícaa na *Odisseia* de Homero	Em ambas as obras o herói chega ao reino depois de uma viagem cheia de dificuldades, contempla a filha do chefe do lugar jogando na praia com outros jovens e consegue sua ajuda.

5. *O gato de botas* de Perrault	Em uma variação do encontro anterior, o astuto gato retém as roupas dos banhistas como moeda de troca para conseguir a ajuda deles, o mesmo estratagema usado pelo herói de *Branca flor*.
6. O episódio dos barris	Em ambas as obras se juntam barris de vinho utilizados para simular corpos dormindo.

Naturalmente, não é somente o folclore que proporciona estas formas simbólicas. A imagem de manter-se a dignidade humana nas situações mais adversas pode ser vista na imagem de Robinson Crusoé reproduzindo a civilização em uma ilha solitária. É uma representação que se repete em várias ficções literárias ou audiovisuais que mostram personagens em situações extremas (um prisioneiro, por exemplo, em *O homem de Alcatraz*, de Jonh Frankenheimer) recorrendo a gestos próprios da civilização, como enfeitar-se, cuidar de um pássaro etc., para não se verem despojados de sua consciência como seres humanos. Ou bem, a vivência de qualquer indivíduo de possuir em seu interior impulsos "bons" e "maus", isto é, impulsos aprovados ou reprimidos socialmente, permitiu várias representações da existência de impulsos descontrolados por parte de uma pessoa civilizada. Isto criou temas como a origem igual de anjos e demônios, os desdobramentos de personalidades, como nos casos do homem-lobo e dos Dr. Jekyll e Mr. Hyde, de *O estranho caso de Dr. Jekyll e Mr. Hyde*, imagens como a do "lado negro da força" de *Guerra nas estrelas* ou personagens que acabam convertendo-se em seu adversário, como Bastian de *A história sem fim*.

Apesar de sua universalidade e recorrência, o imaginário coletivo evolui constantemente. Por um lado, as referências concretas que se compartilham variam na medida em que se popularizam novas ficções. Por outro lado, as obras tradicionais são reelaboradas ou reinterpretadas à luz das preocupações sociais, morais e literárias de cada momento histórico. Mais adiante daremos um exemplo deste último aspecto a partir do conto *Chapeuzinho Vermelho*, uma das histórias mais conhecidas nas sociedades ocidentais atuais.

1.2. A aprendizagem da linguagem e das formas literárias

A literatura infantil supõe também que os meninos e as meninas tenham a possibilidade de dominar a linguagem e as formas literárias básicas sobre as quais se desenvolvem as competências interpretativas dos indivíduos ao longo de sua educação literária.

Os humanos nascem com uma predisposição inata em relação às palavras, em relação à sua capacidade de representar o mundo, regular a ação, simplificar e ordenar o caos mesclado da existência e expressar sensações, sentimentos e beleza. Os psicolinguistas não estavam especialmente preocupados com a literatura quando, em meados do século XX, começaram a estudar o desenvolvimento da linguagem dos bebês ou a forma com a qual as pessoas dão sentido à realidade. No entanto, rapidamente, notaram que surgia por todas as partes: nos solilóquios dos pequeninos em seus berços repetindo as cadências e palavras que tinham ouvido, na sua insistência em voltar a enumerar de forma personificada os dedos da mão, nos personagens de ficção que as crianças introduziram nas histórias inventadas de seus jogos ou nas fórmulas características, como nos inícios ou nas formas verbais, que utilizavam muito cedo para narrar.

A) *Linguagem, jogo e literatura*

Como descreve Margaret Meek (2004), no processo de exposição da linguagem os meninos e as meninas aprendem o poder da palavra. Por meio das palavras evocam e pedem o que não está ali, contam a si mesmos o que estão fazendo, tentam controlar a conduta dos demais ou expressam suas descobertas sobre as relações entre as coisas. Para dar um exemplo gráfico, o poder concedido à palavra se mostra no uso de esconjuros, uma fórmula verbal para enfrentar o sentimento de temor diante de determinadas situações.

As crianças crescem com o jogo e a linguagem. Por meio de ambos se situam em um espaço intermediário entre sua individualidade e o mundo, criando um efeito de distância que lhes permite pensar sobre a realidade e assimilá-la. Jogo e linguagem, jogo e literatura, estão sempre intimamente unidos.

Assim, a literatura ajuda as crianças a descobrirem que existem palavras para descrever o exterior, para nomear o que acontece em seu interior e para falar sobre a própria linguagem. Os pequenos aprendem rapidamente que tanto a conduta humana quanto a linguagem são sistemas governados por regras, de maneira que se dedicam a explorar as normas comprovando o que se pode fazer e o que não se pode. Constatam, por exemplo, que não se deve falar sobre temas escatológicos, o que lhes agradará incluí-los em suas brincadeiras e desafios. Descobrem que as regras de funcionamento das coisas podem inverter-se com a palavra e oferecer mundos ao contrário ("pelo mar correm as lebres") ou ainda mundos alternativos (casa de chocolate ou mundos de objetos personalizados) que contribuem a fixar a norma que se torna familiar. Comprovam que é possível dilatar os riscos e fenômenos, exagerando-os por meio de excessos e hipérboles ("era tão alto como a lua", "tão pequeno como um grão de arroz" ou em movimentos como as *mesas da abundância*), às vezes ampliando imaginativamente as capacidades ("podia voar, falar com os animais, tornar-se invisível"). E também exploram o que há para fazer ou dizer para causar efeitos determinados no entorno, de modo que usarão palavras para incomodar seus amigos, para opôr-se às ordens paternas, para evitar um desafio fingindo debilidade, para reconciliar-se, para receber carinhos etc.

No jogo também aprendem a existência de convenções e regras. Ao jogar, sinalizam fronteiras e criam rituais que marcam um espaço distinto da realidade, de modo que podem entender as convenções que isolam o espaço do mundo na narração verbal ("Era uma vez..."). Fingem vozes enquanto jogam (a do monstro que os persegue, a maternal ao dirigir-se às suas bonecas) e, portanto, estão preparados para achar a mistura de vozes do narrador e dos personagens que encontram nos contos. Organizam o espaço da ficção anunciando "isto era...", de maneira que o uso das metáforas não lhes oferece maior dificuldade. Descobrem que o discurso pode encerrar-se ou negar a si mesmo ("queres que te conte o conto de Maria Salamiento?", "eu não digo que..."), aí estão o paradoxo ou a metaficção. Observam que podem chamar a atenção dos demais propondo enigmas e adivinhações ou sentirem-se hábeis resolvendo o desafio intelectual que supõem. Tomem consciência de que as palavras e o sentido apresentam múltiplas discrepâncias e lhes encantará explorá-las nas piadas e nos relatos humorísticos. Frequentemente estas ações implicam uma forte consciência metalinguística que se traduz nos absurdos e nos jogos de palavras. Ou ainda encerram significados não literais, assim que determinadas formas, como refrões ou sentenças, inclusive quando não os entendem, notam que se deve explorar além do significado aparente dos textos. Também sentem que toda esta atividade linguística produz um prazer estético que lhes inicia o gosto pelas repetições alternadas, as imagens poéticas, os ritmos, cadências, aliterações etc.

Quando já podem entender uma história ou seguir a leitura de contos, experimentam um tipo específico de comunicação. Nesse ponto, as crianças abandonam o jogo exterior e, pode-se dizer que basicamente, se sentam e escutam. Porém, essa atitude receptora está muito longe de ser passiva. A narrativa organiza um mundo complexo que se deve imaginar somente por meio das palavras ou com o apoio de ilustrações. Diferentemente da interação habitual com o que está à volta, aqui se encontram diante de um monólogo prolongado no qual as frases se encadeiam construindo uma coerência autônoma. O que na vida real são ações simultâneas e fluir do tempo, na narrativa são episódios que se fixam e se simplificam em um começo, um desenvolvimento causal e uma conclusão. Durante o processo se enlaçam vozes que exigem ser distinguidas; sucedem ações que necessitam ser relacionadas com as outras; mostram-se condutas e emoções que podem ser contempladas e meditadas com calma; abordam-se pontos de vista que favorecem a descentralização de si mesmo e se amplia a experiência própria com outras vivências e outros contextos. Quando o conto termina, sempre se pode começar de novo ("outra vez") dando-se conta de sua estabilidade e, ao mesmo tempo, comprovando que existe o poder de transformá-lo.

Todo este processo é muito exigente do ponto de vista do desenvolvimento do pensamento, posto que atinge aspectos como a memória, a antecipação, a formulação de alternativas ou a concentração na construção da realidade por meio da linguagem.

B) *Até onde podem entender?*

Ao longo desta tarefa, os livros infantis ajudam os leitores a dominar formas literárias cada vez mais complexas. Analisar o modo como os adultos falam com os bebês revelou a ajuda que lhes dão para a aprendizagem da linguagem oral. Os psicolinguistas a descrevem como um "andaime" de apoio. De maneira parecida, analisar os livros infantis e juvenis revela andaimes que as formas literárias escritas oferecem aos meninos e às meninas para evoluir por meio delas. Sem programações escolares, métodos específicos ou exercícios sistemáticos, as crianças imersas em um contexto literário estimulante progridem muito mais rapidamente: na familiarização com as diferentes possibilidades de estruturar uma narrativa ou alguns versos, nas expectativas sobre o que se espera dos diferentes tipos de personagens, na existência de regras próprias de gêneros narrativos ou poéticos determinados, no leque de figuras retóricas disponíveis etc. Assim, um conto encadeado ou um cumulativo, uma trama ou uma adivinhação, uma personificação ou um herói épico, uma metáfora ou as possibilidades brincalhonas de uma polissemia serão coisas familiares muito antes do que alguém tenha se preocupado em catalogá-las, nomeando-as do modo como são conhecidas.

Da mesma maneira que falar com os bebês, as formas dos livros respondem assim ao que a sociedade acredita que seja compreensível e adequado para as crianças nos diferentes momentos de seu desenvolvimento pessoal e literário. Embora, naturalmente, estas suposições sociais não sejam estáticas e estejam sempre submetidas a tensões.

Uma delas provém da literatura mais experimental. O desejo de forçar os limites do que se considerava compreensível até aquele momento produz livros arriscados com resultado inicialmente incerto. Justamente as últimas décadas caracterizaram-se por mudar consideravelmente as fórmulas tradicionais, e é possível que algumas de suas propostas tenham ido demasiadamente longe e tenham produzido livros realmente dirigidos à complacência adulta e "impossíveis" para a compreensão infantil.

No sentido inverso, também se produzem erros de simplificação. Em uma época determinada, os estudos sobre a aprendizagem da leitura provocaram a edição de livros para leitores iniciantes com fórmulas pensadas especialmente para facilitar a leitura. Obras como as de Arnold Lobel (a série de "Sapo e Sepo" ou *Histórias de ratões*) demonstraram que, efetivamente, era possível produzir obras excelentes com esse tipo de limitações. No entanto, análises posteriores sobre esses livros para iniciantes denunciaram que estavam cheios de carências: a inferiorização da entidade literária, a falta de conflito narrativo ou a pobreza do vocabulário utilizado. Essas carências impediam o progresso leitor dos meninos e das meninas ou, simplesmente, causavam tédio e repúdio. Sem dúvida, é muito mais importante valorizar o significado da história do que determinar o número de palavras pouco familiares ou o tamanho das frases, especialmente se a dificuldade pode resolver-se por meio da imagem ou se o significado das palavras é deduzível pelo contexto. De fato, este último procedimento é o mais usado pelos leitores de todas as idades para ampliar seu vocabulário.

Outro erro comum tem sido pensar que é possível estabelecer fronteiras estritas entre o que é ou não compreensível para as crianças, já que o que uma criança pode entender não depende unicamente do desenvolvimento intrínseco de suas capacidades interpretativas, mas que é condicionado pela presença e familiaridades com sua cultura. Tal como assinala Sarland (1985:170) depois de analisar as estruturas de narrativas tão populares como as de Enid Blyton ou Roald Dalh, "as crianças são decididamente competentes para entender todas as técnicas das histórias que sua própria cultura oferece". É provável, por exemplo, que um leitor atual se sinta aborrecido e desorientado pelas investigações do narrador em um livro que há cem anos era devorado pelos leitores (embora cabe lembrar que as crianças sempre souberam pular os trechos que não lhes interessam). Mas os leitores do passado teriam sido incapazes de realizar inferências e captar alusões tão rapidamente como o faz agora qualquer jovem telespectador de séries cômicas norte-americanas.

Os estudos sobre a compreensão dos livros infantis tentaram graduar as características das narrativas numa escala de maior ou menor facilidade. Majoritariamente fizeram-no de uma perspectiva exclusivamente psicológica, a partir das teorias de Piaget. Outra forma de proceder foi analisar os textos a partir de fórmulas linguísticas de legibilidade. Mas nem o estudo do leitor nem o do texto, em si mesmo e separadamente, podem lançar luz sobre os limites aproximados da compreensão das histórias e qualquer generalização de fórmulas de laboratório está condenada ao fracasso. A melhor forma de lançar luz sobre um campo tão complexo como o que é compreensível para as crianças parece ser a de analisar o itinerário completo de leitura que configurem os textos desde a infância até a adolescência para ver como se inter-relacionam e o que ensinam ao leitor, entender que os textos refletem a experiência social sobre o que é compreensível para umas e outras idades ou tipos de leitor e, ainda, observar a interpretação que as próprias crianças fazem dos livros que leem.

A análise de como se produz a aprendizagem literária por meio da leitura é um campo pouco abordado até agora nos estudos de literatura infantil e juvenil. A arraigada ideia de que os livros infantis servem basicamente para a formação moral da infância levou a analisar, sobretudo, os valores transmitidos pelos contos. No entanto, se aumentasse a atenção dedicada a pensar que, ao mesmo tempo, os livros servem para aprender a ler literariamente, a literatura infantil poderia ser julgada também pelos parâmetros de sua eficácia nesta tarefa. Neste sentido, assinalaremos em continuação alguns exemplos do modo pelo qual a literatura infantil ajuda as crianças a aprenderem os modelos narrativos e poéticos vigentes em nossa cultura.

1.2.1. *Da primeira infância à leitura autônoma de histórias*

Os interesses e capacidades dos pequenos leitores evoluem de uma forma surpreendentemente rápida em seus primeiros anos de vida. Os meninos e as meninas adquirem muito depressa maneiras simbólicas de representar a realidade. Assim, por exemplo, embora as ilustrações dos livros sejam diferentes da realidade em tantos aspectos (sejam em branco e preto, sem volume, de tamanhos diferentes, inexatas etc.), em torno de um ano e meio de vida as crianças reconhecem os objetos representados, da mesma forma que em torno do primeiro ano já são capazes de identificar seus pais nas fotografias. Os livros ajudam a saber que as imagens e as palavras *representam* o mundo real. A partir da exploração das imagens fixas e das repetições das pequenas histórias, a criança tem tempo para identificar e compreender. Nesse compreender não apenas interpreta o que aparece objetivamente representado, mas também percebe os juízos de valor que merecem as coisas em sua própria cultura: o que é seguro ou perigoso, o que se considera belo ou feio, comum ou extraordinário etc.

O progresso gradual do conhecimento sobre as características formais da história inclui duas linhas essenciais: *o que acontece* e *de quem falamos*, ou seja, a aquisição do esquema narrativo e o desenvolvimento das expectativas sobre os personagens.

A) *O desenvolvimento da consciência narrativa*

Inicialmente, os meninos e as meninas se dão por satisfeitos em reconhecer e nomear o conteúdo das imagens e veem as histórias como episódios desconectados. À medida que crescem, aumenta sua capacidade para estabelecer nexos causais entre ações e são mais capazes de ordenar o que está ocorrendo nas ilustrações no interior de um esquema narrativo. Sem dúvida, este avanço será mais fácil para aqueles meninos e meninas que ouviram contar muitas histórias e que aprenderam a levar em conta os acontecimentos das páginas anteriores para dar um sentido ao que está ocorrendo. As estruturas narrativas que as crianças dessa idade são capazes de controlar foram identificadas por Arthur Applebee (1978) em seis formas básicas cada vez mais complexas e que correspondem aos estágios de desenvolvimento estabelecidos por Vygostki: O primeiro tipo de estrutura se refere simplesmente a uma *associação* de ideias entre os elementos, sendo que uma ideia leva à outra sem nenhuma relação. Aos cinco anos a maioria das crianças já utiliza a estrutura denominada *cadeia focalizada*. Nela, se estabelecem as peripécias de um personagem como em um rosário de contas. Finalmente, aos seis anos os meninos e as meninas são capazes de produzir *narrativas* com todas as suas condições, por exemplo, a de que o conflito exposto no início deve ser resolvido no final.

Atualmente as crianças têm acesso à ficção narrativa por meio da explicação oral dos contos, dos livros sem texto para não leitores – compartilhado ou não com outras pessoas – e por meio de vários tipos de telas. Antigamente, os livros dirigidos aos pequenos eram quase exclusivamente os abecedários ilustrados, já que, até que as crianças não tivessem aprendido a ler, não lhes eram oferecidos livros com verdadeiras histórias. No entanto, atualmente o aprendizado da leitura pode realizar-se a partir de livros que contêm narrativas completas, embora sejam muito curtas, e isto ocorre em um contexto no qual todas as vias de acesso à ficção (oral, escrita e audiovisual) se inter-relacionam para formar as competências próprias dos meninos e das meninas que começam a ler sozinhos.

Parece lógico pensar que as primeiras narrativas completas tenham as características mais simples de um relato literário. Assim ocorre, certamente, nos contos populares, cuja recepção é privilegiada nessas idades. A tradicional transmissão oral destes contos ao longo dos séculos fortaleceu as formas mais básicas e memorizáveis do relato, de maneira que André Jolles (1930) as denominou, precisamente, "formas simples" para contrastá-las com os relatos literários escritos.

Em essência, qualquer narração pode ser descrita com o seguinte enunciado: "Alguém explica uma história a alguém". A ciência da narrativa esforçou-se para descrever os elementos necessários a essa construção e a forma mais sensível de fazê-lo.

Esquema de uma narrativa simples

Alguém explica (sabendo tudo sobre o que explica, falando em terceira pessoa, que está fora da história, sem explicar as regras do jogo, interrompendo o relato para intervir diretamente quando quer e seguindo a ordem dos acontecimentos relatados)

a alguém (que tem suficientes dados para interpretá-lo com precisão e de quem não se exigem conhecimentos referenciais especiais)

uma (só)

> *história* (situada no passado, agregada a um só modelo convencional de gênero e expressa nos tipos textuais próprios da narrativa)
> *de um personagem* (facilmente representável e susceptível de identificação)
> *em um cenário* (facilmente representável e susceptível de identificação)
> a quem ocorre um *conflito* (externo e com uma causa bem determinada)
> que se *desenvolve* (de forma corrente) segundo relações de causa e efeito
> e que *se resolve* ao final (com o desaparecimento do problema proposto).

Os autores que se dirigem aos meninos e meninas pequenos adotam a maioria destas ações limitando a complexidade de suas histórias para que possam ser entendidas. As histórias narradas são curtas para não ultrapassar os limites da capacidade infantil de concentração e memória, e também para não exigir demais de sua ainda confusa compreensão das relações de causa e consequência. As observações a este respeito indicam que os livros são mais bem entendidos se:

- aparecem poucos personagens,
- o argumento está regido por modelos regulares de repetição,
- o texto não contém mais do que duas mil palavras.

Não é fácil construir histórias interessantes com esta economia de meios, por isso mais adiante mostraremos alguns dos recursos utilizados nos livros para leitores iniciantes para conseguir fazê-lo.

Entretanto, os livros infantis não desenvolvem unicamente o modelo simples da narrativa, mas também introduzem seus leitores no conhecimento de diversas variedades: os livros de busca com um ritmo binário – "está aqui... não, está ali..." – que pode combinar uma tensão crescente (lugares cada vez mais insólitos, por exemplo) até a resolução do enigma: as narrativas encadeadas e cumulativas; os livros escapam da narrativa para adotar a forma de catálogo ou séries de personagens ou objetos fantásticos etc.

Livros com estruturas diferentes

Brown, Margaret Wise: *Buenas noches, luna*. Barcelona: Corimbo.*
Cirici, David: *Llibre de vòlics, laquidambres i altres especies* (*Libro de voliches, laquidamios y otras especies*). Il. Marta Balaguer. Barcelona: Destino.*
Grejniec, Michael: *A qué sabe l aluna?* Pontevedra: Kalandraka.*
Solchaga, Javier: *La princesa de Trujillo*. Pontevedra: OQO.*
Werner, Holzwarth; Erlbruch, Wolf: *El topo que quería saber quién había hecho aquello en su cabeza*. Madrid: Alfaguara.*

O progresso das crianças também inclui que terão expectativas mais claras sobre o que podem esperar dos personagens. Os personagens passam a fazer parte do mundo das crianças e permanecem em suas referências sobre a realidade como uma herança cultural compartilhada com os adultos. É um dos primeiros aspectos que permite às crianças descobrir a literatura como uma forma cultural comum e sentir-se parte da "comunidade de leitores" com as outras pessoas à sua volta.

Muitos livros para os pequenos são centrados na identificação imediata com um personagem infantil que leva a cabo ações muito parecidas com as do leitor na sua vida real. Em muitos casos, esses protagonistas se convertem em personagens de séries, como a do pequeno Teo, de Violeta Denou, as ratinhas Mify, de Dick Bruna, Maisy, de Luci Cousins, a feiticeira Nana Bunilda, de Mercè Company ou o personagem de Sapo, de Max Velthuijs. Estas coleções agradam aos meninos e meninas porque sua regularidade cria a sensação de ordem, tornam as histórias previsíveis e aumentam o contato com suas personagens prediletas.

O desenvolvimento das expectativas sobre os personagens implica no conhecimento das conotações que lhes são atribuídas culturalmente, especialmente no caso dos animais e dos seres fantásticos. Uma grande vantagem ao se usar este tipo de personagens é a economia na sua descrição. Não faz falta caracterizar o mundo da ficção que estabelece uma fórmula de início como "era uma vez um rouxinol", e todo mundo sabe o que se pode esperar da aparência e da conduta de uma bruxa. Por outro lado, os livros que brincam com as ambiguidades e as desmitificações (o leão covarde em *O mágico de Oz*, porque esperamos que seja valente, a princesa empreendedora porque seu modelo básico é a passividade) deverão esperar que se tenha estabelecido a norma geral se se deseja que os meninos e as meninas as apreciem como desvios.

Os livros para as primeiras idades se acham enormemente povoados por animais humanizados. Alguns têm mais tradição literária do que outros, embora se possa dizer que a ampliação humorística produzida nas últimas décadas não deixou de fora praticamente nenhum por muito exótico ou extravagante que fosse, tal como jiboias, crocodilos, corujas, piolhos ou os protagonistas de *Los cinco horribles*, de Wolf Erlbruch. Também a globalização do mercado e os contos próprios de outras culturas introduziram animais antes pouco presentes em nossos livros. No entanto temos que reconhecer que ursos e ratos são há muito tempo as estrelas dos contos, talvez porque suas características e conotações parecem adequadas para favorecer a identificação infantil.

A figura do animal também se utiliza para criar uma certa distância entre o leitor e uma história especialmente transgressora das normas sociais ou muito dura afetivamente. Com efeito, o impacto de acontecimentos como a morte dos personagens ou a excitação produzida pela violação das normas de conduta será menor se os atores não forem humanos. Sem dúvida, a morte da mãe de Babar, na obra de Jean de Brunhoff, lida em uma etapa de tanta dependência com relação aos pais, é mais suportável porque se trata de um elefante e a criança pode permitir-se o luxo de entregar-se sem sentimento de culpa à secreta fascinação pela independência conquistada pelo elefantinho órfão. Também fica claro que os animais podem cometer livremente ações terríveis e proibidas aos humanos, como invadir a casa de outros animais ou rebelar-se contra os humanos adultos.

As explicações psicoanalíticas sobre os contos populares referiram-se aos personagens animais ou fantásticos que são maus como encarnações da percepção infantil sobre o poder ameaçador dos adultos ou como personificações das próprias pulsões agressivas das crianças. Nas últimas décadas do século XX surgiu uma forte corrente de desmitificação que transformou a maioria destes seres, desde o bicho-papão ou bruxas até os lobos, em personagens simpáticos e ternos, enquanto a mudança psicológica dos temas tratados favoreceu o auge dos monstros como um novo tipo de ser fantástico, já que sua plasticidade e pouca solidez os tornam aptos a encarnar as angústias interiores, os pesadelos e terrores indefinidos que conspiram desde então na literatura infantil.

Contos de pequenos animais inesquecíveis

Falconer, Ian: "Olivia". Barcelona: Serres.*
McKee, David: "Elmer". Barcelona: Beascoa.*
Minarrik, Else H.: "Osito". Il. Maurice Sendak. Madrid: Alfaguara.*
Vicent, Gabrielle: "Ernesto y Celestina". Zaragoza: Marenostrum.*
Atxaga, Bernardo: "Xola". Donostia: Erein ("Shola". Madrid: SM).**

B) *A ampliação da experiência*

Muitos livros infantis oferecem aos pequenos a confirmação do mundo que conhecem: a vida cotidiana em família, as compras, os jogos no parque etc. Mas as crianças precisam também de um tipo de literatura que amplie sua imaginação e suas habilidades de percepção além dos seus limites atuais e, talvez ainda muito pequenos, os meninos e as meninas podem ter mais interesse em explorar um animal extraordinário do que um normal. Os melhores livros são aqueles que estabelecem um compromisso entre o que as crianças podem entender sozinhas e o que podem compreender por meio de um esforço da imaginação que seja suficientemente compensado. Algumas linhas de progresso nas possibilidades de compreensão dos meninos e das meninas dessas idades têm especial incidência nos temas e tipos de livros desta etapa.

a) A relação entre realismo e fantasia

As primeiras histórias são recebidas pelos meninos e meninas como uma representação do mundo tal como é. Só quando tomam consciência das histórias como ficção, as crianças podem começar a utilizá-las para explorar o mundo tal como *poderia ser*, um mundo que se dirige então a propor alternativas mais do que a confirmar certezas e que predominará na etapa leitora entre os oito e os dez anos em que triunfa uma atitude que poderíamos qualificar como "*o que aconteceria se...?*".

O progresso pela fantasia estabelece uma continuidade desde a experiência imediata até o deslocamento no espaço ou na imaginação. Aos dois anos as crianças preferem livros sobre um mundo conhecido e com ações experimentadas por elas, mas aos quatro predomina a excitação pelo desconhecido e, em geral, produz-se uma progressiva decantação até a fantasia. Assim, 97% das histórias que as crianças inventam aos dois anos e meio falam do mundo da casa e da família, com ações cotidianas como comer, dormir etc. Aos cinco anos, ao contrário, só um terço de suas histórias ocorrem em casa e unicamente 7% se referem a ações realistas (Haas Dyson, 1989).

Alguns pesquisadores tendem a oferecer explicações psicológicas para estes fatos. Destacam, por exemplo, que as crianças de dois anos tendem a afastar da esfera imediata histórias que contenham elementos de perigo, do mesmo modo que jamais as narram em primeira pessoa. Outros autores, ao contrário, preferem destacar a assimilação cultural produzida, já que as crianças de cinco anos se familiarizaram com um mundo literário de aventuras vistas como acontecimentos longínquos e próprios das histórias. Em suas narrativas adotam então estas formas e colocam a aventura ali onde aprenderam que ela habita. Sejam quais forem as razões, os livros infantis se adaptam a esta progressão de interesses que se pode exemplificar, como no caso, com a distância que existe, entre *Buenos días*, de Jan Ormerod, e *Os três bandidos*, de Tomi Ungerer, embora muitos livros acompanhem o leitor passo a passo nessa caminhada, como *Vamos a cazar un oso*, de Michael Rosen, que se situa em um divertido meio-termo entre o dia a dia familiar e a sede por aventuras.

b) O humor das histórias

O humor nos livros para os pequenos exige progresso na capacidade de distanciamento. Esta etapa se baseia na inversão ou transgressão das normas de funcionamento do mundo que eles já dominam. Os equívocos ou os exageros configuram uma parte importante do humor que compreendem. Um osso que pergunta se deve pôr as calças pela cabeça é engraçado porque a criança se sente superior, ela sabe como se deve colocar e diz "não" rindo. A desordem dos objetos ou a desobediência a normas e tabus apelam à complacência pela transgressão de uma repressão já interiorizada.

O jogo com o absurdo se baseia, por sua vez, na inversão da ordem que as palavras dão à realidade. Se a criança sente a discrepância entre os fatos e sua necessidade de ordená-las, se angustia. Como podem voar uns lábios sem rosto, como ocorre, por exemplo, em *La boca riallera* (*La boca risueña*), de Montse Ginesta e Arnal Ballester? Mas o receptor ri se percebe essa contradição como um jogo que confirma a regra. White (1954) cita o exemplo de uma mãe que dá boa-noite à sua filha, ao gato, aos bonecos... e à cadeira. A menina protesta por essa personalização que não é habitual: "Não diga 'boa noite, cadeira'!". Mas o jogo começa de novo e a menina ri agora, repetindo outras vezes "Não diga 'boa noite, cadeira'!".

c) O conflito do mundo real

A imagem oferecida pelas histórias pode mover-se entre a idealização ou a problematização do mundo. Os meninos e as meninas aceitam normalmente uma imagem *idealizada* deles mesmos e de seu mundo. Mas também necessitam de uma literatura mais dura que faça eco de sua parte menos socializada e agressiva. Uma parte da melhor literatura moderna "antiautoritária" caminhou no sentido de refletir a ira dos pequenos pela sua situação de dependência por parte dos adultos e ofereceu caminhos de reconciliação por meio do distanciamento humorístico e imaginativo, como ocorre no clássico *Onde vivem os monstros,* de Maurice Sendak, ou no mais recente *Madrechillona*, de Jutta Bauer.

Muitos livros infantis incorporaram novos temas que se referem aos problemas próprios destas idades (o medo noturno, a raiva ante as proibições etc.). Sem dúvida, os melhores desses livros podem ajudar as crianças a entender e assimilar seus problemas, mas o interesse e o efeito destas obras estão estreitamente ligados à forma de acesso da criança a elas e a seus sentimentos prévios. É preciso considerar que as crianças podem achar desagradável ler sobre seus sentimentos, especialmente se adivinham um propósito *curativo* por parte dos adultos. Por outro lado, em muitas ocasiões as crianças não utilizam as histórias como identificação subconsciente, mas como reconhecimento de que as ações que nelas ocorrem contradizem as regras sociais. Nessas ações lidas as crianças podem notar as consequências das ações proibidas ou perigosas em uma situação cômoda de leitor. A criação de normas cria também a possibilidade de rompê-las, e entendê-las significa perceber a diferença entre o que é cumpri-las e o que é rompê-las. A literatura se situa nesse caso como um jogo intelectual ou moral com as ideias e os comportamentos.

Do cotidiano a novos comportamentos

Ormerod, Jan: *Buenos Días*. Barcelona: Serres.*
Lindgren, Barbro: "Colección El Pequeño Max". Il. Eva Eriksson. Barcelona: Noguer.*
Jeram, Anita: *Inés del revés*. Madrid: Kókinos.*
Mayer, Mercer: *Una pesadilla en mi armario*. Pontevedra: Kalandraka.*
Traxler, Hans: *La aventura formidable del hombrecillo indomable*. Madrid: Anaya.*
Ungerer, Tomi: *Los tres bandidos*. Pontevedra: Kalandraka.*

1.2.2. A adaptação dos livros à aprendizagem narrativa do leitor

Como é de se esperar, os livros dirigidos aos meninos e às meninas que estão aprendendo a ler adotam a forma mais simples do relato que assinalamos antes. Mas também pode comprovar-se (Colomer, 1997) que sua adaptação à cultura atual leva-os a divergir em quatro aspectos principais:

1. O primeiro é que, diferentemente dos contos populares, o narrador não sabe tudo sobre a história, apenas focaliza a informação: ou se situa atrás do protagonista e unicamente sabe o mesmo que ele, ou conhece os acontecimentos externos (o que fazem ou dizem os personagens), mas não tem acesso a seus pensamentos.

   A que se deve isso? Primeiro à entrada dos conflitos psicológicos como tema dos contos infantis: focaliza-se no protagonista, pois se trata de explicar sua perspectiva diante do que acontece. Em segundo lugar se deve à vontade de reduzir ao máximo o texto escrito, já que o narrador se limita a informar o que fazem e dizem os personagens sem acrescentar comentários. Isso corresponde, também, com os hábitos de recepção audiovisual dos meninos e das meninas que estão habituados a ser espectadores diante de um "cenário" em que ocorrem coisas sem uma voz interposta que as relate.

2. O segundo é que grande parte das narrativas são humorísticas e isso exige uma atitude distanciada do leitor, que deve notar a divergência, que causa o efeito engraçado. Tem que apreciar, por exemplo, o rompimento deliberado das normas sociais de bom gosto ou a desmistificação dos personagens aterrorizantes.

   A que se deve isso? A abundante presença do humor é um traço essencial do que a sociedade considera apropriado nos livros para crianças e é, além disso, um dos caminhos oferecidos pelos valores educativos atuais como solução para os conflitos afetivos existentes.

3. O terceiro é a condensação do cenário. A maioria dos contos se refere a personagens infantis que vivem em família e apenas se deslocam através do cenário reduzido de uma casa urbana, situada no tempo atual. Tudo isso, evidentemente, difere dos amplos deslocamentos em um cenário aberto e genérico próprios dos contos tradicionais.

   A que se deve isso? A história se situa em um local que se supõe mais familiar ao leitor para facilitar a identificação dos leitores com os

personagens dos contos. Os livros atuais apostam na estrita semelhança dos destinatários com os protagonistas e o ambiente de suas histórias, embora para isso também sirvam os animais humanizados.
4. O quarto é a interiorização dos conflitos. Uma grande parte dos livros para essas idades descrevem problemas psicológicos, como o ciúme ou o medo dos pesadelos, e muitos não têm adversários concretos responsáveis por causá-los.

A que se deve isso? No último quarto do século XX a literatura infantil começou a abordar os conflitos psicológicos das crianças e, como já vimos, este é agora um de seus temas principais. Se o conflito do protagonista é interno, dificilmente pode haver personagens que exerçam a função de adversário no exterior.

É fácil advertir, no entanto, que os desvios dos parâmetros de simplicidade se dão em sua expressão mínima possível. Dissemos "foco no protagonista", mas a narrativa não é feita em primeira pessoa, e sim em terceira. É um narrador invisível que nos explica o que sente o protagonista, como se este fosse ainda demasiadamente pequeno para pôr em ordem suas ideias e explicar seus sentimentos e fosse preciso, então, colocar um intérprete entre o personagem e o leitor. Dissemos "distância humorística", mas o humor se situa no terreno *das coisas* que se explicam e não *na maneira como* se explicam, o que requereria maior distância interpretativa. Dissemos "cenário familiar", mas, na realidade, os personagens no quadro adotado mantêm uma característica genérica, já que a criança, a casa ou a cidade atuais não têm traços específicos que as identifiquem com nenhum lugar determinado. Em definitivo, pois, pode-se afirmar que os livros para primeiros leitores se ajustam às características mais simples da narrativa com algumas ligeiras variações.

A) *Como fazer livros para crianças que apenas começam a ler?*

Quando a literatura infantil atual começou a produzir contos para que meninos e meninas com pouca habilidade leitora lessem autonomamente suas histórias, teve que encontrar recursos para solucionar dois problemas.

O primeiro é que existe um *desajuste* entre as capacidades dos meninos e das meninas para entender narrativas orais e para entender narrativas lidas por eles mesmos. Isso é evidente, por exemplo, no caso de um texto longo, ou seja, na quantidade de informações que podem se relacionar se lhes explicam a história ou se eles próprios devem entendê-las por meio de sua lenta leitura, de maneira que os contos infantis costumam ser muito mais curtos que os contos populares. No exemplo que se segue, vemos que apenas o primeiro parágrafo de *Branca de Neve* já é muito maior que o texto completo de uma grande parte dos livros para leitores iniciantes.

Início de *Branca de Neve* na versão dos irmãos Grimm

> Era uma vez em pleno inverno, quando os flocos de neve caíam como plumas do céu, uma rainha sentada costurando perto da janela, que tinha uma moldura de madeira negra como o ébano. E, como estava costurando, levantou a cabeça para ver a neve e picou o dedo com a agulha; e três gotas de sangue caíram sobre a neve. E, como o vermelho ficava muito bonito sobre a neve branca, pensou: "Oxalá eu tivesse um bebê tão branco como a neve, tão colorido como o sangue e tão negro como a moldura da janela!".

Devido a este desajuste os livros para os leitores iniciantes se veem obrigados a dar um passo atrás. Ou seja, necessitam de formas mais simples para expressar alguns dos elementos narrativos que fazem parte das histórias tradicionais.

O segundo problema é *forçar os limites* que impõem a capacidade dos leitores para que a história mantenha seu interesse. Então os autores partem das formas mais simples da narrativa, mas utilizam recursos que tornam possível começar a complicá-las. Com isto ajudamos meninos e meninas a avançarem em sua competência literária.

Em continuação daremos quatro exemplos das ajudas geradas pelos livros, tanto para facilitar a recepção autônoma das histórias, como resposta ao primeiro destes problemas, como para progredir até a maior complexidade narrativa, como resposta ao segundo.

a) A divisão das unidades narrativas

Para solucionar as dificuldades infantis de estabelecer relações de causa e efeito entre um número elevado de ações narrativas, os livros recorrem à divisão em sequências narrativas muito curtas e lhes dão um grau elevado de autonomia narrativa, de modo que, em muitos contos, as diversas aventuras dos personagens podem ser lidas de forma mais ou menos isolada. Assim, o leitor pode descansar entre uma e outra. Alguns tipos de sequências isoladas seriam:

◆ Dentro de uma história moldura	Os sete contos independentes de *Historias de ratones*, de Arnold Lobel, são contos narrados por um pai rato a seus filhos que vão dormir. Esta situação abre e encerra o livro.
◆ Dentro de uma história mais ou menos coerente	Ainda que haja um só argumento, a maioria das cenas não é imprescindível para entender a narrativa, por exemplo, na busca de *El topo que quería saber quién había hecho aquello en su cabeza*, de Holzwarth Werner, em que poderiam aparecer mais dois ou menos dois animais sem alterar a história.
◆ Encadeadas em forma de tensão ascendente	As cenas podem adotar moldes cumulativos, de volta e revés etc. Por exemplo, podem ir aparecendo animais cada vez maiores ou mais exóticos; em *A qué sabe la luna?*, de Michael Grejniec, cada um dos animais que aparece se apoia no anterior para poder chegar finalmente à lua.
◆ Com repetição de três provas, três planos etc.	As cenas podem corresponder a esta fórmula, presente nos contos populares e que continua plenamente vigente: por exemplo, a estrutura ternária (três irmãos, três desejos etc.) em *Ricitos de oro y los tres osos* ou *Los tres cerditos*.

Osito (Ursinho) de Else H. Minarik é um exemplo paradigmático do que estamos descrevendo. O livro contém quatro capítulos que correspondem a quatro anedotas sobre Osito. Cada capítulo está formado por várias cenas que, por sua vez, são formadas por ações muito repetitivas e sucessivas. Assim, no primeiro capítulo, "Osito sente frio", o pequeno se queixa de frio várias vezes e a cada vez a mãe vai-lhe acrescentando casacos, um a um. Quando Osito tem ainda mais frio, começa uma ação inversa de despojamento e ele vai embora muito satisfeito, nu com seu próprio abrigo de pele. No quarto capítulo, o leitor, suficientemente hábil para guiar-se por estas pistas em sua antecipação leitora, é impulsionado mais adiante, quando a mãe explica um conto a Osito no qual repete todas as anedotas contadas nos capítulos anteriores, juntando e superando a fragmentação anterior de aventuras separadas. O último capítulo supõe, assim, um autêntico resumo compreensivo do livro. A recapitulação do passado imediato dá coerência narrativa às ações e ajuda a fixar sua lembrança, mecanismo que não faz outra coisa senão reproduzir uma das formas humanas de aprendizagem.

Com esta opção de texto se produz, pois, toda uma orquestração de ritmos (três ações, no interior de três cenários, dentro de um conto moldura, por exemplo) que fragmentam a informação e permitem antecipar o que ocorrerá, mecanismo que favorece a leitura.

b) *A passagem dos elementos para a imagem*

A presença de imagens nos livros infantis permite deslocar para elas diferentes elementos narrativos que, desta forma, podem continuar presentes na narrativa sem sobrecarregar o texto. Tradicionalmente, a ilustração e o texto moviam-se em dois planos paralelos. Um contava a história e outro a "ilustrava". Mas uma parte dos livros infantis atuais incorporou a imagem como um elemento construtor da história, de maneira que o texto e a ilustração complementem as informações. São os livros a que chamamos "álbuns", como veremos mais adiante. A ilustração tornou-se, assim, um dos recursos mais poderosos, tanto para simplificar a leitura como para proporcionar um andaime para narrativas mais complexas.

Para simplificar a leitura: às vezes se utilizam as inter-relações entre texto e imagem geradas pelo cômico. Assim, por exemplo, o uso de traços permite atribuir as falas a cada um dos personagens sem ter que dizer quem está falando. Mas talvez o uso mais frequente seja o de confiar à imagem a descrição dos personagens, do cenário e, até mesmo, das ações. Por exemplo, em alguns casos inicia-se a narrativa apresentando os personagens com imagens. Se esta apresentação fosse verbal, é evidente que o leitor teria muitas dificuldades para se lembrar de uma informação tão pouco significativa. A imagem, ao contrário, não apenas permite esta apresentação como facilita o estabelecimento do quadro de relações da história, uma das grandes dificuldades da compreensão inicial do relato. Em outros casos, a economia verbal se refere à narrativa pormenorizada das ações realizadas pelos personagens. É o que acontece em *La rebelión de las lavanderas*, já que a imagem se encarrega de mostrar a tradução exata desse "problema" do texto em diferentes ações.

Figura 1.1. Yeoman, John (1991): *La rebelión de las lavanderas*. Il. Quentin Blake. Madrid: Altea.

Para complicar as histórias: a imagem também pode servir para ampliar as possibilidades da estrutura narrativa. Sua utilização permite, por exemplo, desdobrar o fio do argumento incluindo uma história dentro de outra, como vemos na Figura 1.2, de *El calcetín de los tesoros*, na qual a história do cachorro que espera sua lata de comida não aparece nunca no texto e se desenvolve como uma história paralela na imagem.

Figura 1.2. Thompson, Pat (1988): *El calcetín de los tesoros*. Il. Tony Ross. Madrid: Espasa Calpe.

Ou torna possível também quebrar a linha do discurso. Os meninos e meninas pequenos têm grande dificuldade para entender os saltos cronológicos no interior de uma história, mas, na Figura 1.3, de *¡No nos podemos dormir!*, de James Stevenson, vemos que o bigode do avô foi mantido na imagem que o representa quando era criança, embora não se trate mais de um bigode branco. Esse detalhe humorístico ajuda o leitor a recordar que se encontra em um tempo anterior ao do início da história.

Figura 1.3. Stevenson, James (1983): *¡No nos podemos dormir!* Madrid: Anaya.

Assim mesmo, o uso da imagem permite introduzir complicações que afetam a interpretação da história. Frequentemente, a literatura atual estabelece jogos de ambiguidade entre a realidade e a ficção. Os álbuns utilizam páginas diferentes para texto e imagem, de modo que a ilustração oferece pistas para pôr em dúvida a realidade do que se afirma no texto. Na Figura 1.4, de *Donde viven los monstruos* de Maurice Sendak, o esfumaçado do papel de parede até converter-se em um bosque nos leva a pensar que sua viagem só acontece na imaginação, enquanto que o texto não apresenta nenhuma afirmação que nos permita questionar a veracidade da aventura.

Figura 1.4. Sendak, Maurice (2009): *Donde viven los monstruos*. Pontevedra: Kalandraka.

A função de permitir estabelecer divergências significativas entre a interpretação do narrador e a história que ele mesmo nos conta também é um recurso da imagem. Na Figura 1.5, *Lo malo de mamá* de Babette Cole, a ilustração mostra ao leitor que o mais estranho na senhora não são propriamente seus chapéus, mas sua característica de bruxa. E é esta informação que permite seguir a narrativa de forma distanciada em relação ao narrador, que não parece nunca se dar conta de qual é o problema real do que acontece.

Figura 1.5. Cole, Babette (1992): *Lo malo de mamá*. Madrid: Altea.

A literatura atual se caracteriza também por uma inclusão muito grande de alusões culturais e literárias. A pouca experiência cultural dos leitores iniciantes torna muito difícil a presença dessas referências e, portanto, é uma característica que só se pode produzir de forma muito limitada. Ocorre por meio do apelo a seu conhecimento sobre os contos populares ou em aspectos tais como a desmistificação dos personagens tradicionais. Porém, o uso da imagem nos álbuns permite incorporar outro tipo de referências visuais, como no caso de quadros ou filmes, ou ainda uma maneira mais sutil de fazê-lo. Na Figura 1.6, de *¡Julieta, estate quieta!*, de Rosemary Wells, pode-se ver um exemplo desta iniciação ao jogo intertextual com uma Monalisa rata na parede. Trocando-se o recurso, na Figura 1.7, de *El sombrero*, de Tomi Ungerer, é o texto que oferece uma pista para o reconhecimento da imagem ao exclamar "Por mil Potenkins!" em alusão ao filme clássico *O encouraçado Potenkin*, ante a queda de um carrinho de bebê por uma escada. Um assunto diferente deste que nos ocupa é o de que esta pista – e essa imagem – dirige-se claramente à experiência cultural adulta, o que nos remete a uma velha discussão sobre a existência real de um duplo destinatário – crianças e adultos – nos livros infantis.

E com um só puxão
caem os móveis de montão,

Figura 1.6. Wells, Rosemary (2008): *¡Julieta, estate quieta!* Madrid: Alfaguara.

Figura 1.7. Ungerer, Tomi (1989): *El sombrero*. Madrid: Alfaguara.

c) A ocultação do narrador

A voz do narrador das histórias ajuda o receptor a compreender o relato: expressa hipóteses sobre a causa das ações, resume partes da história, explica a conexão entre fatos difíceis de entender, enuncia os planos futuros dos personagens ajudando a antecipar o desenvolvimento da história etc. Às vezes, essa voz explica inclusive a mensagem que se deve extrair da conduta dos personagens por meio da moral da história.

Os meninos e as meninas estão habituados à presença do narrador, já que sua mediação é ainda mais evidente nas narrativas orais. Mas, se têm de ler, toda essa mediação amplia as dimensões do escrito. O texto, inclusive, não pode utilizar recursos próprios da oralidade, como o tom de voz e o gesto, mas tem de utilizar recursos escritos para fazê-lo, o que resulta enfadonho para seguir estritamente a história. Por outro lado, essa voz presencial não combina com algumas formas culturais atuais: a ficção audiovisual acostumou as crianças à presença imediata dos acontecimentos, e a literatura do século XX tendeu a dispensar o narrador: a *mostrar* as coisas em vez de *dizê-las*.

— Alô, papai! — disse Bernardo.
— Agora não, Bernardo! — disse o pai de Bernardo.
— Alô, mamãe! — disse Bernardo.
— Agora não, Bernardo! — disse a mãe de Bernardo.
— Há um monstro no jardim que vai me comer — disse Bernardo.
— Agora não, Bernardo! — disse a mãe de Bernardo.
Bernardo foi para o jardim.

Fragmento inicial do texto do álbum de David Mckee:
¡Ahora no, Bernardo!

Como acontece em *¡Ahora no, Bernardo!*, uma maneira de tornar *mais simples a leitura* autônoma do texto é adotar a perspectiva externa à qual nos referimos antes. Inclusive pode-se combinar com uma voz que narra no presente, como se a narrativa fosse simultânea aos acontecimentos da história. O narrador se limita a explicar o que fazem os personagens e a dar-lhes a voz por meio de reprodução direta dos diálogos, de maneira que o leitor se situe diante de uma espécie de representação teatral dos fatos.

Além de facilitar a compreensão do texto, esta ocultação do narrador estabelece uma *distância emocional* que permite introduzir temas considerados excessivamente duros para a sensibilidade infantil, no mesmo sentido em que atuava o uso dos personagens não humanos assinalado anteriormente. Assim, por exemplo, a perspectiva externa se combina com o tratamento humorístico para permitir algo tão inquietante para o leitor como o fato de que o monstro do jardim devore o protagonista de *¡Ahora no, Bernardo!* e o substitua em sua vida familiar sem que os distraídos pais percebam a troca. Ou ainda torne possível tratar a angústia de um menino aficionado em dança diante da desaprovação social por uma atividade considerada feminina, como ocorre em *Oliver Button es una nena*, de Tomie de Paola. O foco externo como recurso de distanciamento é precisamente o que manterá seu uso nas histórias para leitores de mais idade, enquanto que a função de facilitar a leitura do relato se esgota nos livros para leitores iniciantes.

d) A interposição de um personagem entre o leitor e a história

Temos mostrado que os livros infantis escolhem os protagonistas e um marco de espaço e tempo muito semelhantes aos de seus supostos destinatários. Talvez seja certo que esta opção favorece a identificação, mas o que é evidente é que leva as histórias a um tipo determinado de imaginação: aquela que pode estabelecer-se em um quadro realista da vida cotidiana, ao qual podem acrescentar-se, ou não, elementos fantásticos. Assim, as narrativas para leitores iniciantes utilizam um número limitado dos gêneros cultivados na literatura infantil e juvenil (Colomer, 2009). De fato, a grande maioria das histórias para leitores iniciantes pertence a um único tipo: o das histórias realistas com elementos fantásticos, um gênero que se denomina habitualmente *fantasia moderna*.

As narrativas de aventura – com cenários amplos e longínquos, e protagonistas adultos para dar verossimilhança ao que acontece – possuem características diametralmente opostas às destas histórias de protagonista infantil em um âmbito reduzido e cotidiano. No entanto, as narrativas buscaram recursos para introduzir aventuras para oferecer aos leitores iniciantes um primeiro contato com elas. O recurso mais utilizado é o de colocar um personagem entre a aventura e o leitor.

Nos contos já mencionados ¡*No nos podemos dormir!* ou *Lo malo de mamá*, encontramo-nos, em primeiro lugar, com crianças situadas em um ambiente realista. Essas crianças contemplam – e às vezes narram em primeira pessoa – uma história sobre aventuras ou bruxas, da qual eles mesmos são, basicamente, espectadores. Estes personagens infantis oferecem, assim, uma forte âncora para identificação e, frequentemente, negociam o significado em nome dos leitores, perguntando e esclarecendo aqueles aspectos que podem oferecer dificuldades de compreensão. É o que acontece, por exemplo, em *Munya y el cocolilo naranja*, de Asun Balzola, quando a menina interroga o crocodilo sobre distintos aspectos do exótico Egito que o animal está evocando. Os cenários de aventura podem ser contemplados, pois, na segurança do lar, como se o leitor o fizesse na ponta dos pés, de uma janela aberta para a complicação literária que supõem os novos gêneros.

No entanto, isto traz, inevitavelmente, a introdução de novas complexidades narrativas: em primeiro lugar implica com frequência que se adote a perspectiva de um personagem que, na realidade, é secundário, algo muito diferente das características de um relato simples. Em segundo lugar, supõe uma complicação estrutural ao misturar duas histórias. Assim, o leitor vai e vem de uma história realista para outra de aventuras, como ocorre em ¡No nos podemos dormir!. Com isso inaugura-se ao mesmo tempo uma complicação muito presente na literatura atual: a mistura de gêneros narrativos e de tipos imaginários.

É desse modo que uma complicação narrativa leva à outra. Em todas essas formas, e muitas mais, os livros infantis se curvam à altura dos meninos e meninas e os ensinam as convenções por meio das quais sua cultura – a nossa – costuma contar suas histórias literárias.

Livros para os leitores iniciantes

Alarija, Polly: *Has visto mi cabra?* Barcelona: Intermón-Oxfam.*
Balzola, Asun: "Munia". Barcelona. Destino.*
Burningham, John: *Qué prefieres?*. Madrid: Kókinos.*
Erlbruch, Wolf: *Los cinco horribles*. Barcelona: Juventud.*
Lobel, Arnold: *Historias de ratones*. Madrid: Alfaguara.*
Lööf, Jan: *Historia de la manzana roja*. Sevill: Kalandraka.*
Mathewss, Anrew: *El ladrón y la bailarina*. Il. Bee Willey. Madrid: Kókinos.*
McKee, David: *¡Ahora no, Bernardo!* Madrid: Anaya.*
Pennart, Geoffroy De: *Sofía la vaca que amaba la música*. Barcelona: Corimbo.*
Tison, Annette: "Barbapapá". Barcelona: Beascoa.*

(Vejam-se também todos os recomendados ao longo do livro com um *.)

1.2.3. O aprendizado de modelos poéticos por meio do folclore

O escasso desenvolvimento da poesia infantil moderna em nosso país deixa essencialmente nas mãos do folclore a aprendizagem dos meninos e meninas sobre modelos poéticos. Isto não é um grande inconveniente para as crianças menores, dada a riqueza e eficácia das formas folclóricas nessa tarefa. A introdução da poesia está vinculada, pois, às formas orais, e os livros se limitam a apresentar por escrito os jogos e canções que devem realizar-se de forma compartilhada com os adultos ou com outras crianças.

Porque, efetivamente, as formas do folclore requerem quase sempre uma representação interativa que mobiliza muitos recursos simultâneos. Nelas, os pequenos adotam um papel determinado: movem-se em um ritmo determinado, realizam gestos concretos, repetem, respondem, cantam etc. Ao fazê-lo, aprendem tanto normas sociais como formas linguísticas e, ao mesmo tempo, exploram suas capacidades como membros do grupo. Desta perspectiva, podemos agrupar os aspectos presentes no folclore infantil nos seguintes elementos:

- *Relação com estímulos perceptíveis (sonoros e motores)*: voz, ritmo, melodia, entonação, movimento.
- *Vínculo afetivo, de jogo e descoberta*: exercício articulatório, repetição, recreação a partir da memória, jogo com a forma.
- *Vínculo social*: jogo com os demais, domínio da palavra (quem sabe dizê-la, quem a adivinha, quem a explica etc.), transgressão de normas sociais e de funcionamento do mundo (o mundo ao contrário etc.).

Estas aprendizagens subjazem nas diferentes formas do folclore infantil:

1. Jogos de interação entre adultos e crianças: voz e movimento (saltar sobre os joelhos, bater palmas, fazer cócegas, repassar os dedos das mãos etc.).
2. Canções representadas, jogos de roda.
3. Para lançar sorteios.
4. Trava-línguas e jogos de palavras.
5. Fileiras encadeadas e ortofônicas.
6. Canções disparatadas.
7. Adivinhações.

Por meio de todas essas formas, os meninos e as meninas podem progredir em seu domínio da linguagem e familiarizar-se com os diferentes elementos dos poemas. Uma rápida olhada a qualquer seleção desses jogos e canções nos oferece exemplos de diversos tipos de categorias:

1. Gêneros poéticos	
◆ Líricos	Estava a pássara Pinta sentadinha em um limão verde, com o bico segura a folha, com a folha segura a flor. Ai, sim! Ai, não! Onde estará meu amor? (...) Aquí estic dalta de la rama; dalt de la rama més alta Si collint, collint, caïa; ai, que Sant Antoni em valga! (...) Porque sabes que che quero Queres que che queira más (...).
◆ Narrativas	Estava o senhor don Gato sentadinho em seu telhado, marra-miau-miau, miau-miau quando recebeu uma carta se queria ser casado (...). Se não eram três tambores que vinham da guerra; el més petit de tots duia um ram de reselles (...). Estando a garzagrifa metida no seu garzagrifal (...).

Funções da literatura infantil e juvenil | 57

◆ Dramáticos	— Bom dia, minha senhora. — Que queria minha senhora? — Eu queria uma de suas filhas. — Qual delas você quer? (...) Senyor rei de Matalgram una llebra tinc al camp (...). — Maladrán me vou malandrán me veño (...).
◆ Exorcismos	Soli, Solitaña sube a la montaña (...). Serp, serpònia vés a la terra de Babilónia (...). Lagartiño, vai ó furadiño que vén túa nai cunha cunca de viño (...).
◆ Disparates	Pin zorocopín la ceca, la meca (...). A la una l`avi mula (...). Levita, levitón tres pitas e um capón (...).

2. Estruturas comunicativas

◆ Interpelações: como nos exemplos dos exorcismos.

◆ Diálogos: como nos exemplos dramáticos.

◆ Enunciações: como nos exemplos líricos.

3. Estruturas métricas

♦ De ritmo	Maquini surci, Maquini surzá, Dê-me o anel Que em sua mão está (...). Meu marido veio da Holanda O que te trouxe? Dois leques. Meu marido veio da Holanda. O que te trouxe? Um São José que move um pé (...).
♦ Com distribuições variadas de acentos e pausas	Pisa pisuela cor de ameixa anda, anda ou este pé; não há de menta nem de rosa para minha querida esposa que se chama dona Rosa. Uma franga, xica, pica, no galinheiro, camacurta, bacarica (...). E que tes, E que foi; aí vem teu pai e maila túa nai... Ah, ah, ah.
♦ De rima	
- sem rima	A tirar água do poço, tira tu que eu me molho.
- rimada	Cascarrubia, cascarrubia, diga-me se amanhã faz sol ou chuva.

◆ De estrofes	Este menino pequeno não tem berço seu pai é carpinteiro e te fará um. Teresa a marquesa, chiriví, chirivesa tinha um menino do coro chiriví, chirivillo (...).

4. Estruturas fônicas

◆ Trava-línguas	Eu tinha uma pássara-pintapeca, seca meca pintarracá e pancihueca (...). De genollons, collia, collia, de genollons collia codonys (...). Corchete que estás na corcheta desencorchetácheste xa? (...).

5. Estruturas sintáticas

◆ Enumeração para nomear, cronológica ou numérica	A uma, minha azeitona, às duas, meu relógio; às três, meu café (...).
◆ Fileiras encadeadas	O touro na água, a água no fogo, o fogo no pau, o pau no cachorro, o cachorro no gato, o gato no rato, o rato na aranha e a aranha para seu amor.

♦ Acumulações (de adição ou subtração)	(...) O lai lai, la masovera, la masovera. O lai lai, la masovera se'n va al mercat: El mercat és el diumenge, el diumenge, tot s'ho menja: Llums, naps, nespres, nous, faves tendres, tot s'ho gasta, tot s'ho menja.
♦ Paralelismos	Joaninha, voa, voa, que te hei de dar pão e vinho. Voa, Joaninha, voa que te hei de dar pão de milho!

6. Estruturas semânticas	
♦ Personificações	A tartaruga e o sapo foram trabalhar; a tartaruga como patroa e o sapo como capataz.
♦ Comparações e metáforas (como na maioria das adivinhações)	Levo minha casa no ombro, caminho com uma pata, e vou marcando minha pegada com um fio de prata.
♦ Palavras polissêmicas	A casa de L'avi Poc com més son mengen més Pocs.
♦ Imagens	La lluna, la bruna, vestida de dol, son pare la crida, sa mare no vol.

Repassando rapidamente as formas presentes no folclore, não há nenhuma dúvida das vantagens que seu conhecimento na primeira infância oferece para o desenvolvimento linguístico e a formação literária dos meninos e das meninas que, em seu contato posterior com a poesia de autor, encontrarão novas elaborações de todos esses recursos, já bem conhecidos por eles.

Livros de canções e outras formas folclóricas

Amades, Joan: *Folklore de Catalunya*. Cançoner. Barcelona: Selecta.

Boullosa, Palmira G.: *Cando o rei por aquí pasou*. Vigo: Xerais.

"Canciones tradicionales para cantar y contar". Colección de la editorial Ekaré.

Cerrillo, Pedro C: *A la rueda, rueda... Antologia de folclore latinoamericano*. Madrid: Anaya.

Cerrillo, Pedro C: *Versos para jugar y actuar*. Pinto, pinto, gorgorito. Madrid: Alfaguara.

Etxaniz Erle, Xabier: *Puntan punta bat* (Haur Folklorearen bilduma). Iruñea: Pamiela.

Rubio, Antonio: *7 llaves de cuento*. Sevilla: Kalandraka Ediciones Andalucia.

Soussana, Natalie: *Canciones infantiles y nanas de babushka*. Madrid: Kókinos.

Valverde, Maria Isabel: *Adivinanzas*. Palma: José J. de Olañeta.

Zubizarreta, Itziar; A. Edler (música): *Bularretik Mintzora: kantak, poemak, ipuinak*. Donostia: Galzagorri Elkartea.

1.3. A socialização cultural

A literatura infantil e juvenil exerceu sempre uma função socializadora das novas gerações. Foi precisamente o propósito de educar socialmente que marcou o nascimento dos livros dirigidos à infância. Os livros infantis foram perdendo a carga didática ao longo dos tempos em favor de sua vertente literária, mas não há dúvida de que ampliam o diálogo entre as crianças e a coletividade fazendo-lhes saber como é ou como deseja que fosse o mundo real. Por isso se fala da literatura infantil e juvenil como se fosse uma *atividade educativa* como também o são, principalmente a família e a escola. Neste sentido, não há melhor documento que a literatura infantil para saber a forma como a sociedade deseja ver-se a si mesma.

Vamos exemplificar este aspecto por meio de um dos discursos socializadores mais transparentes na função educativa da literatura infantil e juvenil ao longo de sua história: o da transmissão cultural dos modelos femininos e masculinos.

1.3.1. Os modelos masculinos e femininos nos livros atuais

Em décadas anteriores, os livros infantis se dividiam em livros para meninos e livros para meninas. Qualquer leitor sabia, por exemplo, que as obras de Júlio Verne estavam destinadas aos meninos e que *Mulherzinhas*, de Louise May Alcott, ao contrário, era um livro para meninas, independentemente do fato de que muitas meninas roubavam *Viagem ao centro da terra* das estantes de seus irmãos ou de que sentiram como uma injustiça que Jo, o personagem de *Mulherzinhas*, não fizesse sua viagem à Europa como castigo por sua falta de humildade e afabilidade feminina.

A) *A reivindicação feminista dos anos setenta*

Na década de setenta do século passado, numerosos estudos colocaram estes livros sob uma lupa e destacaram a discriminação de gênero presente nos livros infantis. O primeiro passo nesse tipo de denúncias ideológicas é sempre mostrar a discriminação onde ela se mostra de um modo mais evidente: por um lado, nos livros históricos, já que o tempo transcorrido revela neles, de maneira clara, a evolução social dos valores; por outro, na produção de subgêneros narrativos, já que ali os estereótipos sobressaem sem limitações artísticas ou educativas, e também é fácil vê-los nas obras ligadas a correntes ideológicas, sejam da forma que forem, já que se propõem, precisamente, a lançar mensagens educativas; neste caso relacionadas com um ou outro modelo de gênero.

Poderia se pensar, no entanto, que este tipo de discriminação permanece ligado a esses três campos e que, no que se refere à literatura infantil atual e de maior qualidade, pode dar-se por desaparecido. Não foi em vão que a mudança social experimentada pela mulher nas últimas décadas tenha sido realmente espetacular, a educação mista é um fato inquestionável em todos os níveis do sistema educativo e a literatura infantil de qualidade produzida a partir dos anos setenta se comprometeu ativamente em favor dos valores sociais não discriminatórios, como se pode comprovar a partir da existência de políticas de edição a respeito ou por meio da abundância de guias bibliográficos específicos sobre livros não sexistas. Como exemplo ilustrativo, podemos dizer que foi nessa época quando a influente seleção *Little Miss Muffet Fights Back* estipulou critérios para incorporar livros menos discriminatórios nas seleções das bibliotecas e escolas norte-americanas:

1. Livros com mulheres ou meninas ativas e interessadas em sua profissão ou em suas aventuras.
2. Personagens femininas com características de personalidade positivas e não associadas tradicionalmente à mulher: inteligência, independência, valor, eficácia etc.
3. Retratos positivos de mulheres que não apenas sejam mães e de jovens que demonstrem ambição e capacidade de tomar suas próprias decisões.
4. Comentários explícitos do narrador a favor da não discriminação sexista se a trama assim o requer.
5. Livros que abordem o tema da amizade e do amor de maneira que o amor romântico não pareça a única satisfação feminina.

a) Os contos populares: embora estes não dividissem seus destinatários por gêneros, nessa mesma época foram considerados também suspeitos. Clamou-se então contra as princesas passivas, o mesmo final sempre com o casamento ou com determinadas mensagens como de uma Chapeuzinho que era devorada por sua desobediência. A crítica feminista Ruth MacDonald (1982) resumiu em três as opções que tinham os autores e os mediadores para evitar o modelo negativo do folclore:

1. Apresentar os contos inalterados e tratar das possíveis consequências daninhas para as crianças em comentário posterior à leitura.
2. Escrever de novo os contos alterando os aspectos discriminatórios.

3. Escrever outros contos usando temas do folclore para conseguir a mesma eficácia literária sem os inconvenientes educativos.

Uma avalanche de novos contos, como a coleção italiana "A favor das meninas", de Adela Turín e Nella Bosnia, traduzida na Espanha por Lumen, modificou os papéis do folclore imprimindo uma aparência positiva às bruxas e enchendo-os de príncipes sonhadores e princesas que não queriam se casar. Tanto na modificação do folclore, como em novas obras, não se pode negar que a literatura moderna se esforçou para ampliar os valores atribuídos a cada gênero, defender o direito à diferença individual das pessoas e oferecer uma divisão mais equilibrada dos papéis sociais. E, é claro, no estilo dos novos tempos, as coleções de qualidade deixaram de dirigir-se diferentemente aos meninos e às meninas. Logo, sem ir mais longe, Chapeuzinho Vermelho matou o lobo e fez um casaco com sua pele, na versão de Roald Dahl.

b) A literatura moderna de qualidade: não há dúvida de que, visto a partir dos parâmetros educativos de *Mulherzinhas*, o último quarto de século trouxe um enorme progresso. Mas os estudos sobre o tema centralizaram-se então na nova literatura infantil de qualidade e, na fronteira dos anos noventa, descreveram com detalhes a permanência de traços sexistas. Em geral, concordou-se que havia desaparecido a defesa da atribuição diferenciada de papéis, mas também era bem patente que ainda havia muito que objetar sobre a igualdade dos modelos oferecidos aos meninos e meninas leitores.

Os dados sobre as obras (Colomer, 2009; Cañamares, 2004) mostravam que, por um lado, era surpreendente o caminho que ainda faltava percorrer nos aspectos "quantificáveis" e socialmente mais assumidos sobre o papel da mulher: o número de protagonistas femininas abarcava apenas um terço das obras ou o retrato profissional oferecido às meninas para sonharem-se adultas mantinha-se reduzido a apenas uma quarta parte das profissões atribuídas aos personagens femininos, com trabalhos que exigiam pouco estudo e baixos graus na hierarquia.

Por outro lado, o imaginário literário proposto parecia sujeito a um modelo masculino do mundo a níveis mais sutis e inconscientes. Certamente, na análise por idades podia ver-se um tratamento mais igualitário, sobre toda a produção para os menores ou na novela juvenil, já que esses dois gêneros haviam se desenvolvido nas últimas décadas. Assim, o auge dos temas psicológicos em ambas as faixas etárias, por exemplo, dedicava mais atenção às meninas, mas também beneficiava os meninos ampliando seu raio de ação para incluí-los como sujeitos de temas intimistas, poéticos ou de conflitos internos. Ou bem a possibilidade de uma descrição social mais complexa na leitura para adolescentes inevitavelmente recorria, de forma mais ampla, a algumas das mudanças sociais alcançadas pela mulher. No entanto a precariedade dessas mudanças podia ser percebida no fato de que a defesa de novos papéis para a mulher se traduzia frequentemente em forma de um discurso explícito, ou de que ocorreram espaços significativamente vazios na produção, como o protagonismo de mulheres adultas (em contraste com os protagonistas homens) ou a ausência de pares ou grupos exclusivamente femininos (em contraste com os pares masculinos de meninos) talvez pela renúncia a uma sociabilidade feminina que se associava à tradição.

Por fim, podia-se concluir que o modelo masculino havia ampliado suas possibilidades, enquanto que o feminino havia se aproximado de uma espécie de "não ser". As meninas não eram "femininas" no estilo tradicional, nem formavam grupos de seu próprio sexo, nem eram protagonistas exclusivas da aventura. Nesse "não ser" em relação ao modelo estabelecido se situava também a inversão dos estereótipos tradicionais de princesas. Se, por um lado, devia-se estabelecer a conveniência da assimilação total das meninas aos modelos tradicionais de conduta masculinos, por outro valia a pena recordar que a subversão dos tópicos só funciona pela mesma vigência que mantém os modelos transgredidos. Isto é, uma princesa ativa e inteligente se sustém literariamente ativando a consciência do leitor de que as princesas são, como via de regra, filhas e noivas passivas dos autênticos protagonistas. A conclusão era que a educação das meninas tinha abandonado seus objetivos tradicionais, mas que estas pareciam aproximadas a uma assunção limitada do estereótipo masculino. Foi um diagnóstico totalmente coincidente com a análise sociológica coetânea sobre o trato educativo nas escolas. Como assinalaram Subirats e Brullet:

As meninas estão cada vez mais incluídas nas atividades dos meninos, mas, ao mesmo tempo, ocorre um maior menosprezo das atividades consideradas tradicionalmente femininas (...). O modelo é o masculino, inclusive em seus aspectos transgressores. O modelo feminino tradicional não é bem visto na ordem docente: restam dele alguns traços que permitem comprovar que os docentes não ignoram que as meninas não são meninos, mas tratam de esquecê-lo para poder educá-las de forma correta.

E, no entanto, os dados obtidos nos mostraram que não é certo que meninos e meninas sejam tratados de forma igual (...). As meninas são tratadas como meninos de segunda ordem, por assim dizer. O estereótipo da diferença segue atuando, embora em níveis inconscientes, nos professores. Os meninos estão destinados a serem os protagonistas da vida social, e são preparados para isso estimulando-se seu protagonismo na escola. As meninas recebem uma dupla mensagem: poderão participar da ordem coletiva, mas não ostentar o protagonismo (1988:145-146).

c) Balanço e debate do fim do século: depois do grande esforço realizado na produção de livros não sexistas, o debate se deslocou para o balanço de resultados certamente contraditórios. Tal como mostravam os estudos, não se promoviam simplesmente os valores masculinos ao se reagir com desagrado à doçura, à empatia e todo o universo tradicionalmente feminino? Não se limitava o progresso ao tratar as meninas como meninos de segunda classe, mais fortes e empreendedoras que antes, mas relegadas, em definitivo, a papéis secundários, como podia ver-se nas tramas de trapaça? Não se deveriam recuperar as figuras tradicionais da bruxa e outras figuras más femininas, diante da exclusiva proliferação de malvados masculinos, já que, ao fim e ao cabo, só pode exercer esse papel quem ostenta o poder suficiente para causar temor?

Mas, por outro lado, podia pedir-se à ficção que fosse além dos avanços sociais sem transformar a literatura em um panfleto didático, como havia ocorrido majoritariamente com a chamada literatura antiautoritária ou feminista dos oitenta? Não mostravam os recentes estudos sobre leitura que as meninas haviam continuado lendo todo tipo de ficção – como já faziam quando as coleções estavam separadas –, enquanto que os meninos mantinham sua repulsa ao feminino mudando-a agora para alguns dos novos gêneros, como o da novela juvenil introspectiva?

A análise de todas essas perplexidades levou a interrogar-se sobre as razões pelas quais parece ser tão difícil atuar sobre os modelos de conduta discriminatórios presentes na ficção infantil e juvenil. Assim se notou (Colomer, 1999) que as dificuldades para produzir ou promover uma literatura não sexista podem sintetizar-se nos seguintes aspectos:

1. A necessidade de respeitar os modelos sociais que os meninos e as meninas já assimilavam por meio de sua experiência vivida, condição necessária se não se deseja que os textos se tornem distantes do público ao qual se dirigem. É claro que se pode deslocar a discussão para um problema de grau, de ver "até que ponto" se pode forçar esta reflexão, mas isso não invalida a dificuldade de difundir ideias distintas à situação social estabelecida. De fato, os autores se vêm diante de um duplo dilema: se a conduta não sexista se apresenta como natural, a experiência de vida do leitor a percebe como estranha e menospreza a verossimilhança narrativa, enquanto que se, ao contrário, se destacam as tensões existentes na realidade corre-se o grave perigo de converter a obra em um panfleto estridente. Assim, na literatura, como na vida, a vantagem parece corresponder sempre à ideologia passiva, e a vontade de colaborar, em contrapartida, requer grandes doses de ponderação e sutileza literária.
2. A tradição que configura cada gênero literário não é neutra e a experiência literária do leitor tende a associar determinados gêneros e temas com a feminilidade ou a masculinidade. O arquétipo do protagonista da aventura literária, por exemplo, corresponde a um modelo de conduta associado tradicionalmente ao mundo masculino (individualismo, decisão, conflitos externos, a ação como motor etc.). Ao escrever livros infantis e juvenis de gêneros muito definidos, como a ficção científica ou os relatos policiais, os autores se veem ligados a um modelo literário que resiste a feminilizar-se além de alguns aspectos externos. Por isso as mulheres e meninas protagonistas desses textos podem sempre resultar como suspeitas de masculinização.
3. Os meninos e as meninas estabelecem pautas diferenciadas em suas leituras, tal como dissemos ao assinalar a permanência de fronteiras

entre o tipo das obras lidas. As diferenças são tais que chegam a questionar o fato mesmo da leitura. Apesar de continuarem sendo os donos do imaginário literário, os jovens leem menos, olham a leitura de ficção como algo impróprio para suas formas de socialização e rechaçam especialmente os livros se o protagonismo é feminino e não se baseia na ação. O estereótipo de seus desejos e preferências não pode deixar de influenciar, então, em um mercado literário que deseja mantê-los e ganhá-los como público leitor.

B) O renascer atual de "o de sempre" no século XXI

Chegados a esse ponto de dificuldades e equilíbrios, o esforço por uma literatura infantil e juvenil não sexista foi se diluindo entre a confiança nos prêmios recebidos pelos avanços igualitários, a ironia pelos excessos derivados do "politicamente correto" nesses anos e o abandono da vigilância educativa diante de uma crítica bem recebida que proclamava o predomínio dos valores artísticos.

No entanto, chegados ao século XXI, parece que a intenção última de salvar a literatura infantil e juvenil da "madrasta pedagógica" produziu um efeito perverso de lançá-la nas mãos do mercado. Livre de filtros e em uma nova época de conservadorismo ideológico, este impôs os valores mais tradicionais e consumistas.

Um exemplo representativo da mudança pode ser o recente *Guía para chicas*, um produto de boa qualidade editorial, com múltiplas e divertidas atividades, que se ordenam segundo uma "coorte de meninas atuais": Julieta Coqueta, Lulú Tiramisú (mais vaidosa que aprendiz de modista), Cecilia Recicla e Cleo Ecoló, e cujo índice de propostas passa por:

Beleza e cuidados	Cozinha	Penteados
Decoração	Moda e look	Festas
Complementos	Jardinagem	Bijuteria
Experiências e jogos		

A situação afeta tanto a proposta de modelos femininos na novela juvenil que aspira a uma certa qualidade, como ao forte renascimento de livros específicos para meninas (Colomer e Olid, 2009).

a) As obras juvenis de coleções com tradição de qualidade: a análise dessas coleções mostra que incluindo este tipo de novela juvenil parece que o olhar masculino continua configurando o retrato feminino do século XXI. Especialmente nas obras de protagonismo masculino, a apresentação dos personagens femininos só nos permite saber propriamente que respondem aos tipos de beleza convencional da cultura ocidental e que seu retrato pode ver-se refletido em todas as revistas, anúncios e filmes a nossa volta. A leitura seguida de dezenas de descrições parecidas leva a perguntar com fadiga se é preciso que estas jovens sejam tão uniformemente bonitas (ou "preciosas", como se costuma concluir sobre seu visual por parte do protagonista). Porque não é preciso falar de sociedades multirraciais para ver que o tipo de beleza é francamente redutor e para pensar que tanta perfeição pode contribuir a criar nos leitores reais o legítimo incômodo de que eles (elas) não são tão populares como sempre são estas heroínas, assim como a suspeita de que sempre terão mais acne e gorduras que "passos elásticos" e "olhos violetas", tão abundantes nestes livros. Sonhar-se idealizado pode ser um desejo legítimo do leitor, mas talvez se agradeceria que não fosse a maior parte das novelas juvenis atuais que ajudassem a reforçar de uma maneira tão padronizada e mimetizada o ideal de uma beleza impossível.

Agora, cabe lembrar que, no que se refere à falta de traços diferentes, não há nenhuma surpresa. Como no caso dos animais humanizados ou dos meninos protagonistas dessa idade na ficção literária, a falta de uma descrição mais concreta corresponde à vontade de assinalar simplesmente o tipo de personagem de que se fala. Além disso, as novelas juvenis pertencem a vários gêneros literários. A ficção científica, as sagas fantásticas ou a história policial não se detêm em descrever as jovens como objeto do amor do herói, enquanto as novelas juvenis mais ou menos realistas não se propõem, majoritariamente, a criar personagens com identidade própria, mas adolescentes estereótipos com os mesmos problemas que seus leitores. Provavelmente também se acrescenta aqui a tendência a uma ficção cada vez mais audiovisual que prioriza a ação e o diálogo e não a caracterização detalhada dos personagens. Assim, definitivamente, o que importa é simplesmente a função exercida por esses personagens femininos na narrativa e o modelo feminino que encarnam.

É este o ponto, já que a imagem feminina atual continua jogando majoritariamente no campo do imaginário masculino.

> "Que divertido!" Gostei da resposta. Muitas garotas que conheço teriam dito: "Que medo!" Decididamente era uma garota simpática além de bonita.
> (...) como quem há tempos se acostumou que todo mundo olha para ela, observe seus movimentos, a tatuagem em forma de mariposa que brilha no final de suas costas, a cor perfeita de sua pele morena, nádegas cobertas por umas malhas prateadas, a nuca clareada... Quando dá uma volta, uma argola também prateada brilha no umbigo (Care Santos: *Krysis*, 29).

A literatura juvenil que concorda com os esforços em prol da igualdade dos anos setenta parece ter adotado três tipos de estratégias:

- *O silêncio* sobre tudo aquilo que poderia continuar discriminando a mulher como estereótipo social e objeto sexual. Posto não encontrar alternativa ao papel tradicional excluem as imagens físicas detalhadas e as condutas tradicionalmente consideradas como femininas.
- *As supermulheres* em que se convertem as jovens com todo tipo de habilidades e, às vezes, com um papel entre o maternal e o iniciador em relação aos coprotagonistas masculinos. Em consequência, os garotos podem caracterizar-se então como indivíduos mais ternos, desorientados e ingênuos. É possível que isso reflita a vivência comum de um desenvolvimento desigual, na puberdade em que as jovens levam vantagem. Em todo caso, muitas histórias juvenis fazem eco a esses sentimentos que, sem dúvida, refletem a insegurança dos jovens leitores e reafirmam as leitoras. Além disso, sentir-se vulnerável se situa dentro da ampliação das formas de masculinidade ocorridas nas últimas décadas, embora este sentimento encontre consolo

na ideia de que essas garotas tão ativas são ao mesmo tempo muito doces e todos os heróis descobrem em algum momento da narrativa que suas namoradas de correto manual igualitário também são frágeis e necessitam de sua proteção. Salvá-las em um ponto decisivo lhes permite recuperar então sua tradicional autoestima masculina.

- *As atrações secundárias* que introduzem a atração sexual nos livros juvenis e se situam em ficções centradas em mistérios trepidantes e desenvolvimentos parecidos aos dos videogames. Neste tipo de ficção se acentuam tanto as características da independência feminina como as do erotismo. As garotas são tão ou mais ativas que as anteriores, mas um pouco mais individualistas e desavergonhadas, já que assumem uma proposta muito presente no imaginário social atual: a adoção de condutas tradicionalmente masculinas por parte das garotas, tais como maior capacidade de violência, a iniciativa da conquista ou a falta de envolvimento sentimental, de modo que estes personagens podem perfeitamente não enamorar-se do herói. A insegurança dos jovens nessas narrativas pode levá-los inclusive a assumir o antigo papel das garotas, recusando o sexo que estas moças inspiradas nas telas de cinema parecem tão dispostas a lhes oferecer.

Em qualquer caso, o acesso das garotas ao mundo exterior mantém um arranjo que nunca desloca a figura masculina e que se define sempre em relação a ela. Se as garotas são figuras secundárias, fazem sua fatal oferta sedutora e desaparecem. E, se cumprem realmente a função de heroínas, sua dureza é apenas um disfarce que, embora mantendo seu aspecto picante de divertida extravagância, cedo ou tarde deixará aparecer sua inocência e necessidade de proteção. O estereótipo de "rapazes de segunda" dos anos 1970 parece prolongar-se, ainda que agora enganoso com a possibilidade de ganhar pontos no duvidoso privilégio de adotar traços tradicionais masculinos (o olhar erotizado sobre os rapazes como objeto de consumo, a falta de comunicação vista como mistério ou individualismo, a capacidade de violência etc.), assim como a imagem apreciável da mulher atraente no mercado de consumo atual, o qual inclui sua participação no início das relações sexuais.

b) O renascimento da ficção específica para meninas (Olid, 2009): o segundo ponto assinalado é evidente em uma avalanche de coleções narrativas e revistas desse tipo que invadem as vitrines das livrarias atuais, cheias de capas de cor atraente, adornos de purpurina e corações vermelhos, tal como acontece no *Guia para meninas*, citado anteriormente. Ao mesmo tempo se multiplicam as séries de televisão dirigidas às adolescentes e os fóruns da internet fervem de fãs que conversam animadamente sobre os truques revelados por uma ficção que, tanto nos livros como nas telas, se propõe essencialmente a ensinar como ficar atraente para os garotos, um antigo objetivo modernizado em um desdobramento ingenuamente provocador, que incorpora um colorido de *piercings*, argolas e descaramento sexual ao rosa afetado de antigamente.

O sempre eterno gênero do romance rosa aparece em nossos dias de forma crescente. No ano de 2007 ocupou 4% do mercado editorial espanhol, com 3.000 títulos que geraram 30 milhões de euros. A partir do *Diário de Bridget Jones* ou de *Mujeres de Manhattan*, de Candace Bushnell, a edição tratou de ampliar seu público em busca de novos setores da sociedade que exigem diferentes tipos de identificação, mas também de ganhá-lo ampliando as fronteiras da idade, de modo que um dos motores do êxito a partir da década de noventa está no lançamento da chamada *chick lit* (literatura para jovenzinhas), destinada a leitoras a partir de apenas dez anos de idade, da qual, surpreendentemente, participam editoras habitualmente dedicadas à literatura de qualidade. Este fenômeno gelou o sorriso condescendente com que as gerações que protagonizaram a ruptura de valores tradicionais nos anos 1970 tendiam a recordar as coleções femininas de sua infância.

C) *A reflexão ideológica atual*

A evolução da imagem de ambos os gêneros oferecida pela literatura infantil e juvenil reflete, pois, necessariamente, nos avanços e lacunas do progresso social na superação da discriminação feminina. A reivindicação do acesso da mulher às atividades e condutas tradicionalmente masculinas deu lugar a uma maior presença feminina e a um maior cuidado na descrição de suas características, mas o progresso não aparece suficientemente consolidado e, sobretudo, traz ainda muitas incógnitas sobre o caminho a seguir. Um dos desafios atuais seria conseguir que a exploração pessoal que a literatura proporciona interesse aos meninos e os ajude a perder o incômodo ante suas emoções ou a descobrir as vantagens da gestão das relações pessoais. Outro, provavelmente mais difícil, é definir modelos literários e de conduta, que ajudem as meninas a ver-se como sujeitos e não como objetos definidos pelo olhar masculino, e a assumirem os riscos da luta pelo espaço exterior sem renunciar ao seu modo de ser e sem a necessidade de converterem-se em "supermulheres" ou a adotarem condutas masculinas. Este parece ser um bom momento para interrogar-se sobre o abandono de uma batalha que um dia se acreditou ganhar de forma irreversível. Se as adolescentes crescem sob o mosaico de imagens estereotipadas do romance juvenil e dos antigos modelos agora renovados pelo *chick lit* e pelas telas audiovisuais, talvez seja natural que os estudos sobre valores dos jovens continuem mostrando uma solidez preocupante de atitudes sexistas.

Entretanto, não se deve tampouco ampliar a importância da socialização oferecida pelos livros, já que não é senão uma das muitas fontes de que dispõem os meninos e as meninas para forjar sua imagem. Além disso, uma coisa é a proposta ideológica de uma obra e outra muito diferente é o efeito ideológico de sua leitura. As histórias infantis e juvenis podem ajudar a construir a própria identidade, mas o sentido e o alcance em que o fazem dependem do significado que lhes atribuem cada leitor segundo a ressonância individual produzida pela obra na relação com sua personalidade e sua experiência social e literária.

Isto não significa que os autores e educadores devam inibir-se diante do problema da discriminação sexista que ainda, e de novo, a literatura infantil e juvenil apresenta. O que significa, sim, é que não há conclusões mecânicas. Não se trata de suprimir bons livros por seu conteúdo sexista, nem de elaborar livros combativos como receitas. A sensibilização sobre esse tema pode traduzir-se tanto em um progresso continuado de tratamento não discriminatório no campo da produção de livros, como em um critério que leve em conta para sua solução e para o comentário com os leitores infantis e juvenis. Aprender a localizar a ideologia implícita e outorgar-lhe a importância devida no conjunto da obra é necessário para que os meninos, as meninas e os adolescentes possam ler sem ficar à mercê do que leem e sem perder o prazer do texto. Talvez seja útil, nesse sentido, que os mediadores entre os livros e as crianças incorporem práticas de análise ideológica na sua avaliação dos livros, tais como as sugeridas por Peter Hollindale (1989):

- Comprovar o tipo de mudanças que se produziriam em uma obra se fossem alterados ou invertidos determinados elementos (como gênero ou a raça dos personagens).
- Considerar se o final é coerente com o desenvolvimento da narrativa e confirma os valores morais presentes na obra ou se, ao contrário, os contradiz ou parece derivar de posições ideológicas prévias.
- Verificar se existe contradição entre os valores de fundo e os que se declaram na superfície etc.

Em definitivo, os problemas sobre os modelos de socialização são da literatura infantil e juvenil na mesma medida em que são de toda a sociedade. No exemplo analisado do sexismo partíamos do pressuposto de que a divisão das funções sociais entre os indivíduos deve ampliar-se e flexibilizar-se, de modo que qualquer pessoa possa ser e atuar a partir de suas características individuais e não pelo fato de ser homem ou mulher. Como progredir nesta linha é um debate no qual estão presentes tanto os movimentos feministas, como os autores de livros ou os educadores da infância em geral.

Livros sem (contra) estereótipos sexistas

Arold, Marliese (2001): *Sandra ama a Meike*. Salamanca: Lóguez.***
Craighead George, Jean: *July y los lobos*. Madrid: Alfaguara.***
Krahn, Fernando: *La família Numerozzi*. Caracas: Ekaré.*
Paola, Tomie de: *Oliver Button es una nena*. Valladolid: Miñón.**
Turín, Adela: *Arturo y Clementina*. Il. Nella Bosnia. Barcelona: Lumen.**

Atividades sugeridas

Um primeiro tipo de atividade sobre o exposto em todos os capítulos é buscar as referências para comprovar as afirmações feitas. Neste citamos mais de cinquenta livros infantis: seria conveniente conhecê-los.

1. O acesso ao imaginário coletivo

1.1. Nesta parte foram citados vários temas literários como exemplo. Podemos acrescentar outras obras infantis ou juvenis nas quais aparecem: por exemplo, a infância oculta do herói em Harry Potter etc.

1.2. Escolher um novo tema literário e seguir sua pista: por exemplo, o dos espelhos ou quadros mágicos, como o do mito grego de Narciso, *A Branca de Neve e os sete anões*, *Alice através do espelho e o que ela encontrou por lá*, *O retrato de Dorian Gray*, *Harry Potter e a pedra filosofal* etc. A continuação deve classificar suas características (refletem algo oculto, mas existente; refletem os desejos de quem olha; são a porta de entrada para outros mundos; o que se descreve parece realidade etc.).

2. A aprendizagem da linguagem e das formas literárias

2.1. Determinar o progresso da capacidade de leitura que requerem três coleções de Hellen Oxembury para os pequenos:
"Olho. Posso. Ouço. Toco" do Círculo de Leitores
"Os livros do pequenino", como *Na cama*, do Editorial Juventud
"Primeiros livros de imagens", como *No restaurante*, do Editorial Juventud.

2.2. Analisar um conto popular, como *O Pequeno Polegar*, para ver se cumpre os traços de simplicidade do relato descrito.

2.3. Realizar uma sessão de conto, jogo e poesia com exemplos do folclore infantil. E verificar se estão situados em algumas das classificações expostas. Pode-se começar por buscar exemplos completos dos fragmentos oferecidos (internet é também um bom recurso de busca para completar fragmentos).

3. A socialização cultural

3.1. Fazer um informe sobre o reflexo e os os valores transmitidos nas famílias da literatura infantil e juvenil atual: procurar contos infantis atuais nos quais apareçam aspectos familiares de novo tipo ou tratados há pouco tempo nos livros para crianças: adoção, casais homossexuais, homens realizando atividades domésticas ou cuidando das crianças, famílias que cresceram depois de um divórcio, velhice ou morte dos avós, famílias formadas por parentes etc. e analisar em seguida a mensagem educativa que transmitem sobre estes temas. Os catálogos feitos por bibliotecas públicas ou centros de documentação podem facilitar a busca das obras.

2

O acesso aos livros infantis e juvenis

Para que a literatura infantil e juvenil cumpra as funções descritas no primeiro capítulo, é necessário, obviamente, que os meninos e as meninas tenham acesso a estes textos. Os livros são produzidos por adultos e também são eles que proporcionam a incorporação das novas gerações ao diálogo cultural. A família, a escola, a biblioteca, as livrarias etc. são instituições sociais em que os meninos e as meninas se encontram com os livros. Em todos esses locais produz-se uma tensão entre, por um lado, o controle da leitura por parte dos adultos (são eles que selecionam os contos ou os livros que darão, levam as crianças a espetáculos de teatro, decidem entre atividades formativas etc.) e, por outro lado, permitem a liberdade de escolha e do uso do livro por parte do leitor infantil. Se a mediação cultural tem êxito, se os meninos e as meninas se interessam pelos livros, aprendem a lê-los e se familiarizam com a forma em que circulam socialmente (aprendem a guiar-se pelas coleções, quartas capas ou resenhas; se movimentam bem em bibliotecas ou livrarias etc.), sua autonomia para escolher os livros progredirá paulatinamente até sua completa independência na vida adulta.

Na sociedade atual, o acesso aos livros é desejável para *todos* os meninos e as meninas. Em tempos passados, o acesso à literatura significava exclusivamente o conhecimento da literatura oral para a maior parte da população, enquanto uma minoria se familiarizava com os livros em seus lares e aprendia a lê-los e usá-los na escola em perfeita relação com os valores e usos de sua classe social. O aumento da escolaridade outorgou a todo o mundo o instrumento da leitura, e o funcionamento das sociedades modernas foi conduzindo a uma exigência da alfabetização tão elevada – não apenas na quantidade, mas também na qualidade – como nunca havia ocorrido na história da humanidade. Esta situação levou imediatamente o problema de como educar em uma leitura tão exigente aos setores sociais pouco familiarizados com as formas de comunicação escritas.

A inovação educativa não deixou de buscar soluções para este problema. Em parte, ela se inspirou nas formas de iniciação à leitura usadas nos seios das famílias das classes abastadas para tentar passá-las à escola ou às sessões infantis das bibliotecas. Mas isto não parece suficiente, já que, além de tudo, surgiram novos fenômenos que incidem na leitura, tais como a mudança da ficção para as telas ou o desenvolvimento de novas tecnologias. Apesar disso, não há dúvida de que os esforços em favor da leitura tiveram muitos avanços e o acesso dos meninos e das meninas aos livros é agora mais generalizado que nunca.

Como no início de qualquer outra tarefa, é conveniente quantificar o tempo e os livros que estão em jogo. Há um intervalo de dez a quinze anos de atuação desde que as crianças nascem até que terminem a escolaridade obrigatória. Durante esse tempo os livros que a escola pode propor (narração ou leitura de capítulos por parte do professor, livros de leitura coletiva na aula, leituras individuais por matérias ou dramatizações escolares) podem alcançar uma cifra de uns cinquenta títulos no máximo. Podemos acrescentar outros cinquenta ou pouco mais contando a narração de contos curtos, a leitura de fragmentos e a recitação de poemas em sala de aula. Por outro lado, a leitura livre dos meninos (com a família em casa, na biblioteca escolar, em seu tempo de descanso etc.) chega a alcançar uns 500 títulos nos melhores leitores. Nós docentes nos achamos, pois, diante desses doze anos, em média, e esse máximo de 600 obras para estimular a leitura literária durante a infância e a primeira adolescência.

2.1. "Aqui alguns livros, aqui algumas crianças"

A mediação do adulto se inicia na primeira infância. As formas tradicionais do folclore ofereciam pautas culturais para levar a cabo esta tarefa, mas em nossa sociedade este tipo de atividade cultural debilitou-se. Facilmente pode-se constatar que os pais jovens possuem um repertório muito mais limitado que antes de formas de dirigir-se e compartilhar com seus bebês os recursos literários da tradição oral, como canções de ninar, ou brincadeiras de roda. Ao contrário, uma parte do folclore oral mudou-se para as escolas infantis e também os livros estão agora tanto nas casas como nas escolas. Como é natural, em nenhuma outra etapa da vida o progresso leitor dos meninos e das meninas depende tanto de sua relação com os adultos. Daniel Pennac se refere a esta questão ao dizer:

> Em resumo, lhe ensinamos tudo sobre o livro quando ele não sabia ler. Abrimos para ele uma infinita diversidade das coisas imaginárias; o iniciamos nas alegrias da viagem vertical; lhe demos a ubiquidade, liberado de Cronos, desaparecido na solidão fabulosamente povoada do leitor... As histórias que líamos para ele estavam cheias de irmãos, irmãs, parentes, de duplos ideais, esquadrilhas de anjos da guarda, coortes de amigos tutelares encarregados de suas tristezas, mas que, lutando contra seus próprios monstros, encontrarão também eles refúgio nas batidas inquietas de seu coração. Converteram-se em seu anjo recíproco: um leitor. Sem ele, seu mundo não existia. Sem eles, ele permaneceria preso na espessura dele próprio. Assim descobriu a virtude paradoxal da leitura que consiste em abstrairmos do mundo para encontrar-lhe um sentido (1993:17).

A habilidade dos adultos nesta introdução é decisiva para seu êxito. As observações de pais e filhos sobre os contos mostraram que o tempo empregado em ver e comentar um mesmo livro pode variar enormemente; por exemplo, em uma experiência realizada com o conto *La pequeña oruga glotona*, de Eric Carle, o tempo variava entre quem o lia em 1 minuto e 35 segundos até quem o fazia em 16 minutos. Para ver alguns dos procedimentos utilizados pelos adultos para favorecer a apropriação infantil dos livros, podemos analisar a reprodução de um fragmento de conversa entre uma mãe e sua filha de três anos enquanto olham uma história protagonizada por gatos, *La pequeña Wuli*, de Ricardo Alcântara, ilustrado por Gusti:

> Ana: *La pequeña Wuli!*
> Mãe: Quem está aqui, na capa?
> Ana: A pequena Wuli e sua mãe.
> Mãe: Como a Wuli está contente aqui com sua mãe, não é verdade? (abre o livro)
> Ana: A casa da Wuli.
> Mãe: Qual é a casa da Wuli?
> Ana: Esta.
> Mãe: Sim. MIAU!!!! (lê). "Sua mãe era uma gata siamesa e seu pai, um gato da rua sem nome nem dono."
> Sabe o que é dono?
> Ana: O quê?
> Mãe: De quem é o gato.
> Ana: Laura tem um gato.
> Mãe: É uma gata. Mas não tem gatinhos; esta sim; olha os gatinhos aqui. Pobre Wuli, era a menor, não?
> Ana: Por quê?
> Mãe: Porque sempre andava desorientada e comia pouco.
> Ana: Mas depois, não.
> Mãe: Não, depois se animou muito, veja a caixa onde vivem. Está no quarto das crianças porque se veem muitos brinquedos.
> Ana: (passa a mão pela página): Todos estes brinquedos!
> Mãe: Quantos brinquedos! Há um cavalo...
> Ana: Um telefone... (enumera os brinquedos um atrás do outro).
> Mãe: Que fazem os gatinhos?
> Ana: Querem sair.
> Mãe: Você acha que eles poderão sair? (lê). "Mas todas as vezes que tentaram acabaram caindo e rodando dentro da caixa."
> Ana: Não pode.
> Mãe: Não, ainda é muito pequeno.

Sem dúvida não é a primeira vez que veem o livro juntas, já que Ana sabe o título e também vemos que a mãe lê o texto numa página qualquer. Mas, em um trecho tão breve, já se pode ver como a conduta intuitiva da mãe contribui para a formação literária de sua filha em vários aspectos:

1. Estabelece uma relação afetuosa e relaxada de forma que a menina perceba que ler livros é uma das atividades que os adultos realizam e que compartilhada pode ser muito agradável. Algo importante para sua atitude diante da leitura.
2. Dá a oportunidade de acostumar-se aos distintos tipos de organização dos livros e de adquirir palavras para falar sobre elas. A menina já sabe o que é o título, o que é uma página, vê como se pega um livro, como se avança à medida que a história continua, como a história transcorre em um mundo com um tempo e um espaço diferente do seu etc. Algo que permite aprender as regras do jogo.
3. Faz comentários afetivos sobre a personagem, mostrando que os textos literários esperam algo desse tipo. Diz: "Pobre Wuli"; aceita e tranquiliza a inquietação de Ana pelo fato de a gatinha ser muito pequena: "Não, depois cresce muito". Algo interessante para saber o que os livros nos oferecem.
4. Lê o texto literalmente de maneira que a menina possa familiarizar-se com a forma escrita da linguagem e também saber que as palavras estão ali para contar a história. Algo decisivo para sua curiosidade pela leitura.
5. Faz comentários que explicitam os nexos entre as ações, interroga sobre o que acontecerá ou faz perguntas sobre a informação dada, o que ajuda a criar os mecanismos próprios da leitura, como a conclusão ou a antecipação. Diz, por exemplo: "Está no quarto dos meninos porque se veem muitos brinquedos", "Ainda é muito pequeno" ou "Você acha que poderão sair?" e lê para sabê-lo. Algo muito útil para aprender como se lê.
6. Observa detalhadamente os livros, fixa a atenção nos detalhes e forma uma interpretação baseada em sua coerência: "Qual é a casa de Wuli?", "Olha a caixa", "Como está contente…". Algo necessário para entender os textos.
7. Dá tempo às perguntas que surgem, se interessa pelos conhecimentos léxicos da menina ou falam de sua amiga Laura, o que favorece a ampliação do mundo à luz do que diz o texto. Algo que constrói uma experiência ativa de diálogo com a comunidade através do que está escrito.

8. Retorna ao fio da história por meio do jogo de nomear os objetos do quarto ou da conversa sobre os aspectos marginais, o que ajuda a distinção entre a lógica do texto e os interesses próprios, entre a informação relevante para entender o texto e a que interessa nesse momento ao leitor. Algo essencial na conduta que distingue os leitores experimentados.

Lamentavelmente, na vida escolar o comentário dos livros tende a ajustar-se a objetivos predeterminados pelos professores, o que pode anular a eficácia do comentário compartilhado. Gordon Wells (1988) observou um comentário coletivo do conto *Elmer*, de David Mckee, numa classe infantil. O conto nos apresenta a um elefante feito de retalhos de cores brilhantes que gosta de fazer gracejos aos demais elefantes. Em um certo momento, Elmer pensa que os demais riem dele e busca uma forma de tornar-se cinzento como todos os elefantes. O comentário revela o desencontro entre as crianças e a professora que tinha decidido tratar a "característica psicológica" de Elmer na classe:

> Professora: Como era Elmer, além de ser feito de retalhos? Vocês se lembram?
> Alunos: Sim.
> Professora: Como era, então, Paulo?
> Paulo: Era cinzento.
> Professora: Não, não quero dizer o seu aspecto, quero dizer como era como elefante.
> Alunos: (nenhuma resposta)
> Professora: Que tipo de coisas fazia?
> Alunos: (nenhuma resposta)
> Professora: Bem, se estava quieto, calado e... e muito calmo?
> Alunos: (nenhuma resposta)
> Professora: Que fazia a primeira vez que..., a primeira vez que ouvimos falar dele? Não parava de fazer... aos outros elefantes...
> Alunos: (riem)
> Professora: Bem, era que tipo de elefante?
> Alunos: De retalhos.
> Professora: Sim, mas além de ser feito de retalhos? Que tipo de elefante era, além de ser feito de retalhos? Era um elefante muito triste?

> Alunos: Não (murmuram). Sim.
> Professora: De verdade? (surpreendida) Eu não acredito. Como era, Simon? Estava alegre?
> Simon: (respondendo à professora) Contente.
> Professora: Contente, bem. Vocês se lembram de alguma outra palavra?
> Alunos: Alegre.
> Professora: Alegre, sim. Alguém se lembra de outra palavra?
> Alunos: Contente, sorridente...
> Professora: Sorridente. Que outra palavra existe que signifique um elefante contente e sorridente? Alguém se lembra de outra palavra? Estava de bom humor e alegre, não?
> Alunos: Sim (com segurança).
> Professora: (continua a ler o conto).

Wells mostra que este fragmento supõe um bom exemplo de erro educativo que denomina "adivinha o que eu tenho na cabeça". Efetivamente, o diálogo mantido não leva em absoluto as crianças a refletirem sobre o conto, senão a tentar adivinhar o que a professora deseja que elas respondam; neste caso que Elmer gostava de gracejar. No entanto, não se pode dizer que a professora não se esforce para facilitar a tarefa variando suas perguntas segundo uma série de boas estratégias: pergunta diretamente, reformula com rapidez quando percebe o desconcerto das crianças, oferece antônimos como pista da resposta esperada, logo diminui a dificuldade oferecendo sinônimos, dirige-se alternadamente a todo o grupo e a alunos em particular etc.

Compartilhar os livros de forma aberta e relaxada é o mais importante que os pais e professores podem fazer para que as crianças iniciem sua formação de leitores (Chambers, 2007). A primeira coisa a explorar nos livros costuma ser a identificação e designação do que aparece neles. Tal como faz a mãe de Ana, os adultos perguntam várias vezes: "o que é isso?", "o que ele fez?". A criança responde, o adulto aprova, amplia a resposta. Ocorre uma situação ritualizada muito importante para identificar o mundo e o significado das palavras. Trata-se de uma situação igual a todos os demais rituais da vida da criança pequena (comer, tomar banho etc.) que demonstraram sua grande adequação para a aquisição e o desenvolvimento da linguagem infantil e que, neste caso, se dirige a um modo poderoso de interpretar e imaginar a realidade: a construção do mundo através da escrita e da imagem.

A ficção oferece formas de reconhecer as situações e sentimentos e de compartilhar esta experiência com os demais. Em uma classe de educação infantil, a professora e os alunos desfrutaram juntos de ¡Julieta, estate quieta! (Julieta, fique quieta!), de Rosemary Wells, um conto sobre a pouca atenção recebida pela irmã do meio no seio da família. Um dia a professora, ocupada com outros alunos, não deu atenção a uma menina. A história de Julieta ofereceu a esta uma forma de identificação imediata de sua situação como pessoa ignorante e, à semelhança do narrador do conto, disse à professora, que lhe pedia paciência: "E, enquanto isso, o que faz Julieta?". A classe começou a rir e respondeu em coro: "Esperar e ficar quieta!", tal como ocorre no conto. Alguns dias depois, a professora repetiu deliberadamente o jogo. Ausente por uns dias por estar doente, entrou na classe com uma exclamação final da história: "Já voltei! Disse Julieta!". E toda a classe completou em coro a última frase do conto, "A família está completa!", em uma frase que fazia todo o sentido. É assim que os livros passam a fazer parte da vida dos meninos e das meninas se estes percebem que são uma forma de comunicação compartilhada com os que estão à sua volta.

2.2. A chegada dos livros infantis às bibliotecas e escolas

Na história das bibliotecas públicas pode-se perceber uma grande tensão entre sua função de arquivo do saber e sua função de servir às necessidades dos cidadãos. Na história da escola pode observar-se a tensão entre o ensino de uma leitura formadora guiada pelo professor e o estímulo ao hábito de leitura dos alunos. Situada inteiramente em ambos os campos de tensão, a literatura infantil e juvenil tem avançado na medida em que ganhava terreno e preocupação pela leitura direta dos livros.

Nas bibliotecas o processo referido ao público infantil pode situar-se a partir de 1880, quando em Birkenhead, nos Estados Unidos, se reservou pela primeira vez uma sala de leitura para meninos e meninas. Logo se abriu outra no Brooklyn e foi se formando uma cadeia ao longo de todo o território que constituiu uma sólida infraestrutura para a difusão das edições norte-americanas. Na Espanha, o processo se iniciou em 1918, com a seção infantil de três bibliotecas populares na Catalunha, e em 1921 com as primeiras bibliotecas escolares circulantes em Barcelona. No período de entreguerras, justo na semana seguinte ao armistício de 1918, formou-se em Nova Iorque um comitê, o Book Committee of Children's Libraries, para dotar de bibliotecas propriamente infantis as zonas destruídas pela guerra europeia. Com seu impulso inaugurou-se a primeira biblioteca infantil europeia em Bruxelas em 1920 e, em 1924, abriu-se a Heure Joyeuse em Paris.

Uma vez criadas as bibliotecas com seus livros infantis, o problema é conseguir que apareçam os leitores. Ao contrário, na escola, os meninos e as meninas já estão ali e o problema, inverso, é ter livros adequados. Na realidade, se poderia dizer que a escola teve livros escritos para destinatários infantis desde as origens desta produção, já que muitos livros didáticos, assim como as antologias de clássicos e das novelas escolares (como *Corazón*, *Sin família* ou *El maravilloso viaje de Nils Holgersson*), criaram-se precisamente para serem utilizados no ensino da leitura e na formação moral no âmbito escolar. Porém, eram livros para a leitura guiada, livros que "têm todas as características da escola dominical", como sentencia o protagonista de *As aventuras de Huckleberry Finn*, de Mark Twain, citado por Aidan Chambers quando escreve sobre o nascimento dos livros infantis:

> A família da literatura para jovens leitores tem seus próprios parentes de quem desfazer-se. Nasceu de uma mãe humilde e bem-intencionada chamada Didática Simples e foi procriada por um pai astuto e agressivo chamado Comércio Barato. Muitos rebentos destes pais herdaram os piores genes de ambos os lados. Inclusive agora se apegam a seu lar e empreendem a tarefa de dizer a seus leitores o que pensar em seus relatos vulgares mais notáveis por sua arte para vender do que por suas habilidades artísticas. Huckleberry Finn, no entanto, herdou os melhores genes de ambos os lados e fundou uma nova dinastia. Mark Twain repeliu o impulso de dizer às pessoas o que pensar e, ao contrário, desenhou uma história que ajuda os jovens a descobrirem como pensar. Huck é um personagem completamente desenvolvido, mas também representa seus leitores. A história de

Huck se compõe de sequências de imagens para que seus leitores pensem junto com ele (2006:61).

Do ponto de vista moderno da literatura infantil e juvenil como tal, pode-se afirmar que sua presença generalizada na escola se deu a partir dos anos setenta do século passado, ao considerar-se que a leitura extensiva de livros é um elemento imprescindível para a formação leitora e literária.

Apesar de suas diferenças, tanto nas bibliotecas quanto nas escolas foram as mudanças no que se considera ler e ensinar literatura que levaram ao interesse pelas atividades com livros infantis e juvenis.

2.2.1. *Livros infantis e leitura funcional*

A evolução até as modernas sociedades pós-industriais provocou grandes mudanças na ideia da alfabetização. Nos meios bibliotecários de cem anos atrás se iniciou o discurso social moderno sobre a leitura vista como um ato próprio dos cidadãos, livres da tutela a que havia estado submetida a leitura, primeiro por parte da Igreja e depois por parte do Estado por meio da escola (Chartier e Hébrard, 1994). À leitura "formativa", própria dessas instâncias (ler para formar-se), se contrapôs a leitura "funcional", própria dos usos sociais (ler para satisfazer interesses e necessidades).

Por outro lado, o ensino tradicional da leitura entrou em uma grave crise durante a década de 1970 ao constatar-se que as novas gerações que, pela primeira vez, abandonavam a escola depois de um longo período de escolarização de toda a população não dominavam a linguagem escrita. Uma das soluções propostas foi então "desescolarizar a leitura" (Foucambert, 1976), ou seja, adotar um ensino baseado na leitura funcional. Isto requeria a diversificação dos materiais de leitura. Por isso, as aulas se encheram de periódicos, cartas, enciclopédias, catálogos e todo tipo de textos escritos, entre os quais entraram triunfalmente os livros infantis. Todos esses textos ofereciam a oportunidade de exercer uma leitura funcional de informação e entretenimento. E era preciso fazê-lo por meio de atividades escolares que reproduzissem, tanto quanto possível, as práticas de leitura existentes fora dos muros da escola; por exemplo, a leitura silenciosa individual ou a busca de informação além dos livros de texto.

Ao longo deste processo, a defesa da leitura guiada, realizada pelos professores, e a defesa da leitura livre, iniciada pelos bibliotecários, foram aproximando posições. Por um lado, como acabamos de assinalar, o meio escolar aceitou incluir a aprendizagem da leitura livre e funcional em seus objetivos de ensino. Por outro, os bibliotecários se viram na necessidade de "mediar" entre os livros e as crianças na medida em que as bibliotecas infantis se expandiam e surgiam em todos os tipos de bairros e se dirigiam a um público cada vez de menor idade, com o que se aproximavam das leituras guiadas próprias da escola. Finalmente, a criação das "bibliotecas escolares" em todos os centros mostrou, com evidência "física", a intenção de articular ambos os discursos e tipos de leitura.

Na Espanha foi a Lei Geral de Educação de 1970 que instaurou a obrigatoriedade da biblioteca escolar. No entanto, a criação de um espaço para livros não previa a existência de recursos humanos, de pessoal que o fizesse funcionar. Isto dificultou enormemente o desenvolvimento deste instrumento de formação leitora até hoje, apesar de todos os estudos e avaliações, como os atuais PISA, que abarcam os países da OCDE e apenas avaliam que os centros que têm biblioteca escolar obtêm melhores resultados na leitura. De todo modo, a inovação educativa foi estendendo paulatinamente as práticas de leitura livre nas aulas e, atualmente, pode-se observar avanços nesta linha na Espanha, tais como a indicação de ler ao menos meia hora por dia no primário e também fazê-lo em todas as áreas no secundário.

2.2.2. Livros infantis e educação literária

Durante a década de 1980 deu-se uma grande atenção psicopedagógica aos processos de aprendizagem dos alunos e à sua relação com as práticas de ensino. A concepção vygotskiana da aprendizagem a partir da interação social, a investigação psicolinguística sobre o uso da língua escrita e a importância dada à leitura literária como elemento cultural trouxeram dados que justificaram também a introdução da literatura infantil na escola, especialmente através dos seguintes itens:

1. Em primeiro lugar, como consequência da preocupação com a melhora da *primeira aprendizagem leitora*, um dos maiores e mais apaixonados debates escolares da segunda metade do século XX. A crescente importância outorgada ao interesse e compreensão do leitor pelo texto lido levou ao recolhimento das antigas *cartilhas* e a sua substituição por contos infantis, algumas vezes reais e outras, criados mais ou menos pelo professor para esta tarefa.
2. Ao mesmo tempo, a revalorização do *folclore* em meados dos anos setenta justificou seu uso nas aulas e potencializou a narração dos contos ou o canto e a recitação de poesias populares. Nesta época, além disso, cresceu socialmente a oferta da educação infantil, de maneira que a idoneidade deste tipo de literatura como material escolar passou, sem dúvida, a ser considerada.

   A utilização destes textos foi crescendo em todos os níveis educativos e logo toda a etapa primária aderiu à *leitura livre* e às atividades sobre textos da tradição oral. Estudos literários, como os de Propp, sobre os contos maravilhosos, deram um suporte, celebrado por ele ser um cientista, à análise do material folclórico usado na escola. Na mesma época, e em um contexto presidido pela reflexão sobre o jogo e a criatividade, com autores de referência como Wallon, Winnicott, Claparède ou Freinet, se expandiram as propostas de Rodari sobre a renovação da redação por meio da *escrita criativa* e sobre o uso dos contos infantis. As escolas se encheram de uma quantidade de guias e materiais didáticos centrados na literatura infantil e juvenil, até chegar aos atuais *planos de leitura* dos centros, nos quais a leitura na biblioteca escolar tem um peso fundamental.
3. Em terceiro lugar, começou-se a se destacar a necessidade de um contexto educativo de *construção compartilhada* na interpretação do texto. Neste sentido, a literatura infantil e juvenil pareceu oferecer um foro muito apropriado para a discussão sobre o sentido das obras, as características dos personagens, o desenvolvimento narrativo etc.,

assim como uma grande quantidade de livros que podiam ser entendidos desde uma primeira leitura individual, mas que também podiam aprofundar-se com a participação da "comunidade de leitores". A partir disso, foi ganhando terreno o argumento de que os livros utilizados na escola não deviam ser avaliados apenas por seus méritos literários, mas também pela oportunidade que ofereciam para discutir, contrastar e favorecer a introspecção e a comunicação. Esta ideia parece ter penetrado com tal força no ensino que atualmente está presente inclusive no secundário, habitualmente muito mais inadaptado à utilização de um tipo de textos "não canônicos". Os valores atribuídos pelo professorado desta etapa à novela juvenil se centram, precisamente, em suas vantagens como textos motivadores, propícios para o debate de temas e adequados à criação de hábitos de leitura, enquanto que, geralmente, se continua mantendo-os em um espaço de programação subsidiária em relação à programação de conteúdos.

4. As propostas curriculares das Administrações foram formulando objetivos educativos em termos de "hábitos de leitura literária" e incluíram explicitamente a literatura infantil e juvenil como corpus adequado para a leitura em todas as etapas obrigatórias. Deste modo, pois, pode-se dizer que esta literatura obteve o *reconhecimento oficial* de sua presença no âmbito escolar.

No entanto, que a literatura infantil e juvenil tenha entrado na escola não significa que se saiba exatamente que lugar deve ocupar ali. Formular os novos objetivos educativos em termos de "desenvolvimento de competência literária" conduziu à ideia de "itinerários leitores", ou seja, à previsão de uma ampliação progressiva do corpus que pode ser realmente entendido e desfrutado pelos alunos. Um itinerário desse tipo não pode ser previamente construído a partir do corpus de qualidade consagrado pela tradição literária adulta, mas deve incluir uma seleção de leituras que possam estar mais próximas dos alunos. Mas a relação entre os diferentes tipos de corpus se manteve numa tensão constante e, sem dúvida, é um dos pontos mais sensíveis nos debates de didática da literatura, frequentemente separada dos objetivos de formação de hábitos leitores, por um lado, em que os livros infantis e juvenis são bem aceitos, e, por outro, os objetivos de acesso a formas complexas de conhecimento cultural, nos quais a mediação educativa se inclina para as obras consagradas.

No campo da produção editorial, a introdução massiva dos livros infantis e juvenis na escola teve repercussão imediata. A ampliação do mercado escolar não apenas fez aumentar as vendas, como levou à criação de novos tipos de livros. Uns foram pensados para as crianças que acabam de entrar na escola: a etapa infantil (livros para não leitores) e a ampliação do secundário obrigatório (a novela juvenil). Outros se dirigiram a facilitar o uso didático em sala de aula, com um apêndice de questionários de compreensão dos livros de ficção, a criação de programas de leitura pelas editoras, as coleções de "temas transversais" do currículo vigente etc. Isso provocou um certo clamor nos últimos tempos, argumentando-se que não se desescolarizou a leitura, mas que se escolarizou a literatura infantil e juvenil.

Todos estes debates mostram que continua existindo tensão entre as concepções de leitura livre e de leitura guiada. A esta altura parece não haver dúvida de que os meninos e as meninas necessitam abordar os livros de uma forma que respeite sua liberdade de escolha e de leitura. Mas também necessitam aprender a refletir sobre o que leem. O desafio para a escola continua sendo o de articular práticas em ambos os sentidos que, em vez de anular-se, se nutram mutuamente (Colomer, 2008a). Quanto ao debate sobre as atividades a partir das obras infantis e juvenis expressou-se majoritariamente sobre duas perguntas: "Há que obrigar a ler?" e "Há que fazer trabalhos sobre os livros lidos?". Nos quadros que se seguem se aponta sinteticamente uma posição a respeito.

Há que se obrigar a ler?

Sim. Há que proporcionar a todas as crianças a experiência de ler. E isso frequentemente não é espontâneo, não mais que seu interesse por aprender a dar cambalhotas nas aulas de educação física ou a entoar uma melodia na aula de música. Sempre há uma tensão entre a dificuldade e o interesse de qualquer atividade, e obrigar é um dos métodos que os adultos usam para ensinar.

E não. Obrigar é um instrumento, embora não seja o único, nem sequer o principal. Não é tampouco absoluto porque se podem negociar seus limites. "Há que escolher um livro da biblioteca, mas o que se quiser". "Pode-se devolver sem acabar, mas é preciso que várias páginas tenham sido lidas". "Tens que ler um pedaço a cada noite, mas o faremos juntos". "Tu lês três linhas e eu te leio as três seguintes" etc.

Há que fazer trabalhos sobre os livros lidos?

Sim. É preciso cumprir algumas condições. Se se cria uma boa relação com os livros, os meninos e as meninas costumam gostar de saber coisas sobre seus autores e ilustradores favoritos ou realizar atividades sobre as histórias lidas. O contexto escolar cria um sentimento de naturalidade nestas tarefas de modo que não há porque vê-las como um contrassenso. Tudo depende, então, do tipo de trabalho que se empreende. As crianças se mostram interessadas por atividades criativas de extensão de suas leituras, como dramatizar, desenhar, discutir ou escrever sobre poemas, personagens ou autores, ou ainda têm prazer em aprofundar suas leituras de maneira que passam a prestar atenção em muitos aspectos que lhes haviam passado inadvertidos. Não há que subestimar nunca o interesse pelo conhecimento, próprio dos seres humanos, embora a escola se empenhe tão frequentemente em esterilizá-lo.

Um exemplo do trabalho inadequado é o de mandar fazer um resumo das histórias lidas. Pode servir para aprender a resumir relatos caso esteja sendo buscado esse objetivo concreto, mas nunca servirá para aprofundar a leitura, nem para criar interesse pelos livros. Nem sequer serve para assegurar que se tenham lido os livros, já que existem múltiplas maneiras de cumprir essa tarefa.

Ao contrário, sem mexer no trabalho individual, as "cadernetas de biblioteca", os "cadernos de leitura", ou seus equivalentes nas novas tecnologias podem cumprir uma excelente função se o que os meninos e as meninas têm que fazer são pequenos textos, muito variados e que levam a examinar-se diferentes aspectos dos livros. Se as crianças têm que seguir uma ordem distinta cada vez, tais como escolher uma frase que tenha gostado especialmente, buscar uma descrição, falar sobre o protagonista ou sobre um personagem secundário, observar quem conta a história etc., isto os leva a atentarem-se, sem problemas, aos distintos elementos que constroem o livro. Por sua vez, os dados bibliográficos que aparecem no início do livro ou do blog podem ser mais completos à medida que avançam nos estudos. A caderneta de leitura pode conter também uma lembrança pessoal de algumas leituras escolares dos meninos e das meninas, um instrumento de avaliação formativa, já que permite um diálogo (embora não seja uma "prestação de contas") entre os alunos e o professor sobre as leituras realizadas.

Como em qualquer rotina escolar contínua, em um momento determinado, os meninos e as meninas desejam dar-lhe um fim para poderem sentir-se maiores. Simplesmente, deve-se buscar então novas formas de colaboração educativa. Inclusive, pode-se recorrer a novos tipos de blogs ou cadernos de leitura que sejam mais pessoais ou ao contrário, de acesso público, de modo que sirvam para a discussão coletiva escrita sobre os livros trabalhados em sala de aula.

2.3. Os programas escolares de formação leitora

A escola experimentou diferentes usos dos livros infantis e juvenis nas salas de aula. Possivelmente, as atividades mais frequentes foram:

- a leitura individual, silenciosa e periódica na biblioteca;
- a leitura coletiva e o trabalho de todos sobre uma mesma obra;
- a narração de contos feita pelos professores;
- as atividades esporádicas de estímulo à leitura, frequentemente em colaboração com editoras ou outras empresas e instituições, como as visitas de autores etc.

Nos últimos tempos, percebeu-se que estas práticas eram muito pontuais, usavam material pouco adequado a leitores e contextos diferentes e apareciam com "acréscimos" pouco relacionados com os conteúdos das programações escolares. Assim, pois, a extensão recente dos planos de leitura tentou combinar e articular melhor o uso da literatura infantil e juvenil na escola ampliando as atividades que parecem mais rentáveis. A seguir, vamos nos deter em algumas delas.

2.3.1. *Criar um mundo povoado de livros*

A vista não engana. Frequentemente basta entrar em uma escola ou em uma sala de aula para saber se existe uma preocupação especial pela formação leitora dos alunos. O trabalho de relação constante entre crianças e livros se revela com a presença de expositores repletos de obras recém-adquiridas ou de temas especializados que se deseja mostrar (um autor, um tema, um gênero etc.), com a existência de murais cobertos por trabalhos de alunos sobre os livros lidos, com a visão de coleções atualizadas e indícios de boa organização na biblioteca ou com o trajeto das crianças entre a mesa de trabalho e as estantes.

O lugar dos livros

- Organizar o espaço da sala de aula: lugar da biblioteca, expositores, teatro, mural de recomendações etc.
- Ligar aos usos sociais: bibliotecas, livrarias, atos culturais, webs etc.
- Ligar com as famílias: empréstimos e leitura compartilhada, pais convidados a ler etc.

Tanto o espaço da biblioteca quanto o das salas de aulas, onde se aprende a ler, são lugares especialmente necessitados de uma organização compreensível e estimulante para os aprendizes de leitura. Os lugares de trabalho compartilhado, de leitura autônoma, de recursos de apoio ou de manuseio curioso devem estar claramente delimitados e indicados, para favorecer seu funcionamento complementar.

A seleção dos livros é uma peça fundamental para sustentar o desejo de ler e a isto nos referiremos no capítulo cinco. Escolas e bibliotecas devem fazer um esforço para renovar e adequar seus fundos de maneira que possam adquirir o máximo da grande oferta editorial atual. Frequentemente, as verbas escassas podem encontrar soluções imaginativas para receber livros a partir de intercâmbios ou doações pessoais e de campanhas específicas. Por outro lado, deve-se aprender a descartar os livros que já não cumprem sua função e que enchem o espaço aparentando uma oferta inexistente. A escola enfrenta também o desafio de dar espaço aos novos suportes e às novas tecnologias se não quiser divorciar-se das práticas sociais que se estendem para além de suas paredes. Já existe, por exemplo, uma ampla oferta de programas de informática de leitura ou de criação pessoal de contos; diversos produtos multimídia que permitem jogar com contos e obras literárias; registros sonoros de leitura de contos e poemas que as crianças podem escutar por meio de fones de ouvido enquanto veem os livros etc. Tudo isso ajuda a diversificar e a aumentar o interesse por um lugar povoado de ofertas, tanto de ficção literária quanto de informação.

Como assinalamos, um dos objetivos escolares é o de formar os alunos para o acesso à leitura por meio das bibliotecas. Portanto, deve existir uma programação escolar sobre a formação de usuários na biblioteca da própria escola e deve completar-se com a visita coletiva e guiada à biblioteca pública da cidade ou do bairro mais próximo. A população da Espanha frequenta cada vez mais as bibliotecas públicas, embora ainda esteja abaixo da média europeia. E isso não se modificará se esse potencial local social não passar a ser familiar para as novas gerações, se não se supera a resistência instintiva de entrar em espaços totalmente desconhecidos, uma situação muito comum para muitos meninos e meninas que não têm acesso à livraria ou à biblioteca por meio de sua família. Neste sentido, a pedagogia francesa criou a expressão "pedagogia do livro", contrapondo-a à conhecida "pedagogia do texto", para insistir na necessidade de habituar meninos e meninas a compreender como funcionam socialmente os livros e a evitar, assim, sua marginalização dos circuitos sociais de cultura.

Submergir as crianças em um mundo onde os livros existem implica a participação de toda a comunidade educativa, assim como das famílias. As atividades de leitura devem ter continuidade para além da sala de aula. Os trabalhos ou recomendações dos meninos e das meninas podem ser publicados nas revistas escolares ou páginas na internet de intercâmbio escolar. Os alunos mais velhos podem se tornar instrutores de clubes de leitura dos alunos menores. Os pais podem envolver-se na leitura dos livros emprestados a seus filhos dando-lhes o exemplo concreto de atuação. Existem inúmeras experiências nesse sentido, cujos resultados não deixam dúvidas sobre a conveniência de se criar um ambiente de comunicação em torno dos livros (Graves, 1992; Nájera, 2008).

Durante a década passada proliferaram também as atividades denominadas "animação da leitura". Christian Poslaniec (2008:253) a define como "uma atividade de mediação cultural entre os livros e as crianças destinada a reduzir a distância (física, cultural, psicológica) entre uns e outros". As formas de animação são tão variadas que fica difícil emitir opiniões generalizadas sobre suas vantagens. No entanto, pode-se assinalar que sua eficácia depende de sua regularidade e de sua articulação com as rotinas escolares. Como fórmula, podemos dizer que, quanto mais isolada é uma atividade de "animação" e mais se circunscreve a um jogo lúdico, menos contribui a assegurar o esforço necessário pra que a leitura passe a fazer parte da vida dos meninos e das meninas de maneira gratificante.

2.3.2. *Ler em voz alta, recitar e narrar oralmente*

Tanto a experiência dos professores como a pesquisa educativa demostraram fortemente a influência positiva da narração e leitura em voz alta por parte dos professores diante de toda a classe ou em pequenos grupos de alunos. Como disse Marie Bonnafé: "Ler histórias desde que a criança é bem pequena é, provavelmente, a melhor aproximação pedagógica da leitura". E a mesma autora cita René Diatkine para assinalar: "Não creio que possam interessar-se pelo solfejo crianças que jamais tenham descoberto a música" (2008:115).

Nos primeiros anos da escola sua frequência pode ser muito grande, de duas ou três vezes por dia. Nestes níveis, é muito conveniente também reler repetidas vezes aqueles textos que mais agradaram aos receptores. Uma professora norte-americana do primeiro grau escreveu a respeito em seu diário de classe:

> Algo que me parece interessante é o efeito que pode ter em meus alunos o fato de ler-lhes uma história mais de uma vez. Muitos docentes, entre os quais eu me incluía no passado, pensam que têm que "atirar" um livro sobre as crianças..., surpreendê-las.
>
> No entanto, estou descobrindo as coisas maravilhosas que ocorrem quando eles ouvem uma história mais de uma vez. Sua expectativa e antecipação enquanto nos aproximamos de sua parte favorita, ou de uma parte engraçada ou atemorizante, é algo digno de se observar. Eles se concentram em suas frases favoritas, palavras atraentes, frases repetidas.
>
> Às vezes começam a rir entre dentes antes que eu chegue à parte mais divertida de uma história que já conhecem. Ao levantar a vista, muitas vezes, eu os vi agarrarem-se uns aos outros ao chegar a uma passagem que lhes dá medo.
>
> Também estou aprendendo a mostrar os livros que lerei para a classe. A familiaridade com o livro, conhecer suas ilustrações, parece aumentar seu compromisso com a história e seu prazer em ouvi-la.
>
> (Cheryl Schoesmith, 1992:248-249)

Normalmente, ao ascender nos cursos educativos, a leitura em voz alta se torna menos frequente, enquanto se amplia o texto lido. No entanto, esta atividade não diminui sua eficácia. Suas vantagens podem resumir-se nos seguintes pontos:

- Torna possível que os meninos e as meninas desfrutem de textos fora do alcance de sua habilidade leitora.
- Mostra que aprender a ler tem um sentido, neste caso, o de conhecer textos belos e interessantes.
- Favorece o desenvolvimento de expectativas e a aquisição de conhecimentos implícitos sobre a linguagem escrita, em geral, e literária,

em particular: sobre sintaxe, estruturas do texto, gêneros, figuras poéticas etc.
- Amplia o vocabulário e o repertório linguístico ao aumentar as oportunidades dos meninos e das meninas de conhecer palavras e formas linguísticas diferentes das formas coloquiais.
- Permite estabelecer relações intertextuais entre as obras lidas ou conhecidas.
- Leva todo o grupo a compartilhar referências leitoras comuns, o que resulta difícil por meio da escolha autônoma do livro.
- Faz conhecer textos que podem ser usados como modelos para escrever ou para realizar outras atividades de extensão das leituras.
- Incita à leitura autônoma quando se leem fragmentos de obras que se encontram ao alcance dos receptores e que permanecem na classe ao lado.

A obtenção destas e outras vantagens pode se conseguir mais facilmente se os professores selecionam as leituras a partir de critérios como os do quadro a seguir:

Critérios para selecionar as narrativas ou leituras em voz alta

1. Escolher obras que agradem aos alunos.
2. Ler poemas, fragmentos, contos ou livros que ainda sejam difíceis para a leitura individual dos meninos e das meninas.
3. Selecionar textos que exijam uma bagagem cultural importante (mitos, lendas, obras clássicas da literatura infantil e juvenil ou de adultos).
4. Prever experiências literárias diferentes (poemas, narrativas ou obras dramáticas de gêneros distintos, autores diferentes etc.).
5. Ter um plano global de leituras (de todo o curso ou de toda a etapa escolar) ou, ao menos, conhecer as leituras anteriores para assegurar a variedade das obras que se pretende ler.
6. Ler um conto, um capítulo ou uma unidade narrativa com sentido próprio a cada vez.

7. Reler as leituras de maior êxito se são curtas ou se se dirigem aos menores.
8. Apresentar as leituras:
   - deixar exposto o livro na classe e comentar as expectativas que despertam seu título, formato, capa etc.;
   - apresentar o autor e o ilustrador;
   - relacionar a obra a outras que os meninos e meninas já conheçam por seu tema, autor, ilustrador, época etc.
9. Na leitura em capítulos, comentar o que foi lido em relação aos capítulos anteriores e com as expectativas futuras da história.
10. Anotar as obras lidas para um mesmo grupo ao longo dos anos de escola como memória coletiva da classe. Anotar as reações obtidas para avaliar a conveniência de repetir ou não a leitura no futuro.

Por outro lado, a narração oral de contos e a recitação de poemas têm a vantagem de uma comunicação mais pessoal, com mais possibilidades de interação e de reação entre o professor e seu público. Saber ler, narrar e recitar faz parte das habilidades profissionais próprias dos docentes de qualquer etapa educativa.

Os meninos e as meninas devem aprender também a ler, recitar e narrar oralmente por si mesmos para dominar estas formas vivas de comunicação social. Estas práticas estiveram "sob suspeita" durante um período no âmbito educacional, já que o ensino tradicional as havia utilizado abundantemente com o propósito de controlar a correção da leitura e fomentar a memorização de poemas clássicos da literatura adulta. Nestes momentos, no entanto, estas atividades estão recuperando o reconhecimento de seu potencial educativo, como forma de aprofundar a compreensão do texto e como modo de experimentar a comunicação humana. Não em vão as novas tecnologias estão proporcionando um novo auge da oralidade em nossas sociedades. A celebração de leituras poéticas ou dramáticas ou a leitura de textos por parte dos alunos pretende ensinar-lhes a interpretar oralmente cada vez melhor ao longo dos cursos, algo muito diferente da fatal atividade de limitar-se a mostrar ao menino ou à menina que deve continuar a ler.

2.3.3. Ler de forma autônoma

A leitura silenciosa, na biblioteca da escola ou nas aulas, já tem várias décadas de experimentação escolar. Os meninos e as meninas leem sozinhos ou, às vezes, em duplas, livros escolhidos por eles mesmos dentre os que estão disponíveis na biblioteca. Em alguns programas de leitura muito difundidos na América do Norte, por exemplo, é toda a escola, incluídos os professores e os trabalhadores não docentes, que para de realizar o trabalho até meia hora por dia para se dedicar à leitura pessoal.

A indicação da idade é uma informação útil para os alunos, já que marca o nível de dificuldade existente em cada livro. Há escolas que seguem a classificação em grandes separações próprias das bibliotecas públicas: livros para não leitores, principiantes entre cinco e oito anos, leitores entre nove e onze anos e adolescentes. Outras dividem os livros conforme os anos letivos e outras marcam o grau de dificuldade (normalmente em três segmentos) entre os livros de um mesmo curso. Se bem que esta sinalização suponha um guia para o leitor, também é certo que incorpora rigidez a um tema tão difícil por definição como é o da idade apropriada e do esforço individual para ler um mesmo conto. Normalmente, sua conveniência dependerá do modo como será usado o acervo da biblioteca e da idade dos leitores. Assim, não é a mesma a necessidade de um guia para os alunos que estão iniciando a alfabetização, que a de adolescentes que podem julgar rapidamente por si mesmos. Também há experiências nas quais são as próprias crianças que assinalam a dificuldade que tiveram ao ler um determinado livro ao comentá-lo com o professor ou ao anotá-lo em sua caderneta da biblioteca ou no mural de recomendação, por exemplo: "fácil/normal/com esforço".

Em qualquer caso, a escolha de livros para a leitura silenciosa é um ótimo momento para a recomendação pessoal entre o professor e os alunos ou entre as próprias crianças. No entanto, há que se prever uma forma de organização que agilize a escolha e não tome o tempo dedicado à leitura. Por exemplo, pode-se dar às crianças uns minutos para escolher o novo livro. O professor pode passar depois entre as mesas e comentar brevemente a obra que foi escolhida por cada um. Sempre deve existir a possibilidade de devolver o livro sem lê-lo, mas podem se estabelecer restrições a respeito. Entrar no jogo proposto pelo autor, habituar-se à sua linguagem e estabelecer o quadro narrativo leva um tempo e exige um esforço. As crianças têm de saber disso e contar com a ajuda imediata nesses primeiros parágrafos ou páginas para que sua decisão de não continuar a leitura não seja fruto de um simples desânimo inicial.

É evidente que os meninos e as meninas precisam investir muito tempo na leitura individual para poderem tornar-se leitores. As observações a respeito mostram que o tempo que se dedica à leitura fora da escola é muito pequeno e ainda, hoje em dia, há muitas crianças que chegam ao fundamental 2 sem terem lido sequer um livro inteiro sozinhas. Parece então necessário, pois, que a instituição escolar ofereça a oportunidade de torná-los leitores. As vantagens de dedicar um tempo à leitura individual e silenciosa podem resumir-se às seguintes:

- Permite a prática autônoma da escolha do livro e proporciona a percepção de si mesmo como leitor.
- Concede o tempo necessário para desenvolver as distintas habilidades do ato de leitura.
- Desafia o leitor a resolver sozinho as dificuldades do texto, com a vantagem de que pode recorrer facilmente ao professor ou aos colegas para solucioná-las.
- A possibilidade de reler algumas das obras, ou de ler alguns títulos de uma mesma série, promove a rapidez da leitura e a assimilação dos progressos realizados.

2.3.4. Compartilhar os livros

Já assinalamos antes a importância de compartilhar as leituras para poder experimentar os livros como um instrumento socializador, uma forma de comunicar-se com os demais. Uma das maiores dificuldades da educação literária é que muitos meninos e meninas não veem os livros como algo próprio da vida social adulta a que desejam incorporar-se. Na Espanha, há ainda cerca de 46% da população maior de 14 anos que não lê praticamente nunca (FGEE 2008). Se as crianças observam que os adultos que as rodeiam não leem – e desgraçadamente isso pode acontecer inclusive com seus professores –, se normalmente não ouvem falar de livros, nem veem que os personagens das distintas telas que frequentam não têm jamais um livro nas mãos, fica difícil perceber a leitura como algo mais que um requisito escolar e um tópico social.

Falar sobre os livros, debatê-los, expressar emoções que tenham causado, constatar as diferenças de gostos e de apreciações, recomendá-los e interessar-se pelas indicações dos demais são atividades absolutamente imprescindíveis na prática escolar de todos os níveis educativos. Ler em grupo discutindo em seguida o que se compreendeu ajuda a aprofundar o significado da história e a observar como se conseguiu esses efeitos. Pode fazer-se em pares, em grupo, em forma de clubes de leitores guiados por alunos de um curso superior, por meio de mecanismos de formulação de perguntas pessoais (e autênticas) sobre as obras ou com o uso de blogs, chats ou e-mail. Em qualquer de suas formas, a investigação educativa colocou a construção compartilhada como uma das melhores atividades para refletir e ir além do processo de compreensão dos textos.

- Experimentar a leitura como uma construção compartilhada que permite ir além do que se espera.
- Aprender estratégias de interpretação ao observar como o fazem os demais.
- Observar os matizes interpretativos que um mesmo texto suscita em cada leitor.
- Aprender a falar e a argumentar literariamente sobre os livros.
- Perceber-se como leitor em uma comunidade de leitores.

Uma forma especial de "compartilhar livros" é a de estabelecer entrevistas periódicas entre cada aluno (ou um grupo pequeno) e o professor para comentar as leituras realizadas individualmente. Por exemplo, os meninos e as meninas podem escolher periodicamente três contos lidos e levá-los para a entrevista. Nela, se estabelece uma conversa relaxada e breve sobre os motivos de sua escolha, suas reações e as dificuldades encontradas. Uma vez terminada, o professor pode anotar os aspectos que lhe interessem para apreciar os progressos da leitura de cada aluno, sem nunca conceber a atividade como uma prova.

Lembrar as leituras é um exercício importante para a construção da autoconsciência leitora e do pertencimento a uma comunidade de leitores. Recordar as obras lidas, as que foram contadas, as que gostaram ou lhes causaram algum impacto, seus personagens prediletos ou os que causaram medo ajuda a construir uma imagem, individual e coletiva, como leitores. Para este fim é muito útil conservar as cadernetas da biblioteca. E também é útil levar o registro escolar que será entregue aos professores do período seguinte, sobre que contos se trabalhou com intensidade nesse grupo, que obras foram as mais lidas por eles na leitura individual etc. Esses registros podem ser mostrados aos alunos dos níveis superiores para desenvolver sua memória coletiva. Do mesmo modo, as atividades de rememoração dos personagens, poemas etc. por meio de jogos ou de simples evocações conjuntas resultam tão úteis como gratificantes e combatem a atomização das leituras que ocorre atualmente como consequência da abundância de publicações e do funcionamento editorial a partir de novidades.

Nesse momento de comunicação, os meninos e as meninas têm de aprender a analisar suas reações diante dos livros e falar sobre eles. Respostas como "gostei/não gostei" ou "é divertido" são muito incipientes. Qualquer pessoa educada literariamente deve poder refletir sobre o que leu e sobre sua experiência pessoal em cada leitura de um modo mais elaborado. O fracasso social nessa tarefa educativa é bem claro quando adultos não sabem dizer de um livro mais do que "é bom" ou "eu gostei", refugiando-se em uma resposta sobre gostos que não admitem discussão sobre os valores e aspectos da obra. Os meninos e as meninas aprendem a analisar sua leitura se a escola lhes oferece espaços de discussão e reflexão. Suas opiniões supõem também uma ocasião excelente para que o docente possa atender a suas possíveis dificuldades ou possa saber que eles são capazes de ler e como evoluem seus gostos e interesses. Para ilustrar este aspecto, vejamos, em seguida, alguns exemplos de avaliação de livros por parte de meninos e meninas de oito anos em um programa escolar baseado na verbalização de cinco argumentos:

1. Mercè Company: *Las tres mellizas y Alí Babá*. Gostei deste conto porque há coisas que se abrem e se fecham. Também porque é engraçado que se misturem coisas que não existiam no tempo de Ali-Babá e, sobretudo, gostei das ratinhas.
2. Mercè Company: *Los dientes del león*. Gostei deste livro porque é muito divertido e porque é de aventura. Primeiro, não entendia as confusões dos pais e das mães, mas, à medida que ia lendo, já não era complicado, mas muito interessante.
3. Irina Korschunow: *El zorrito sin madre*. Não gostei deste livro porque me pareceu que é para crianças muito pequenas, porque não acontece muita coisa, trata de animaizinhos e é muito sentimental.
4. Jordí Vila: *El hijo del oso y otros cuentos*. Este livro é bom para quem gosta de contos populares, mas, para quem não gosta, é muito pouco emocionante, porque se pode imaginar o que vai acontecer.
5. Antoni Quadrench: *El reloj de Tomás*. Se eu fosse o autor, teria posto mais ação e teria feito um conto mais divertido sem estar tão preocupado em explicar tudo sobre relógios.

As opiniões destes meninos mostram que aprenderam a se fixar nos aspectos concretos dos livros e a justificar sua opinião. Declaram que "gostei" ou "é bom"; mas em seguida apresentam argumentos sobre o tema.

No primeiro caso, podem-se observar três argumentos importantes como traços que definem o livro: é um livro brinquedo, com existência de janelas que devem abrir-se, a proposta intertextual que leva as protagonistas da série – as três gêmeas – ao interior de um conto popular, de maneira que se misturam um imaginário atual com um folclórico e a presença das três ratinhas na imagem que reproduz as ações das três meninas protagonistas por meio de uma história paralela que caracteriza esta série.

A segunda avaliação é importante porque assinala uma dificuldade importante na compreensão dos contos: a necessidade de estabelecer com clareza o quadro de espaço e tempo e o elenco de personagens. Aqui a história incorpora os pais divorciados que voltaram a constituir famílias, de modo que "as confusões dos pais e das mães" supõem um conflito real para situar os personagens. Uma maneira de superar este tipo de dificuldades é continuar lendo com a informação retida na mente até que se possa ter uma hipótese plausível sobre o que se está narrando. É o que faz esta menina, mas muitas vezes os leitores devolvem o livro opinando que "não se entende" porque não puderam estabelecer o enredo da história.

O terceiro exemplo nos oferece uma excelente definição do que este menino entende por livros para crianças menores: livros com uma ação muito limitada, presença de animais humanizados e foco nos sentimentos dos personagens, provavelmente de ternura e afeto etc. O mesmo problema de inadequação ao leitor se encontra na opinião seguinte. É evidente que esse leitor já leu vários contos populares, de modo que interiorizou suas regras de funcionamento e deseja uma história com maior capacidade de surpreender. Vale a pena notar a capacidade de ser objetivo na resposta do menino, já que descentraliza o argumento de sua opinião para estabelecer uma distância entre o mérito do livro e seu efeito no leitor. A resposta a ambos os leitores exige uma seleção imediata de leituras que fujam das características que assinalam e que possam estar à altura de suas novas expectativas para continuar sustentando a ideia de que ler vale a pena.

A última opinião responde à expressão "se eu fosse o autor". O menino foi capaz de detectar um problema importante de muitos contos: a integração de conhecimentos em uma história de ficção. O conto oferece uma abundante informação sobre os relógios, que, a critério do leitor, acontece em detrimento da história literária.

Para ajudar os meninos e as meninas a opinarem com precisão pode-se dar uma fórmula de análise. Aidan Chambers (2007:117-121) oferece uma série de perguntas para incitar as crianças a darem sua opinião sobre os livros que têm a vantagem de ter sido muito experimentada na prática. A partir desta ou de outras listas podem confeccionar-se pautas com sugestões e oferecê-las em sala de aula para que os alunos as utilizem para refletir.

Qual é o maior interesse do livro?

- Fazer rir. Como?
- É bonito. Faz sonhar. Por quê?

- Faz pensar. Sobre o quê?
- Explica coisas desconhecidas. Quais?

Qual é o interesse dos personagens?

- Parecem conosco. Em quê?
- Têm poderes, fazem coisas que gostaríamos de ter ou de fazer. Quais? Por que nós gostaríamos desses personagens?

Há algo estranho?

- Há algo que nos desconcerta e nos faz pensar duas vezes para entendê-lo.
- Há algo muito surpreendente.

2.3.5. Ler de forma guiada

A leitura guiada por um professor nos leva ao terreno dos programas escolares sobre a aquisição de conhecimentos literários. As crianças aprendem as convenções literárias por meio dos livros que leem, mas também pelos ensinamentos específicos da escola. Não abordaremos aqui este tema, mas podemos assinalar que existem atividades que servem de ponte entre a experiência de leitura e a programação de conhecimentos a adquirir: a leitura coletiva de obras completas (Pagès, 2006, por exemplo, como debate de clássicos juvenis); a distribuição de diferentes trabalhos sobre uma mesma obra por grupos e sua posterior junção (com o trabalho pioneiro de Lacau, 1966); o esquema, de procedência anglo-saxã, que divide as atividades em antes-durante-depois da leitura (Solé, 1993); ou ainda a escrita criativa relacionada com a leitura de obras (Demiro, 2002; Camps, 2003).

A seleção do texto, o trabalho planejado, a guia oferecida, as demonstrações e explicações do professor se adaptarão ao nível dos leitores. Repetem-se aqui algumas das vantagens que já citamos sobre a leitura em voz alta (como a seleção de textos pouco mais complexos) ou a construção compartilhada (como o apoio social na interpretação), mas se acrescentam ou intensificam outras, como as seguintes:

- Oferecer uma seleção de obras que dê a oportunidade de ler textos mais variados, complexos etc.
- Atrair o leitor criando ao mesmo tempo o contexto adequado para que sua leitura tenha êxito.
- Ensinar explicitamente o que fazer para entender textos inicialmente complexos.
- Integrar a resolução de problemas concretos de leitura ou a aquisição de novas habilidades em uma leitura com sentido.
- Oferecer informação que leve mais adiante a compreensão dos textos.
- Criar um corpus de textos conhecidos que podem ser usados de diferentes modos, como referência comum, por exemplo, uma guia de recursos para a escrita, para o estudo de palavras ou de recursos literários concretos segundo os cursos etc.

Uma forma de leitura guiada pode consistir de uma apresentação ilustrativa, compartilhada por pequenos grupos ou por toda a classe, que dá lugar, em seguida, a uma leitura individual:

Exemplo de introdução à leitura de contos em uma classe dos anos iniciais do ensino fundamental

(Mostra-se a capa)
- A professora chama a atenção dos alunos e lhes informa qual o gênero da história.
- Relaciona a história com o conhecimento prévio dos meninos e das meninas.

P: O livro de hoje é um conto popular, muito antigo, que foi contado muitas vezes durante muitos anos. Desta vez, quem volta a contá-lo é Susan McCloskey:
Los tres chivitos.

A1: Eu já conheço. Eu o li.

A2: Eu também.

Várias crianças: Eu o ouvi.

P: Sim, eu já li uma versão desta história para vocês. Agora, vocês vão ler sozinhos. Em muitos contos populares os personagens são animais que falam e agem como se fossem pessoas, não é ?

A3: Como em *Los tres cerditos*.

(Mostra as páginas 2 e 3)

- Introduz os personagens.
- Valoriza o que as crianças sabem sobre a história e os ajuda a estabelecer uma conexão causal.

P: Neste conto há três cabritos e o nome de um deles é Gruñón. Qual é o pequeno? Quem são os outros?

A3: Há um cabrito pequeno, um grande e um médio.

P: Que problema têm?

A2: Querem cruzar uma ponte.

P: Por que querem cruzar a ponte?

A2: Para comer a grama.

(Mostra a página 4)

- Promove a diversão.

P: Aqui vão os cabritos, trip, trap, trip, trap.

As crianças repetem: trip, trap, trip, trap.

(Mostra as páginas 5 a 14)

- Faz que as crianças criem expectativas sobre a história.
- Busca apoio nas ilustrações para confirmar as hipóteses.

P: Cada vez que um cabrito cruza a ponte, vocês sabem quem ele encontra?

A1: O Troll.

P: Sim, o Troll. E ele deve querer algo, não? Procurem na ilustração o que acontece no final com o Troll.

(As crianças procuram nas páginas)

A2: Ele sai da ponte.

P: Sim? Todos concordam que ele sai da ponte?

Crianças: Sim!

(Mostra a última página)
- Promove a reflexão sobre o significado a partir do final da história.
- Fixa-se em aspectos grafofônicos.

P: Vocês acham que os cabritos tiveram uma boa ideia ao querer cruzar a ponte?
A: Sim.
P: Com que letra começa a palavra ideia?
A: Com I.
P: Sim. Vamos ver, leiam a palavra ideia (diz *ideia* muito lentamente).

Crianças: (lendo a palavra e pronunciando-a lentamente): ideia.
P: Sim, foi uma boa ideia. Parecem estar muito bem aqui comendo a grama.

(Adaptação do exemplo de Irene Fountas e Gay Su Pinnel, 1996)

Outra forma de leitura guiada pode consistir também em uma leitura coletiva de outras obras ou textos (poemas, canções, histórias, textos das crianças etc.) distribuídos em grupos, com cópias para cada aluno ou colocados em um grande mural ou tela em frente à sala de aula. Diferentemente do caso anterior, não se trata de incitar a leitura aplainando o caminho, mas sim que o professor deve decidir previamente o que quer explorar no texto apresentado. Portanto, esta atividade requer, em primeiro lugar, que se selecionem os aspectos destacáveis e, em segundo, que se preparem as perguntas, atividades etc., que permitirão apreciá-los:

Seleção dos pontos para tratar na leitura de Onde vivem os monstros, *de Maurice Sendak, para uma classe dos anos iniciais do fundamental:*

- Apreciar a caracterização do personagem por meio de suas ações e da ilustração (veja-se a expressão de seu rosto na página 5, por exemplo) para entender o conflito que desencadeia a história e para promover a identificação com o personagem.

- Dar-se conta de que a história ocorre na imaginação da criança e não em sua vida real. Fixar-se, por exemplo, no desaparecimento progressivo do quarto.
- Compreender que o modo com que Max trata os monstros é uma projeção do modo como ele fora tratado (castigado sem jantar etc).
- Ver a mudança do estado de ânimo de Max, o esgotamento de sua projeção nos monstros, sua solidão e seu desejo de reconciliação.
- Entender o significado do copo de leite no quarto: não apenas quem o colocou lá, senão a demonstração de afeto e perdão que ele representa.
- Comparar detalhes: o desenho de Max e seu disfarce nas primeiras páginas com as imagens posteriores.
- Notar a mudança de tamanho das imagens, maiores na viagem da imaginação, menores na volta, mas não tanto como no início pois ele mudou.
- Fixar-se na escolha das cores verdes e azuis para representar a floresta, a noite e o sonho.
- Pensar nas perguntas e atividades (desenhar, disfarçar-se, dançar) que podem fazer apreciar estes aspectos e viver o conto de forma gratificante.
- Selecionar outros livros que possam combinar com esta leitura segundo o tema eleito: histórias de monstros, livros de devaneios, outras obras de Sendak etc.

2.3.6. Ter um plano de leitura

Limitamo-nos aqui a assinalar algumas das atividades com livros infantis mais frequentes e rentáveis na educação literária escolar, sem a pretensão de entrarmos no terreno do ensino literário em seu conjunto. As atividades sugeridas se referem, especialmente, aos primeiros anos da escola, embora todas elas sejam perfeitamente aplicáveis a todo o ensino obrigatório com as adaptações necessárias. Naturalmente se pode contar um conto quando a pessoa se sente inspirada, fazer brincadeiras de roda quando vê que os pequenos estão nervosos ou ir à biblioteca num dia de chuva. Porém, para que as atividades com os livros não fiquem à mercê do azar ou ocupem um lugar marginal – o concedido quando terminou o "verdadeiro trabalho" educativo –, é necessário programar seu espaço e o tipo de atividades que se realizarão habitualmente e integrar estas atividades em programas completos de leitura, tanto por níveis educativos como no conjunto do itinerário educativo. Na atualidade, na Espanha, a maioria das administrações educativas estimula a elaboração de Planos Leitores dos Centros, algo que conta também com a edição de materiais educativos das editoras. Se bem que estes planos se refiram ao ensino da leitura em todos os seus aspectos, a leitura literária e o incentivo ao hábito de leitura de ficção tem neles um lugar destacado, como é lógico.

O planejamento de um curso de primeiro grau, por exemplo, pode constar de múltiplas atividades para a aprendizagem da leitura. Mas, no que se refere especificamente ao uso de livros infantis, poderia contemplar as sugestões incluídas no quadro seguinte:

Leitura de livros infantis nos primeiros anos do ensino

1. Narração ou leitura de contos uma ou mais vezes por semana com possibilidade de material de apoio (marionetes etc.) e com possibilidade de atividades anteriores ou posteriores por parte de todo o grupo.
2. Narração de um capítulo semanal de um livro maior (como *As aventuras de Pinóquio* etc.).
3. Leitura em voz alta por parte do professor, duas ou três vezes ao dia.
4. Leitura coletiva de contos em formato grande (fotocopiadas e em uma estante ou projetadas etc.), com atenção a aspectos da aprendizagem da leitura e a interpretação da obra.
5. Exploração ou leitura individual e por pares em um tempo crescente ao longo do curso que pode durar, por exemplo, de cinco minutos a meia hora. O tempo pode aumentar se a atividade se passa na biblioteca e inclui também o empréstimo de livros.
6. Um tempo reservado a compartilhar livros no qual os meninos e as meninas que desejarem, apresentem argumentos ou leiam fragmentos dos livros que tenham lido.

7. Entrevistas quinzenais de poucos minutos entre cada aluno e o professor sobre os livros que olharam ou leram individualmente.
8. Visitas mensais à biblioteca da cidade para ampliar suas possiblidades de escolha e sua familiaridade com as formas de organização.
9. Edição de contos, poemas etc., escritos, ditados ou desenhados que se incorporam à biblioteca da sala de aula, são postadas na rede social da escola, mandam-se às famílias etc.
10. Programa de empréstimo com inclusão das famílias nas leituras individuais, feitas em casa.
11. Atividades de fomento do juízo crítico sobre os livros: classificá-los e reorganizá-los periodicamente nas estantes, por temas, gêneros, autores etc. atribuir-lhes um grau de recomendação no mural de leitura e um de dificuldade no caderno de leitura pessoal, ditar uma opinião ao professor etc. Reorganização conjunta da biblioteca da classe à medida que os alunos mudam sua forma de colocar os livros: por autores, por temas etc.

Por outro lado, o exemplo a seguir, de uma ficha resumo das atividades anuais de leitura de uma escola, pode servir para se ver o tipo de ações de estímulo à leitura que vale a pena discutir conjuntamente pela equipe de professores.

Informação sobre as atividades da leitura do centro escolar "X"

1. Lista das narrações orais de obras
   P.4: *Peter Pan* (James M. Barrie)
   P.5: *As aventuras de Pinóquio* (Carlo Collodi)
   1º ano: *Las aventuras extraordinarias de Massagran* (Josep Mª Folch i Torres)
   2º ano: *O livro da selva* (J. Rudyard Kipling)
   3º ano: *La señora Cucharita* (Alf Proysen)
   4º ano: Mitos de diferentes países
   5º ano: *A Odisseia* (Homero)
   6º ano: *Vinte mil léguas submarinas* (Júlio Verne)

2. Lista dos livros de leitura coletiva
    1º ano: Seleção de álbuns
    2º ano: *Sapo y Sepo son amigos* (Arnold Lobel)
    3º ano: *Miguel el travieso* (Astrid Lindgren)/*Memórias de una gallina* (Concha López Narváez)
    4º ano: *Jim Botón y Lucas el maquinista* (Michael Ende)/ *La comedia de la olla* (Pauto) (representação)
    5º ano: *Las brujas* (Roald Dahl)/*Uma antologia poética.*
    6º ano: *El pequeño Nicolás* (Goscinny)/ *Años difíciles* (Juan Farias)

3. Exposições realizadas pela biblioteca e atividades externas
    Exposição das novidades adquiridas
    Concurso de adivinhação de personagens de livros da biblioteca para as obras do 6º ano
    Jogos de formação de usuário da biblioteca em distintos níveis
    Visita à livraria por parte dos alunos do 2º ano
    Visita à biblioteca pública e a sua exposição sobre contos de terror por parte dos alunos do 5º ano

4. Resultados da leitura segundo os cadernos de leitura dos alunos.
    Média de livros lidos em cada curso: _____
    Títulos de maior êxito em cada curso: _____
    Títulos não escolhidos por nenhum leitor na oferta específica para essa idade: _____

5. Fichário de trabalhos sobre os livros
    Passe para o fichário as guias de leitura de x obras e o guia do projeto de trabalho de poesia realizado com os alunos do 3º ano

6. Pedidos de informação para a preparação do próximo curso
    Temas de trabalho sobre o que está previsto que os alunos consultem nos livros para comprovar o final e o início do fichário temático
    Opinião sobre o resultado obtido pelos títulos das narrativas e das leituras coletivas
    Decisão sobre a manutenção dos livros de ficção que não foram solicitados

Neste exemplo podem ser observadas algumas das atividades escolares que utilizam livros infantis. A narração oral e continuada de histórias põe à disposição das crianças títulos clássicos da literatura infantil e juvenil, mas também vemos títulos clássicos da literatura adulta e da tradição oral. São obras que não estão ao seu alcance como leitores nas idades em que lhes são contados. Algo parecido ocorre com os títulos de leitura, escolhidos pela escola entre os livros que poderiam ser lidos autonomamente em um período posterior. Ambas as listas estabelecem um certo equilíbrio de gêneros e tipos de obras: de poesia, teatro e narrativas, fantasia, aventuras, mistério, humor, realistas, épicas etc. A valorização da aceitação das obras é levada em conta para a seleção do próximo ano, entendendo-se que uma mudança determinada pode alterar o equilíbrio do conjunto e, portanto, provocar várias mudanças em cadeia.

As atividades da biblioteca incluem um ponto "programático" sobre a familiarização progressiva dos alunos no funcionamento de uma biblioteca, as visitas às livrarias e à biblioteca pública e outras atividades de estímulo à leitura, uma delas centrada na lembrança das leituras por parte dos alunos maiores.

Os cadernos de leitura dos alunos são examinados ao final do curso por cada professor (vale a pena contar com um programa informatizado para isto) para saber se foi mantida uma média de leitura aceitável ou para poder refletir sobre as distorções produzidas. É uma informação útil também para os professores que receberão estes alunos no ano seguinte. Contar os livros de maior ou menor êxito oferece também uma informação importante, em primeiro lugar, para adquirir ou desistir de títulos, decisão que em nenhum caso pode ser automática e, em segundo lugar, para comunicá-la, se assim se deseja, aos alunos do próximo ano como um tipo de recomendação, neste caso proveniente dos alunos anteriores.

A escola mantém também um guia de trabalhos sobre as obras que serve de consulta aos professores para elaborar suas programações. É outro modo de estimular o trabalho em equipe, assim como fazer render os preparativos realizados por uns e outros. Finalmente, a demanda de informação sobre os temas que exigirão o uso de livros de consulta é necessária para preparar a revisão/aquisição do fundo disponível para adequar o catálogo de matérias que os alunos utilizarão em sua busca. Este ponto, no entanto, nos levaria já ao tema dos livros informativos que mantivemos à margem desta reflexão sobre o uso da literatura infantil e juvenil.

Outro instrumento para ajudar a programar as atividades com os livros infantis é ter uma lista de possibilidades. Por exemplo, as crianças podem representar mimicamente um conto enquanto ele é narrado, ou preparar uma exposição com as distintas versões de um conto popular, ou podem dar suas opiniões para confeccionar um mural com elas. As atividades são infinitas e tudo depende do objetivo correto que desejamos em cada caso: fixar-se nas ilustrações, agrupar os livros de um mesmo tipo ou gênero, atender a recepção individual do texto etc. Em qualquer caso, há que fugir da rotina e oferecer alternativas muito variadas ao trabalho posterior sobre os livros. O quadro seguinte oferece um exemplo de possibilidades de extensão por meio de atividades plásticas e visuais.

Ampliar a recepção leitora	
Por meio de atividades plásticas e visuais	*Com ênfases diversas*
Pintar ou fazer colagens que representem o poema ou a história	com perguntas que ajudem a localizar, escolher e verbalizar o tipo de representação escolhida pelas crianças
Fazer murais coletivos	sobre o argumento, os personagens, o tema, a comparação com outros contos, imitação das ilustrações do livro etc.
Construir maquetes dos cenários	fixando-se nos detalhes
Contar a história outra vez	com a ajuda de um quadro de feltro, de um mapa ou de uma sinalização temporal
Fotografar ou escanear os textos e as ilustrações	para selecionar as cenas-chave, recompor os textos, as peças etc.

Adaptação de Charlotte Fluck et al. (1987)

Outra possibilidade é desenhar quadros de tipos de atividades como o seguinte:

Esquema de programação de atividades

Escrever a partir de

- **Confeccionar**
  - Encadernar
  - Ilustrar
  - ...
- **Imitar**
  - o conteúdo
  - o estilo
  - Manipular
  - Continuar
  - ...

Aprender a analisar

- **Elementos literários intrínsecos**
  - Marco
  - Personagens
  - Trama
  - Tema
  - Perspectiva
  - ...
- **Elementos de outro tipo**
  - Coleção
  - Contexto
  - Autor
  - Relações intertextuais
  - ...

Obras/temas Gêneros/outros

Compartilhar

- **Usar outros meios**
  - Teatro
  - Comics
  - Vídeo
  - ...
- **Discutir**
  - Coletivamente
  - Em grupos
  - ...
- **Explicar**
  - Sobre feltro
  - Trocando elementos
  - ...

Construir quadros de referência

- **Estudar**
  - Buscar informação
  - Construir
  - Esquema de características
  - ...
- **Estabelecer itinerários**
  - Leituras adicionais do autor, tema ou tópico
  - ...

Estender (a outras áreas)

- **Realizar exposições**
  - Expositores de personagens
  - Museus fantásticos
  - Mapas de ações
  - ...
- **Interpretar artisticamente**
  - Pintar murais
  - Construir
  - Buscar músicas apropriadas
  - ...
- **Dramatizar**
  - Cenas
  - Recitar poemas com bonecos
  - ...
- **Jogar**
  - Criar quebra-cabeças
  - Jogos de pistas
  - ...

Adaptação de Charlotte Huck et al. (1987)

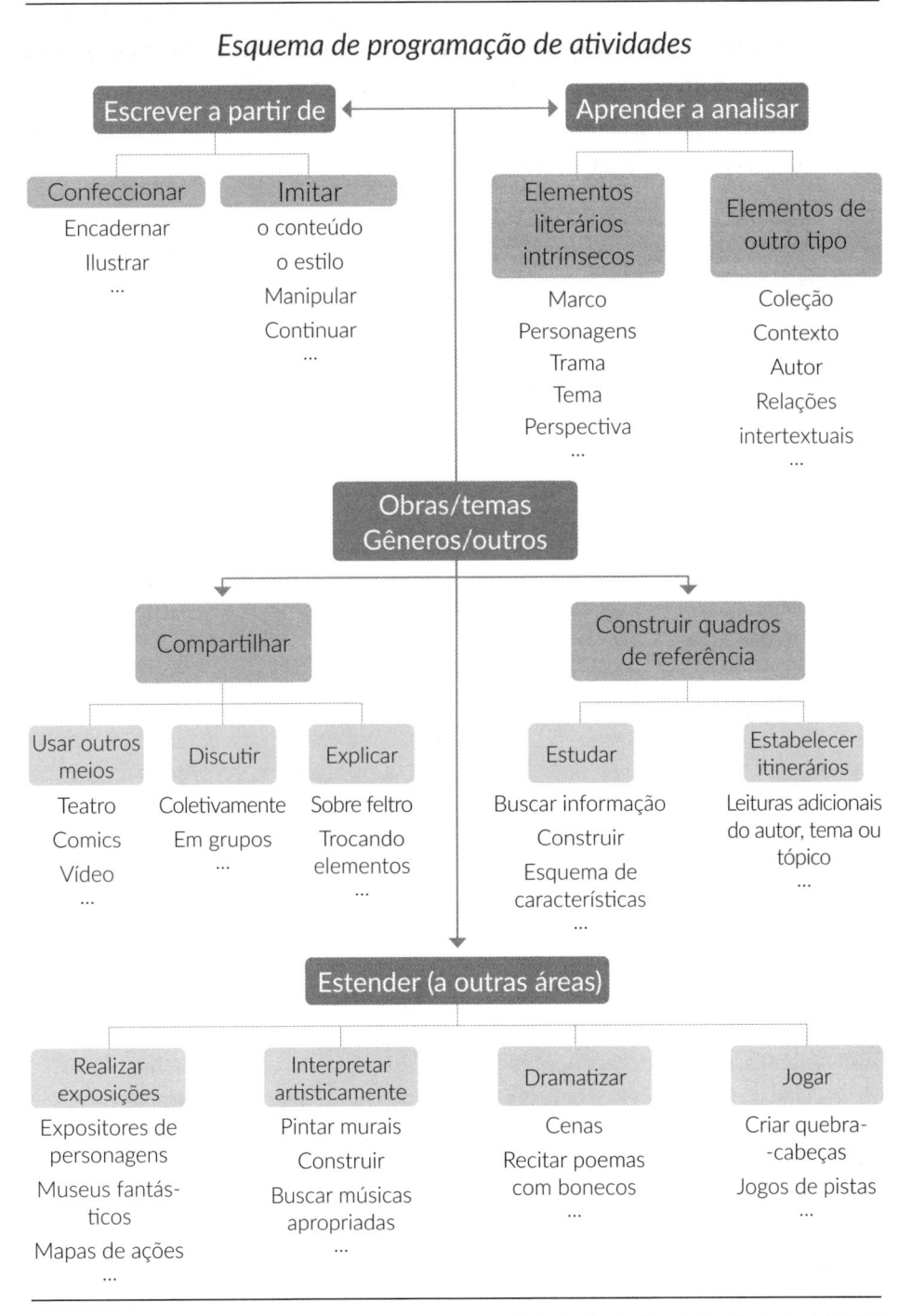

Outros quadros de referência podem ser específicos, circunscreverem-se às possibilidades de exploração de um gênero, por exemplo, a partir do qual os professores podem escolher os aspectos que tratarão em seus cursos e coordenar-se, se assim desejarem, com os demais cursos. O exemplo seguinte mostra as possibilidades de trabalho a partir de contos e narrativas humorísticas:

Livros de humor	
Recursos	Atividades
O humor na imagem	
♦ A humanização dos animais	♦ Definição dos sentimentos humanos em sua expressão e atitudes
♦ A caricatura	♦ Análise técnica, comparação com a caricatura de outros meios (imprensa etc.)
♦ Proliferação delirante de objetos, personagens etc.	♦ Distinção e classificação de cada imagem
♦ Piscadelas para o leitor	♦ Localização das piscadelas interiores do álbum e das referências externas
♦ Imagens insólitas	♦ Verbalização do tipo de estranhamento realizado
O humor nas situações	
♦ Acumulações, encadeamentos e exageros de situações cotidianas	♦ Exercício de escrita coletiva de relatos baseados em diferentes tipos de situação, elaboração prévia de situações possíveis, lista de consequências etc.
♦ Irrupção de um feito absurdo ou fantástico que altera a lógica habitual	
♦ Um novo olhar sobre algo comum que revela um propósito satírico	

Recursos	Atividades
O humor nos personagens	
◆ Humanos: perspectiva irônica sobre os fatos narrados	◆ Análises de procedimentos e conotações
◆ Animais: efeito de lupa sobre as condutas humanas	
◆ Contradições: entre o que se espera deles e sua forma de proceder	◆ Jogos de inversões
O humor na trama da história	
◆ Contrastes entre a imagem e o texto	◆ Busca e classificação de tipos
◆ Estruturas repetitivas (planos cada vez mais absurdos etc., como os desenhos animados ou circulares)	◆ Imitações em histórias próprias
◆ Desenhos absurdos, vozes alternadas com efeitos contraditórios ou que desfazem equívocos	
O humor na linguagem	
◆ Jogos com palavras, títulos, nomes dos personagens etc.	◆ Analisar e imitar
◆ Frases de duplo sentido, comparações disparatadas	
◆ Imitações inapropriadas de registros linguísticos, de gêneros textuais etc.	◆ Inventar títulos, nomes, jogos linguísticos (quanto à sonoridade, redundância, associação surpreendente, tamanho inapropriado etc.)

Adaptação de Renée Leon (1994)

Os exemplos anteriores não pretendem ser um catálogo exaustivo de atividades para estabelecer uma relação entre as crianças e os adolescentes e os livros de ficção que a eles se destinam. Pretendeu-se apenas mostrar a riqueza de possibilidades que a literatura infantil e juvenil oferece para sua educação literária. Cada tipo de mediação, da familiar à escolar, cumpre seu papel e deve encontrar o ponto necessário de estímulo e ajuda.

Atividades sugeridas

1. *"Aqui alguns livros, aqui algumas crianças"*

1.1. Observar um adulto olhando um livro infantil com uma criança (5 a 10 minutos) e analisar o resultado a partir do exemplo de *La pequeña Wuli*.

1.2. Visitar uma biblioteca pública e elaborar um documento a partir de um questionário como o que se segue:

Questionário da visita a uma biblioteca pública, se possível infantil

1. A biblioteca:
   - Endereço
   - Bairro
   - Data de inauguração
   - Administração da qual depende
   - O que se deve fazer para inscrever-se
   - Particularidades da organização do espaço, dos mobiliários etc.

2. Os livros:
   - Como se adquirem os livros? Quem os escolhe? Com que critérios?
   - Como estão classificados os livros de ficção?
   - E os de não ficção?
   - Como os usuários podem encontrá-los?

3. As atividades:
- Que atividades específicas de estímulo à leitura ou/e de formação de usuários são realizadas?
- Estabelece-se algum tipo de relação com escolas?
- Existem programas para a participação das famílias?

4. Outras questões que marquem sua impressão pessoal.

2. *Criar um mundo povoado de livros*

2.1. Buscar atividades de incentivo à leitura na internet e na ampla bibliografia de experiências existente. Realizar uma seleção e analisá-la para ver se realmente as propostas parecem levar as crianças à leitura. Fazer uma lista de elementos que pareçam particularmente positivos.

3. *Ler e narrar em voz alta*

3.1. Preparar a narração oral de um conto. Para isto, pode-se seguir alguns conselhos de Aidan Chambers (2007) ou de Ana Pelegrín (1982):

1. Escolher um conto de que gostamos, memorizá-lo, sequenciá-lo.
2. Apropriar-se dos personagens. Pensar na voz que terão, na expressão de seu rosto etc.
3. Memorizar alguma fórmula do começo e do fim, as palavras mágicas, frases e palavras mais pitorescas e bonitas etc.
4. Dar sons ao conto: ensaiar as onomatopeias, vozes de animais, pensar no ritmo, em quando vamos sussurrar ou falar mais alto etc.
5. Pensar em que momentos será solicitada a participação do auditório nas frases repetitivas, onomatopeias, canções, adivinhações etc.

4. Ler de forma autônoma

4.1. Escrever um par de páginas sobre nossa própria vida leitora na infância e adolescência: de que títulos nos recordamos, o que e quem influenciou em nossa formação como leitores, como se deu nossa evolução etc.

5. Compartilhar os livros

5.1. Gravar uma discussão sobre o sentido de um livro entre quatro ou cinco crianças de oito a doze anos (uns quinze minutos depois da leitura atenta do livro) e analisar seus apontamentos, ver em que detalhes se prenderam, como varia sua interpretação segundo os comentários dos demais etc. Por exemplo, Vanesa Amat (2009) registrou as opiniões de dois meninos e duas meninas de oito anos, uma delas de origem africana, comentando o livro de Pep Molist ilustrado por Emílio Urberuaga, *Dos hilos*, da editora La Galera. Na discussão tentam argumentar porque gostaram do livro, sucedendo-se aos seguintes pontos:

♦ A linguagem e as onomatopeias	*As palavras que tinham sons me agradaram muito. Quando se fazia assim, seu avô fazia flap, flap!*
♦ Ações e detalhes concretos da história e da ilustração	*Quando aquela menina tinha aquilo na cabeça (...) porque em meu país também fazem.*
♦ As expectativas criadas pelo título	*Não sabes de que trata o conto. A princípio pensava que seriam dois fios que falavam, como acontece às vezes nos contos.* *Mas aqui, ao contrário, são dois caminhos que vão a Moussa.*

♦ O tema	*Preferia estar com sua família a ir a outro lugar e viver rodando nos trens de verdade, que fazem muita fumaça.* *O menino que não lê aprende que é melhor ficar em sua casa do que ir a outro lugar. Eu também o faria.* *Ele fabrica seus brinquedos. Não tem que comprá-los.* *Gostei muito da frase de que o trajeto do trem não acabaria nunca. Não como um de verdade, que se estraga.*
♦ A ilustração	*Gosto muito da capa.* *Os desenhos; não lhes falta nenhum detalhe, estão completos.* *O que está muito bom é que, veja (passa as páginas), quando sai está claro e, à medida que vai andando, por exemplo, o dia passa...* *Vai ficando escuro* *... e ainda corria*

6. Ler de forma guiada

6.1. Preparar os aspectos interessantes de um livro para o seu trabalho em sala de aula. Pode-se tomar como exemplo a preparação de *Onde vivem os monstros*, de Maurice Sendak, dada neste capítulo. Os seguintes livros também podem servir para isso:

> Asch, Frank: *El ratón del señor Maxwell.* Il. Devin Asch. Barcelona: Juventud.
> Browne, Anthony: *Gorila.* México: Fondo de Cultura Económica.

Chih-Yuan, Chen: *Guyi, Guyi*. Barcelona: Thule.
Lionni, Leo: *Frederick*. Barcelona: Lumen.
Sheldon, Dyan: *El canto de las ballenas*. Il. Gary Blythe. Madrid:
Spurr, Elizabeth: *Perrier: un cerdito muy fino*. Il. Martin Matje. Barcelona: Juventud.
Young, Ed: *Siete ratones ciegos*. Caracas: Ediciones Ekaré.

7. Ter um plano de leitura

7.1. Elaborar um projeto próprio de leitura para uma determinada aula. Para isso, pode-se seguir uma pauta no capítulo:

Pautas de atuação escolar

1. *Ordenar o espaço da aula* (item 2.3.1)
2. *Narrar, contar, recitar, ler* (item 2.3.2)
3. *Dedicar um tempo a olhar, ler e compartilhar* (itens 2.3.3 e 2.3.4)
4. *Ampliar a leitura com outras atividades* (itens 2.3.5 e 2.3.6)
5. *Programar o tempo e o tipo de atividades* (item 2.3.6)

---

1. Realizar uma proposta própria de um plano de acesso à literatura infantil em uma aula. O exemplo de ciclo inicial visto neste capítulo pode servir como pauta, embora a proposta possa ser mais detalhada. Preparar um plano de aula com a localização dos espaços e lugares para os livros. Incluir uma proposta de trabalho semanal. Acrescentar também as ações que não se incluem nesse período (ações mensais etc.).
2. Decidir as ações para cada um destes trechos. Explicitar que tipo de livros (ou títulos concretos como exemplo) se utilizariam para cada uma das ações planejadas.

Pode ser um planejamento imaginado, mas deve ser concreto.

Ou seja, trata-se de realizar o plano que se teria preparado como professor em uma sala de aula. Se é real, deve-se levar em conta as limitações ou condicionamentos do contexto concreto (orçamento, contexto educativo e social, a personalidade e a experiência leitora das crianças etc.).

7.2. Se for possível realizar um trabalho de biblioteca escolar, levar um diário de todas as iniciativas, ações, resultados obtidos, reformulações etc. A anotação diária é uma forma de reflexão que já era feita nas bibliotecas públicas catalãs nos anos trinta, por exemplo. Por fim, uma pequena informação sobre os aspectos valiosos da experiência ajudará a tomar consciência dos avanços realizados. Pode-se ler a respeito do diário da biblioteca feito por Claudia Gabriela Nájera em uma escola pública do México (2008).

3

Os livros clássicos como herança

> Cada um de nós tem direito a conhecer – ou ao menos a saber que existem – as grandes obras literárias do patrimônio universal (...). Vários desses contatos se estabelecem pela primeira vez na infância e juventude, abrindo caminhos que se podem percorrer depois novamente ou não, mas já funcionam como uma sinalização e um aviso: "Esta história existe... Está ao meu alcance. Se quiser, sei onde encontrá-la."
>
> Ana Maria Machado: *Leitura, escola e criação literária* (2002:38)

Conhecer o legado literário tem sido uma das funções mais evidentes da educação literária na escola. Também tem sido um dos objetivos mais questionados desde a década de 1960, quando se deu ênfase a que a escola devia criar competências leitoras por meio do acesso direto aos textos e não limitar-se a mostrar textos reconhecidos e integrados a uma história literária. No entanto, na atualidade aumentam as vozes que defendem a responsabilidade social de oferecer aos meninos e às meninas o acesso a uma tradição cultural compartilhada pela coletividade. Isso requer a criação de um horizonte de leituras "clássicas", entendidas como um conjunto formado pelo folclore, os títulos mais valorizados da literatura infantil e o início da leitura das grandes obras universais.

3.1. Por que ler obras da tradição literária?

A) *Um enlace social*

Uma primeira razão para prestar atenção aos clássicos se refere ao *enlace entre os leitores*. Trata-se da capacidade do discurso literário para favorecer a coesão social e oferecer um sentido de pertencimento coletivo, um enlace que tece sociedades. Por meio da literatura as crianças passam a compartilhar referências linguísticas, artísticas e culturais com as gerações anteriores que as inserem em sua cultura. Para dominar a comunicação social, é absolutamente necessário dominar as formas habituais de narrar, as alusões literárias com as quais se graceja, os personagens que se evocam ou os registros e convenções do discurso que se põem em jogo em cada conversação e leitura.

Dois fenômenos atuais tornam absolutamente necessário recorrer às obras clássicas para esta função. Um deles é a aceleração do consumo cultural, que faz com que os livros desapareçam cada vez mais depressa da memória coletiva. A dimensão socializadora da leitura fica então gravemente comprometida e a necessidade comunicativa de compartilhar referências diminui com outro tipo de conhecimentos compartilhados, como os audiovisuais ou os publicitários. É um problema? Sim, na medida em que estas novas referências não possuem a força intelectual, emotiva e estética, assim como a eficácia culturalizadora demonstrada pelo folclore e pelos clássicos literários.

O segundo fenômeno é a complexidade crescente das sociedades atuais que, com características como o individualismo urbano ou o auge das migrações, tendem a fragmentar cada vez mais a vida social. Em compensação, sabemos bem que, se se deseja favorecer a coesão social, qualquer cultura necessita criar uma representação de si mesma como algo coerente, e nessa construção do imaginário das obras literárias tem sido sempre um material de primeira ordem em todas as culturas. A existência de uma representação coletiva não implica a uniformização, mas sim a possibilidade de se incluir a construção dos círculos a que pertence cada indivíduo, desde seu vínculo com a comunidade mais imediata até seu sentimento de ser parte da humanidade com acesso à arte universal. Tanto o conhecimento intercultural no seio de uma mesma sociedade como a representação de novos quadros integrantes para todos são desafios atuais que deveriam contar com o potente instrumento da educação literária na infância.

B) *Um instrumento de sentido*

Uma segunda razão para prestar atenção à tradição refere-se ao *enlace entre as obras*. Trata-se de sua capacidade para revelar a reflexão artística da humanidade sobre si mesma. Um instrumento para entender o mundo, algo que vai unido à busca de sentido e se opõe à tendência atual para a simples conexão e justaposição.

A tradição nos oferece obras que se perpetuaram por seu maior potencial artístico. Durante décadas a escola deu prioridade ao enfoque de passar adiante esse legado. Mas o fez por meio de um estímulo do que podemos chamar de *a atitude do turista*, alguém que "sabe" que essas obras são consideradas as melhores de seu gênero ainda que não seja capaz de apreciar o porquê de forma pessoal. Por isso a renovação dos anos 1970 enfatizou a construção das competências pessoais.

A tradição literária mostra também a existência de recursos comuns que foram utilizados incessantemente nas obras escritas ao longo dos tempos. Nos últimos anos, a escola começou a prestar mais atenção a este segundo aspecto, talvez porque o número de clássicos não para de crescer, porque cada vez mais as obras são publicadas de formas mais inter-relacionadas ou ainda pelo auge disciplinar da literatura comparada e pela facilidade da rede para chegar a uma grande quantidade de textos. Mas frequentemente se cai então em uma espécie de *jogo de seguir os indivíduos*, uma atividade que se limita a constatar repetições e semelhanças.

Mais para além de ambas as ênfases, o objetivo educativo importante é o de ajudar a criar esquemas de compreensão que sejam os mais rentáveis possíveis para que o mundo se torne mais inteligível para qualquer pessoa. Essa é a principal graça de aderir à tradição, a de dar instrumentos às novas gerações para aproveitar a reflexão de que a humanidade fez sobre si mesma e sobre o mundo e que pode encontrar-se em seus poemas e narrativas.

C) *Um mapa cultural*

Uma terceira razão para prestar atenção às obras tradicionais faz referência ao *enlace entre níveis culturais*. Trata-se da capacidade dos clássicos para dar sentido de hierarquia entre os níveis de elaboração e significado dos produtos culturais. Funciona como um mapa que oferece sentido de perspectiva cultural, algo que se opõe à tendência atual de nivelar "a um mesmo plano" promovida pelo consumo indiscriminado de produtos muitos diferentes.

Nos últimos tempos temos assistido a múltiplos debates da teoria literária sobre o tema dos "clássicos" ou do "cânone literário" de uma sociedade. A atenção crítica se deslocou do estudo do sentido das obras para o estudo do trabalho da interpretação realizado pela crítica especializada. Por isso, o centro da reflexão se situou no tema de "quem decide e com que critérios" o que é canônico ou as políticas culturais.

Este enfoque parece muito menos promissor para a prática do ensino do que as reformulações teóricas das décadas de 1960 e 1970. O debate centrou-se então na construção do sentido entre a obra e o leitor, algo que fez muito para recuperar a leitura literária na escola. Posto que a tarefa escolar propõe objetivos tão essenciais como os três assinalados – formar uma identidade cidadã comum, ensinar a construir um significado e mostrar um mapa interpretativo da cultura –, não parece que as propostas baseadas na desconstrução do estabelecido, na abolição das hierarquias entre o que passou a se denominar "alta literatura" e os restantes sistemas ficcionais ou na multiplicidade dos sujeitos com direito à interpretação venham a ter resultados realmente muito adequados.

Neste novo contexto, a ênfase na leitura livre de um conjunto absolutamente mutante e adaptado às circunstâncias começa a ser visto como um abandono da função escolar de criar referências para construir-se como ser cultural. E a proliferação de obras de consumo leva a desistir da aprovação de uns títulos que, sendo acessíveis à leitura infantil e adolescente, assegurem a construção de um horizonte de leituras de qualidade.

3.1.1. *O papel dos clássicos na escola*

Vejamos em continuação alguns dos conteúdos concretos que os textos clássicos oferecem à aprendizagem infantil para cumprir as três funções do acesso à tradição que assinalamos anteriormente:

- Conhecer os textos mais elaborados. Se os recursos literários se reutilizam é porque tiveram êxito e constituem um imaginário compartilhado ao que tanto os autores como os leitores gostam de ler uma e outra vez. Os inícios mais atraentes, as imagens mais impactantes, os símbolos mais evocativos, as elipses mais límpidas ou as intrigas mais bem resolvidas se encontram nessas obras: o início de *Peter Pan*, o palácio de *A rainha da neve*, o poder dos anéis... ou não é por isso que desejamos manter esses livros na estante?
- Obter o prazer de reconhecer elementos literários no jogo intertextual, um prazer aumentado pela consciência de alcançar um segredo compartilhado coletivamente. A autora inglesa Margaret Meek o denomina como "achar velhos amigos em novos lugares", um tipo de gratificação que é parte incontestável da leitura em qualquer idade e que se sustenta nos textos tradicionais. Como ler *El cartero simpático*, dos Ahlberg, sem conhecer os contos populares nos quais se baseiam as cartas que ele entrega? Como não ser consciente da transcrição do livro para as telas (do cinema, do vídeo, da televisão) e vice-versa que tanto vemos na área da ficção atual?
- Entender o porquê desse jogo com as obras literárias anteriores. Se os autores oferecem novas versões das obras conhecidas, é porque se propõem a alterar o significado original acrescentando à narrativa novas perspectivas ideológicas ou artísticas. Trata-se então de aprender a ler "dois textos ao mesmo tempo", já que se espera que o leitor estabeleça uma relação constante entre seu conhecimento do original e a nova versão. Dessa leitura dupla se desprende um *plus* de sentido que permite às crianças entenderem a multiplicidade de olhares sobre a tradição que rege o futuro de uma cultura, como veremos mais adiante no exemplo de *Chapeuzinho Vermelho*.

♦ Entrar no jogo imaginativo da humanidade. As obras se prestam ao jogo social de "passar a palavra", de modo que os autores possam apoiar-se nos vazios e incitações dos textos anteriores para tecer novas narrativas. Narrar histórias prévias àquela contada pela obra conhecida, alargar-se em continuações, aproximar-se da história de personagens secundários etc. supõem outra forma de diálogo cultural com a tradição compartilhada de que existem infinitos exemplos nos livros infantis. É um mecanismo de funcionamento muito sugestivo, inclusive, para a escrita criativa na escola.

As obras que se devem selecionar são as que proporcionam a aprendizagem literária das novas gerações. Não é possível limitar-se aos livros infantis e juvenis; existem poemas e narrativas que as crianças podem entender embora não tenham sido escritas para elas. Também se pode ampliar o corpus que vão conhecer com formas distintas de sua leitura direta. Ler boas adaptações que os tornem mais acessíveis é uma alternativa. As várias adaptações de literatura épica de Roger Lancelyn Green ou Albert Jané, ou ainda as versões de clássicos espanhóis e catalãs de Rosa Navarro, por exemplo, constituem uma excelente oportunidade para os jovens, a que se acrescentam versões mais livres de obras clássicas para crianças, como *Alice no país das maravilhas*, de Àngel Burgas. Mas também se pode pensar em outras possibilidades. Algumas obras podem ser contadas ou lidas pelos professores, como dissemos no capítulo anterior; outras podem introduzir-se fragmentariamente como um simples ensaio; muitas podem andar pelas salas de aulas girando ao redor dos projetos de trabalho e, inclusive, se pode confiar em um primeiro contato familiar por meio de versões audiovisuais.

Definitivamente, há que se criar um plano de leitura literária em cada centro educacional, que se articule à função de conhecer as obras no interior de um itinerário formativo, o tipo de obras e as formas de acesso e elas ao longo dos anos escolares, ou seja, para que servem, quais serão usadas e como serão trabalhadas. A partir da reinvindicação de introduzir a literatura infantil e juvenil e as obras atuais na escola, tem sentido a defesa do papel escolar na criação de referências estáveis entre as gerações.

Trata-se de um papel decisivo porque, definitivamente, a perpetuação de uns títulos ou outros no imaginário coletivo se encontra em grande medida nas mãos desta instituição. Falando da recente seleção oficial francesa para a leitura de livros infantis no primário, Anne-Marie Chartier recorda a responsabilidade e o poder que têm os professores nesta questão ao dizer:

> Nada está já decidido, porque o poder prático reside, em última instância, nas mãos dos professores. São eles que, através da experiência com as crianças, escolhem e continuarão escolhendo os "livros para as classes" que seria conveniente chamar pelo seu nome: "os clássicos" (2002:157).

3.2. A história dos livros infantis

A existência de uma literatura especificamente destinada ao público infantil e juvenil e adolescente é um fenômeno próprio do mundo moderno. Surgiu no século XVIII e se encontra em plena expansão na época atual. Não cessam de se explorar novos gêneros e formatos, e o volume de suas vendas na Espanha está já perto de 15% do total editorial, enquanto que a literatura de adultos, um segmento da população muito mais numeroso, tem apenas 9% a mais. Esboçamos a evolução histórica da literatura infantil e juvenil até chegar à sua etapa atual. Para começar, pode-se estabelecer uma primeira divisão:

- as obras anônimas da literatura de tradição oral que no século XIX passaram a destinar-se à infância.
- as obras de autor, que compreendem tanto as que foram escritas deliberadamente para este público como as que foram incorporadas à leitura infantil ou adolescente durante o processo de sua difusão social.

3.2.1. *A literatura de tradição oral*

Compreende um amplo conjunto de produções, tanto poéticas como didáticas ou narrativas, que foram transmitidas oralmente ao longo dos séculos até fixarem-se por escrito, embora seja só em parte e em distintos momentos históricos. Caracteriza-se por destinar-se a um público popular (não especificamente infantil), pelas múltiplas variações produzidas sobre um mesmo texto e por sua enorme inter-relação textual, em parte fruto de uma forma de transmissão apoiada na memória do emissor que mescla elementos constantemente. O interesse por sua recompilação e estudo se desenvolveu no século XIX em consequência de diversos fenômenos: por um lado, a transformação social derivada da industrialização e o início da alfabetização em massa, que condenavam ao desaparecimento a forma habitual da transmissão oral e que fizeram nascer o desejo de fixar os textos para poder preservar sua conservação; por outro lado o interesse do romantismo pela cultura popular como expressão da "alma do povo" no momento de se estabelecerem as diferentes culturas nacionais europeias com a constituição dos Estados, o que deu impulso aos estudos folclóricos ou da cultura popular específica de cada país.

Os estudos sobre o folclore se realizaram sob muitas perspectivas e para responder a perguntas de natureza muito diferentes. Rapidamente, a grande semelhança dos contos, entre si e com outros tipos de literatura oral, deu lugar a estudos comparativos e a tentativas de classificação entre as variantes, tanto dentro de uma mesma cultura quanto entre culturas muito diferentes. Esta mesma semelhança provocou, em seguida, a curiosidade sobre sua origem e sobre a função social que deveriam ter os contos ao longo do tempo. Mais recentemente, a psicologia se interessou pela representação psíquica que podiam oferecer estas obras dada a permanente afeição a elas por parte de todas as culturas. E, finalmente, os estudos sobre o relato e a narrativa encontraram nos contos populares uma fonte inestimável sobre as características essenciais do relato literário como forma humana de expressão.

No campo que nos interessa aqui, cabe destacar que os contos populares são as produções literárias que mais influenciaram a formação da literatura infantil: em primeiro lugar, porque uma parte destes contos sobrevive quase exclusivamente na literatura dirigida à infância; e em segundo, porque os autores de literatura infantil utilizaram abundantemente os elementos próprios destes contos.

Classificação dos contos populares de Stith Thompson (1955-1959)

1. O conto de fadas ou conto maravilhoso. Refere-se a um relato com elementos fantásticos, situado em um mundo irreal (ou, pelo menos, sem localização determinada), de origem anônima e transmissão oral, no qual costumam aparecer personagens com poderes especiais, tais como fadas, ogros, bruxas, duendes etc. Situam-se aqui, por exemplo, os contos recontados pelos irmãos Grimm ou pelo estudioso russo Afanasiev.
2. A *novela*, palavra de origem italiana que designa um relato transcorrido em um mundo real e definido que lembra as formas literárias empregadas no *Pachatandra* hindu.
3. Os contos heroicos, relatos extraordinários de lutas levadas a cabo por um herói determinado, seja histórico ou imaginário, e organizados em forma de ciclos, por exemplo, o ciclo do rei Artur na Bretanha.
4. As lendas. São relatos extraordinários que se contam como sucedidos em um lugar concreto e se vinculam, portanto, com um lugar, edifício ou acidente geográfico. Podem ser do tipo realista (uma guerra), maravilhoso (como a construção de uma ponte por parte do diabo) ou religioso.
5. O conto etiológico. Pretende explicar a origem ou as características de algo: a aparição da população humana, a forma de um animal, o sal do mar etc.
6. O mito. É um conceito usado em amplos e variados sentidos. Aqui se refere a um relato que acontece em um mundo anterior ao atual e, embora possa parecer-se ao conto heroico ou etiológico, tem sempre um significado religioso; por exemplo, os mitos gregos, como o de Prometeu etc.
7. Os contos de animais. São relatos que narram a astúcia ou estupidez de um animal, frequentemente em relação à sua necessidade de saciar a fome, com intenção de fazer rir; por exemplo, as aventuras de raposas, tão comuns na narrativa medieval e que deram lugar ao *Roman de Renard*.

8. A fábula. Com alguma exceção (como a da leiteira), é um conto de animais que tem o propósito de educação moral, geralmente explícito; por exemplo, as fábulas de Esopo, no século VI a.C.
9. O chiste ou a facécia. É um relato muito curto, do tipo cômico, obsceno ou absurdo.

Embora não haja dúvida de que as lendas, fábulas e outras formas narrativas também se confundem com a literatura para crianças, quando se fala de "contos populares" normalmente se está fazendo alusão a três tipos de contos: os maravilhosos, os de animais e os que Antonio Rodríguez Almodóvar (1989) denomina "contos de costumes" para referir-se a relatos protagonizados por humanos, nos quais se pode apreciar temas e peripécias próprias das sociedades agrárias, o qual os remete a um tempo mais moderno que aquele dos contos maravilhosos.

Do ponto de vista formal, os contos populares mantêm uma estrutura narrativa simples e fórmulas de abertura e encerramento, como os conhecidos "Era uma vez" e "Quem quiser que conte outra". Os estudos sobre a forma dos contos populares que tiveram maior aceitação foram os do russo Vladimir Propp (1928).

Traços dos contos populares maravilhosos segundo Vladimir Propp

1. São relatos construídos pela sucessão de uma série de "funções".
2. As funções são séries de elementos constantes e podem chegar a 31. Rodríguez Almodóvar propôs uma redução a nove, dada a frequência de cada uma nos contos maravilhosos espanhóis:
   - Carência ou problema inicial (fome, falta de descendência etc.).
   - Convocatória (o rei dita uma proclamação para casar ou desencantar a sua filha etc.).
   - Viagem de ida (do herói para a aventura).
   - Mostra de generosidade (do herói em relação a um animal ou personagem em apuros).

- Doação de um objeto mágico (como recompensa pela ação anterior).
- Combate (entre o herói e o agressor).
- Provas (a que o herói é submetido que supera graças ao objeto mágico).
- Viagem de volta (do herói uma vez que teve êxito, embora possa ser perseguido e suplantado).
- Reconhecimento do herói (por meio de uma nova tarefa que desmascara o falso herói).

3. Não aparecem todas as funções em todos os contos, mas, quando aparecem, seguem sempre a mesma ordem determinada.
4. Os personagens que realizam estas funções respondem a sete tipos: o herói, o agressor, o doador do objeto mágico, o auxiliar, a princesa (que o herói recebe como prêmio final), o rei mandatário e o falso herói (que pretende substituir o herói atribuindo-se seu êxito).

Exemplos de fundamentos próprios dos contos populares

- Poderes mágicos: *O rei Midas*
- Transformação: *A bela e a fera*
- Objetos mágicos: *Aladim*
- Viagens: *O castelo de irás e não voltarás*
- Desejos: *Os três desejos*
- Sono profundo: *A bela adormecida*

Traços frequentes nos contos populares segundo áreas geográficas

- Nórdica: magia da natureza. Elementos de frio, noite, solidão.
- Anglo-saxão: fantasia. Absurdo. Objetos animados.
- Mediterrânea: picaresca. Humor. Realismo. Comédia del'Arte.

- Negro-africano: vitalismo. Movimento. Escatologia. Animais.
- Oriental: lirismo. Importância do som e das palavras. Epopeias hindus.
- Latino-americanas: lendas. Maniqueísmo. Festas.

(a partir de Teresa Duran e Núria Ventura, 1979)

Livros de contos populares

Bravo Villasante, Carmen: *Cuentos populares de iberoamérica*. Madrid Gaivota.

Rodríguez Almodóvar, Antonio: *Cuentos populares españoles*. Il. Varios. Madrid: Anaya.

Amades, Joan: *Millors rondalles populars catalanes*. Barcelona: Selecta.

La sima de Oquin. Leyendas vascas. Madrid: Altea. 1988.

Etxaniz, Xavier: *Geure ipuinak*. Iruña: Pamiela.

Cuba, Xoán R.; Miranda, Xosé; Reigosa, Antonio: "Caballo Buligán". Vigo: Xerais.

Amo, Montserrat del: *Cuentos contados*. Madrid: SM.

Gudule: *Cuentos de las mil y uma noches*. Il. Jordi Vila. Madrid: Anaya.

Duran, Teresa; Ventura, Núria: *Cuenta cuentos (una colleción de cuentos para poder contar)*. Madrid: Siglo XXI.

Durán, T.: *A las buenas y a las malas*. Il. Varios. Madrid: Anaya (antologia de cuentos de todo tipo sobre hadas y brujas).

Grimm, Jacob y Wilheim: *Mis cuentos preferidos de los hermanos Grimm*. Il. Joma. Barcelona: Combel.

Jané, Albert: *La vuelta al mundo en ochenta cuentos*. Il. Judit Morales. Barcelona: Edebé.

Perrault, Charles: *Cuentos*. Il. Gustave Doré. Madrid: Edhasa.

Coleciones: "La media lunita", editorial Algaida; "Cuentos populares", "Fábulas" e "El saco de La Galera", editorial La Galera.

(Vejam-se também as versões de contos populares nas atividades ao final do capítulo.)

Mitos heroicos e religiosos

Jané Albert: *La Odisea*. Barcelona: Combel.
La Biblia: adaptación de Josep M.ª Rovira Belloso. Il. Carme Solé Vendrell. Barcelona: Destino.
Page, Michael: *Enciclopedia de las cosas que nunca existieron*. Il. Robert Ingpen. Madrid: Anaya.
Lancely Green, Roger: *El rey Arturo y sus caballeros de la tabla redonda*. Il. Arthur Rackham. Madrid: Siruela.
Colección "Mitologías". Madrid: Anaya.

3.2.2. Do folclore à literatura infantil escrita

A evolução do conto *Chapeuzinho Vermelho* nos servirá para mostrar a relação entre os contos populares e a literatura infantil.

A primeira versão escrita deste conto se encontra nos livros *Histoires, o contes du temps passé, avec des Moralités. Contes de ma mère l'oye,* obra publicada na França de Luís XIV por Charles Perrault em 1697. Perrault realizou sua versão a partir das narrativas orais do conto, mas, quando, já nos séculos XIX e XX, os folcloristas recolheram as versões populares orais que existiam ainda na França, encontraram elementos muito diferentes aos do conto escrito por Perrault.

Em muitas das narrativas populares, por exemplo, se amplifica a atenção ao ato de devorar que seria a essência do conto. Assim, antes de comer a menina, o lobo lhe oferece a carne da avó como comida e o sangue que colocou numa garrafa, como bebida. Chapeuzinho os come e uma voz (um gato etc.) lhe adverte da transgressão cometida.

A insistência no temor de ser devorada e o final trágico de alguns destes contos fez com que alguns folcloristas os classificassem entre os "contos admonitórios" ou contos destinados a advertir o receptor de alguma coisa. Lamentavelmente, outras versões folclóricas não nos dão informação sobre a tradicional, mas Perrault especificou, em uma anotação à margem de seu texto escrito, que o narrador deve levantar a voz de forma aterrorizante ao formular a última resposta do lobo.

Por outro lado, as versões populares não mencionam o capuz vermelho na vestimenta da menina, algumas falam dos caminhos que ela deve tomar entre "o caminho das agulhas ou dos alfinetes", se entretêm em descrever progressivamente a forma de desnudar-se da menina que vai jogando suas roupas no fogo a mando do lobo (posto que "nunca mais vai precisar delas") e em outras a menina escapa do perigo de ser devorada por meio da artimanha de pedir permissão ao lobo para ir satisfazer uma necessidade urgente. Nestes casos, o lobo sugere que as faça na cama mesmo, mas finalmente a deixa sair amarrando-a a uma corda. Chapeuzinho então amarra a corda em uma árvore e foge.

Marc Soriano foi um dos autores mais importantes no estudo dos contos populares da perspectiva sócio-histórica que vê nos contos o reflexo da mentalidade de uma época histórica determinada. Ao analisar as versões populares de *Chapeuzinho Vermelho* deste ponto de vista, Soriano (1975) insistiu que o conto corresponde à fome e à dureza das condições de vida dos camponeses até o século XVII, ao perigo real que supunha a existência dos lobos nos grandes bosques europeus e a complacência dos receptores populares pelo triunfo do fraco ante o poderoso nos casos em que a menina engana o lobo. Nestas últimas versões, a moralidade do conto não seria outra que a de exaltar a astúcia para sobreviver no mundo, astúcia bem aprendida pela menina que passa de um estado inicial de inocência à adoção de uma ingenuidade fingida para poder escapar.

Das discrepâncias entre as versões populares e o conto de Perrault se depreende que as características folclóricas dos contos se tornaram vulneráveis tão logo foram escritas. A moda do popular na França no século XVII fez com que Perrault tomasse diretamente da tradição oral ao menos seis dos oito contos de seu livro, mas, imediatamente, converteu-os em contos mais literários e dirigiu-os às moças da corte de Versalhes, um público bem diferente do que havia sido habitual até então. Em primeiro lugar, censurou os aspectos menos civilizados e inconvenientes para os novos leitores, aspectos como o canibalismo, o *strip-tease* realizado pela Chapeuzinho antes de deitar na cama ou a escatologia em sua fuga; em segundo lugar, aumentou o realismo e a coerência da narrativa em detrimento dos elementos maravilhosos e absurdos, tais como a transformação da diferença entre os caminhos de agulhas e alfinetes pela de caminhos longos e curtos; e, em terceiro lugar, e muito especialmente, introduz a moralidade da história:

> Vemos aqui que os adolescentes
>   e mais as jovenzinhas
> elegantes, bem feitas e bonitas,
> fazem mal em ouvir certas pessoas,
> e que não há que se estranhar a zombaria
> de que a tantas o lobo as coma.
> Digo o lobo, porque estes animais
>   não são todos iguais:
> alguns têm caráter excelente,
> e humor afável, doce e complacente,
> que sem ruído, sem fel nem irritação
> perseguem as jovens donzelas,
>   chegando por detrás delas
> à casa e até ao quarto.
> Quem ignora que lobos tão melosos
> são os mais perigosos?

Estas mudanças resultam muito significativas: para a literatura infantil, porque ajustam o conto a uma das constantes da literatura dirigida às crianças: a necessidade de cumprir uma função educativa e de não ultrapassar os limites do inconveniente; para a construção do mito de *Chapeuzinho Vermelho* como referente coletivo, porque impõe, de forma explícita com a moralidade acrescentada ao final, o tema da violação como núcleo do conto, de maneira que o temor de ser devorado das versões populares e a utilização simbólica tradicional da figura do lobo como símbolo da morte foram substituídos pelo temor da perda da honra.

A *Chapeuzinho* da versão escrita por Perrault adotou, portanto, as características de um conto moral, agregado à literatura culta. A mensagem se dirige às jovenzinhas para revelar como funcionam as regras sociais do controle da sexualidade, já que elas "não sabem o perigo que é deter-se para escutar a um lobo", esse lobo que pode segui-las "até seu quarto", como nos lembra Perrault. O conto trata agora sobre a sedução, com o lobo atuando como tentador dos prazeres ante a necessidade de controle e repressão.

A versão literária de *Chapeuzinho Vermelho* de Perrault tornou-se muito conhecida, especificamente a partir de sua publicação na Bibliothèque Bleue, os primeiros livros de bolso franceses que eram lidos em voz alta nos saraus populares. Quem havia ouvido o contava novamente de forma oral, de maneira que o conto retornava à sua forma de transmissão anterior, mas agora a partir do texto estabelecido por Perrault. Este fenômeno, constatado pelos compêndios folclóricos dos séculos posteriores, revela a enorme complexidade das relações entre a literatura oral e escrita e os problemas inerentes aos compêndios de folclore para saber se realmente se está recolhendo um relato de tradição oral.

O tema fica especialmente candente ao abordar a segunda versão de *Chapeuzinho Vermelho* que completou a criação do referente coletivo: a escrita por Jacob e Wilheim Grimm em *Kinder-und Hausmärchen* em 1812-1815. Efetivamente, entre a versão de Perrault e a dos irmãos Grimm, existem algumas diferenças, como veremos mais adiante, mas, em geral, se assemelham de tal modo que não há dúvida de que se referem ao mesmo conto. A partir dos estudos realizados, parece bastante plausível que *Chapeuzinho Vermelho* chegara à Alemanha com os huguenotes que fugiam das perseguições religiosas francesas.

Foram vários os contos literários de Perrault que circularam como supostos relatos orais alemães, coisa que os Grimm perceberam e os suprimiram na segunda edição de sua obra. No entanto, *Chapeuzinho Vermelho* se manteve, já que, com o tempo, haviam-se juntado a ele sequências finais de outros contos que camuflaram sua origem escrita. De *Los siete cabritillos y el lobo* tomou-se a sequência final na qual o lobo morre ao colocarem-se pedras em seu ventre e afogá-lo no rio. De *Los siete cerditos y el lobo* procedia uma nova sequência narrativa na qual a avó e Chapeuzinho se livram de um segundo lobo fazendo-o cair do telhado em uma tina cheia de água. Em 1819, os irmãos Grimm publicaram uma nova edição de seus contos dirigindo-a explicitamente aos meninos e às meninas e introduzindo mudanças de adequação ao destinatário no material que haviam recolhido. Além do final e de algumas diferenças de detalhes, cabe ressaltar a supressão da nudez (o lobo coloca os vestidos da avó e não pede a Chapeuzinho que tire o seu) e a advertência explícita da mãe à menina sobre os perigos do bosque, o que muda o sentido da moralidade e permite uma resolução final de correção: "Chapeuzinho Vermelho pensou: não voltarás a te desviar do caminho se tua mãe te proibiu de fazê-lo".

O conto continuou, portanto, de uma forma explicitamente instrutiva, mas o tema sexual deixou de estar em primeiro plano. *Chapeuzinho Vermelho* se afastou das formas populares para converter-se em um conto definitivamente infantil, com uma mensagem educativa sobre a obediência devida.

3.2.3. *Os contos populares como literatura para crianças*

Ao longo do século XIX houve uma dura batalha entre livros didáticos para a infância e contos populares. Efetivamente, como assinalamos antes, o início da literatura infantil escrita esteve presidida, e justificada, por um afã pedagógico que deixou de lado a quase totalidade das obras infantis da primeira época. Ao contrário, as versões dos contos populares gozaram sempre da preferência infantil e terminaram por ganhar a partida a favor da fantasia e do puro gozo narrativo. Tal triunfo esteve sempre matizado por distintos graus de compromisso com a moralidade vigente e a função educativa atribuída aos livros. O mesmo Perrault já explicita no prólogo de sua obra o propósito de "entreter e instruir", uma tensão constante, pois, na literatura infantil desde seu nascimento:

> (...) E, assim, tiveram prazer em notar que tais bagatelas não eram simples bagatelas, que guardavam uma moralidade útil, e que o relato divertido em que vinham envoltas não havia sido escolhido senão para fazê-las entrar mais agradavelmente no ânimo, e de um modo que instruía e deleitava ao mesmo tempo.
> (Perrault, 1683)

A introdução dos contos de Perrault na Espanha ocorreu relativamente cedo. A primeira tradução apareceu em 1830, em Valência, feita por Cabrerizo, embora sem o nome do autor e, em 1962, publicou-se a de Josep Coll i Vehí, *Cuentos de Hadas*. A enorme difusão dos contos reescritos por folcloristas ou recriados por autores que bebiam das fontes populares permitiu manter estes contos no imaginário coletivo de uma sociedade que se industrializava e se alfabetizava com grande rapidez. A progressiva escolarização social criou a necessidade de textos de leitura para os pequenos alunos e os contos populares passaram rapidamente às salas de aulas. Já em 1741, os contos de Perrault aparecem em uma edição inglesa bilíngue destinada às crianças que aprendiam francês. Inaugurava-se, assim, outro fenômeno associado à literatura infantil até a atualidade: sua presença na escola.

A literatura de tradição oral ia perdendo gradualmente sua característica de "popular" no sentido de patrimônio comum das pessoas, mas este traço ressurgiu por meio de sua transição, em parte, para a leitura e para a literatura infantil. Por meio desta nova literatura, muitos personagens, motivos e contos folclóricos obtiveram um novo tipo de "popularidade" ao generalizar-se seu conhecimento durante a infância e manter-se até agora como referência social compartilhada. Neste sentido, Rodari assinalou que bastam cinco palavras (*menina, bosque, flores, lobo, avó*) para que qualquer pessoa do mundo ocidental lembre e responda: *Chapeuzinho Vermelho*. Este tipo de difusão social que agora se compartilha com as telas, sobretudo pela familiarização com vários dos contos por meio dos filmes dos estúdios Disney.

No entanto, a partir dos anos trinta do século XX, e especialmente durante as décadas posteriores à Segunda Guerra Mundial, triunfou na Europa uma nova pedagogia de registro racionalista que contemplou os contos populares como a expressão de uma sociedade arcaica e em declínio, conduzindo a uma negação desses relatos como literatura apropriada à infância. A este clima correspondem as versões de Chapeuzinho Vermelho que pretendem suprimir a carga de violência que o conto tem para introduzir valores de imaginação, perdão e reconciliação. Assim, por exemplo, na Espanha, Elena Fortún, pseudônimo de Encarnación Aragoneses, realizou uma versão de Chapeuzinho na década de 1930 na qual o lobo só comia o reflexo de Chapeuzinho no espelho. Em outras versões, muito divulgadas, a avó não é devorada, mas se esconde em um armário. E outro autor clássico espanhol, Antoniorrobles, em seu exílio mexicano depois da Guerra Civil, publicou, em 1967, uma nova versão na qual o lobo passava um ano na cadeia sujeito a um regime vegetariano e ficava amigo de Chapeuzinho, que intercedeu em seu favor durante o julgamento. No prólogo de seus contos diz este autor: "que bela semente, para a serena justiça do futuro, aprender a perdoar o lobo na infância!".

Neste clima de repulsa civilizada, a revalorização dos contos populares realizada pela psicanálise, durante a década de 1970, provocou uma autêntica comoção nos meios educativos. A insistência de Bettelheim e outros autores no benefício psicológico que os meninos e as meninas obtêm com a recepção destas histórias fez que os contos populares passassem a ser considerados um legado literário idôneo para a formação da personalidade, defendendo-se a necessidade de transmiti-los em sua forma "original", tal como a tradição havia decantado pelos temas e pelas imagens que mais satisfaziam simbolicamente as necessidades psíquicas de resolução dos conflitos vitais dos ouvintes.

As teorias psicanalíticas da década de 1970 atuaram melhor como um desencadeador da reinvindicação sobre o valor educativo da fantasia depois de décadas de predomínio racionalista e realista. A volta ao folclore se produziu, pois, de forma entusiasta e muito oportuna para a etapa educativa infantil, que acabava de fazer sua aparição no sistema educativo escolar. Para *Chapeuzinho Vermelho*, o retorno às origens levou junto uma mudança: a sistemática preferência da versão dos irmãos Grimm sobre a de Perrault. A mensagem sexual repressiva e o castigo definitivo de Chapeuzinho na versão deste último resultavam pouco adequados para a moderna literatura infantil.

A reflexão sobre os valores dos contos populares da psicanálise se estendeu a uma grande quantidade de estudos críticos. Os principais surgiram da crítica feminista, especialmente da anglo-saxônica. Nesta linha, Jack Zipes (1983) e muitos outros autores assinalaram que Perrault e os Grimm foram escritores masculinos europeus que projetaram as necessidades e os valores de seu sexo e de sua época mudando o conto popular de Chapeuzinho para narrar uma violação em que a vítima é apresentada, paradoxalmente, como a culpada. Estas análises consideraram que a visita à avó não se percebe como uma verdadeira "missão" da protagonista, mas que sua missão principal se situa no encontro com o lobo. A intimidade entre o lobo e Chapeuzinho coloca os dois em uma mesma atitude (e lugar) de reconhecimento da sexualidade e de inconformismo com as normas sociais ("vais como se fosses à escola e aqui no bosque é tudo tão divertido...", disse o lobo à Chapeuzinho). Chapeuzinho aparece como cúmplice do ataque do lobo – já que, se tivesse obedecido nada teria acontecido – e os homens, desse modo, se tornam livres das consequências de seus desejos sexuais porque, como se costumava dizer, são as mulheres "as que provocam". O herói real seria finalmente o caçador, o homem que governa e que restabelece a ordem doméstica alterada, de maneira que a solução dos Grimm ao introduzir este personagem completaria a mensagem. O conto ensinaria às meninas a ocultar seus desejos e a abandonar o espaço da aventura, o bosque onde habitam as forças masculinas do lobo e do caçador, para permanecer no espaço feminino da casa, próprio das mulheres indefesas que, em qualquer idade, devem ser salvas pelos homens.

No entanto, tal como vimos antes ao falar dos modelos femininos, a crítica feminina não defendeu a abolição dos contos, como havia feito a pedagogia racionalista. Havia se generalizado o consenso sobre a sua importância, de maneira que se refletiu mais sobre como intervir para evitar os efeitos "perversos" de sua ideologia oculta, tal como assinalou Ruth MacDonald (1982). Suas três opções deram lugar a novas edições de Chapeuzinho:

1. As reedições fiéis aos compêndios dos contos mais conhecidos do folclore; por exemplo, a versão de Rodríguez Almodóvar: *La verdadera historia de Caperucita*, em que se recuperam versões anteriores à de Perrault.
2. Textos dos contos populares alterando seus valores "nocivos", como em *Las tres Mellizas y Caperucita Roja*, de Mercè Company e Roser Capdevila.
3. Textos de novos contos com novos valores, mas com aproveitamento dos aspectos folclóricos, como fez Carmen Martin Gaite em *Caperucita en Manhattan*.

A produção de livros com fins ideológicos progressistas, desde cedo, recebeu muitas críticas, denunciando que o caminho empreendido era o de um novo didatismo no qual caberia incluir uma parte considerável da literatura infantil atual. A sobrevivência dos contos populares foi então defendida desde que passaram a ser considerados relatos literários especialmente eficazes e simples que favorecem, por isso, tanto sua fixação no imaginário coletivo como a educação literária dos meninos e das meninas.

Cornelia Hoogland (1994), por exemplo, assinalou que as versões feministas de Chapeuzinho – e muitas outras obras atuais – se dirigem a um aprendiz passivo que deve modelar sua conduta após receber uma informação "correta" e explícita sobre as formas desejáveis de comportamento. Para esta autora, longe de constituir uma justificativa da lei e da ordem masculinas, o tema central de Chapeuzinho seria o de uma oposição – a da inocência exposta ao perigo – que implica ao leitor de forma ambivalente: o lobo mostra a vida do bosque a Chapeuzinho, a seduz com a possibilidade do prazer, mas o leitor sabe que, em definitivo, se trata de *um lobo*, e experimenta a tensão entre curiosidade e apreensão, desejo de segurança e risco, o que ajuda as crianças a explorarem, conhecerem e expressarem seus medos e desejos.

Na mesma linha, George Jean (1988) assinalou que *Chapeuzinho Vermelho* se destaca pela potência de suas imagens, por esse vermelho sobre o negro, digamos, que manteve intacta a invenção do chapeuzinho de Perrault, um motivo reutilizado, por exemplo, no casaco vermelho da menina do filme *A lista de Schindler*, e que agora em uma nova utilização foi devolvida à literatura com a história *A menina da lista de Schindler*, de Stella Müller-Madej. Chapeuzinho também se destaca pela sábia reprodução da intriga, com uma vítima a quem vemos caminhar despreocupadamente em direção a quem vai devorá-la ou com um diálogo que enumera as partes do corpo, aumentando a tensão da cena, assim como pela universalidade de motivos literários como o do enfrentamento entre a inocência e a debilidade com a perversão e o poder. Reivindicar os valores literários dos contos é, pois, uma adesão à "terceira opção" de MacDonald, por buscar novas formas de narrar que permitiram a continuação do diálogo com os temas e as imagens das obras tradicionais por seu valor emocional, imaginativo e intelectual.

3.2.4. As versões dos contos populares na literatura infantil atual

A confluência psicopedagógica e literária a favor da fantasia e da literatura inaugurou uma nova época da literatura infantil que dura até hoje e na qual proliferaram enormemente as versões modernas dos contos populares. O quadro a seguir oferece um panorama representativo das principais mudanças nas versões de Chapeuzinho Vermelho que nos mostram sua adaptação a diferentes gêneros e tipos de livros de edição atual, os principais valores educativos modernos introduzidos e as novas formas de contar a história próprias de literatura contemporânea.

Tipos de livros	
◆ *Livros brinquedo*	O desenvolvimento da edição para não leitores oferece múltiplas Chapeuzinhos em teatros, quebra-cabeças e livros brinquedo. Rowe, Louise: *Caperucita roja*. Barcelona: La osa menor (A ursa menor)
◆ *Livros de imagens*	As imagens do conto servem para contá-lo, especialmente, se no fim do livro está o resumo da história. Grimm: *Caperucita roja*. Il. M. Balaguer. Barcelona: La Galera
◆ *Álbuns*	A novidade está na ilustração, por exemplo: numa vanguardista Chapeuzinho de brilhante geometria. Grimm. *Caperucita roja*. Il. K. Pakovska. Madrid: Kokinos
◆ *Contos ilustrados*	Múltiplas Chapeuzinhos com os mais variados estilos de ilustração continuam sendo oferecidas às crianças a partir do texto original. Grimm: *Caperucita roja*. Il. Ana Juan. Madrid: Anaya

◆ *Novela juvenil*	O desenvolvimento da novela para adolescentes incluiu a reformulação dos contos populares em seus parâmetros. Carmen Martín Gaite: *Caperucita en Manhattan*. Madrid: Siruela
◆ *Teatro*	As versões dos contos populares também ofereceram um amplo campo às peças de teatro para crianças. Charles Cano: *¡Te pillé Caperucita! (Te peguei, Chaupeuzinho!)* Madrid: Bruño

Novos valores	
◆ *Chapeuzinhos ativas*	A nova versão da mulher devolveu à Chapeuzinho a iniciativa ostentada em muitas versões folclóricas. Longe de amedrontar-se, Chapeuzinho chega a ser quem mata o lobo para fazer um casaco com sua pele em uma versão humoristicamente amoral. Roald Dahl: *Cuentos en verso para niños perversos (Contos em versos para crianças perversas)*. Madrid: Alfaguara
◆ *Ecológicas*	Com a preocupação ecológica no auge, Chapeuzinho ficou verde e o lobo passou a ser o último de sua espécie. Miguel Ángel Fernández Pacheco: *El último lobo y Caperucita*. Barcelona: Labor Tony Ross: *Caperucita Roja*. Madrid: Alfaguara
◆ *Interculturais*	Com o aumento das imigrações, Chapeuzinho Vermelho será negra em algum contexto africano ou será amiga de alguma Chapeuzinho Negra imigrante para favorecer a convivência. Carles Cano: *La Caputxeta Negra*. Edicions Del Bullent Juan Cruz Iguerabide: *Caperucita Roja y la abuela feroz*. Barcelona: Edebé

◆ Politicamente corretas	A tendência a vigiar militantemente a correção e o respeito cívico nos contos foi acidamente parodiada em textos como: *Um dia, sua mãe pediu-lhe que levasse uma cesta com fruta fresca e água mineral à casa de sua avó, mas não porque considerasse isso um trabalho próprio das mulheres, atenção, mas porque isto representava um ato generoso que contribuiria para ampliar a sensação de comunidade.* James Finn Garner: *Cuentos infantiles políticamente correctos* (Contos infantis politicamente corretos). Barcelona: Circe

Novas formas de narrar

◆ Intertextualidade e metaliteratura	"Ou tu não sabes o conto ou tu mentes, agora deves falar-me dos meus dentes", diz o lobo de Dahl a Chapeuzinho em um jogo metaliterário. Os contos populares são quase os únicos em que os autores podem supor que as crianças conheçam para poder ler a nova versão com a lembrança do original em mente. Só assim poderão entender a intertextualidade presente na carta que uns advogados enviaram ao senhor Lobo. *Escrevemos-lhe em nome de nossa cliente, a senhorita Chapeuzinho Vermelho, a propósito de sua avó. A senhorita Chapeuzinho Vermelho nos disse que você está ocupando a cabana de sua avó sem o consentimento da dita senhora (...)* Allan e Janet Ahlberg: *El cartero simpático* (O carteiro simpático). Barcelona: Destino Mercè Company: *Las tres mellizas y Caperucita Roja* (As três gêmeas e Chapeuzinho Vermelho). Il. Roser Capdevila. Barcelona: Planeta

◆ A colaboração texto-imagem	O grande desenvolvimento da imagem em nossas sociedades oferece múltiplos jogos narrativos entre o texto e a ilustração. O que o pai conta e o que o menino imagina estabelecem um divertido contraste que questiona nossa ideia da recepção. Luis Pescetti: *Caperucita Roja (tal como se lo contaron a Jorge)*. Madrid: Alfaguara
◆ Alterações narrativas: perspectivas não oniscientes, personagens complexas, contextos atuais etc.	Os contos podem alterar-se a partir de qualquer de seus elementos narrativos tradicionais, por exemplo, adotando a perspectiva do lobo para descrever seu desgraçado amor passional por Chapeuzinho. Fabiann Negrín: *Boca de lobo*. Barcelona: Thule Ou situando o conto dentro de outro conto em que um avô atual narra uma história equivocada à sua neta. Gianni Rodrai: *Confundiendo historias*. Il. Alessandro Sanna. Sevilla: Kalandraka
◆ Mudança de gênero	Nas versões modernas, o conto perde seus traços de conto popular, mas dando um passo adiante, adapta-se aos moldes de outros gêneros bem definidos, por exemplo, à novela policial, com uma intensa apelação ao cinema negro norte-americano. Yvan Pommaux: *Dectetive John Chatterton*. Barcelona Ekaré
◆ Jogos de fantasia	A nova exploração fantástica dos elementos dos contos se inclina aqui a brincar com a cor do capuz. Como poderia ser um conto com Chapeuzinhos de diferentes cores? Bruno Monari e Enrica Agostinelli: *Caperucita Roja, Verde, Amarilla, Azul y Blanca*. Madrid: Anaya

Acabamos de ver que a literatura infantil muda segundo a evolução social dos valores e das formas artísticas. Mas isso não significa que não estabeleça sempre novas fronteiras em função do que aos adultos lhes pareça compreensível ou moralmente assimilável por parte dos meninos e das meninas. A literatura infantil atual caracterizou-se por uma etapa de experiência que proporcionou uma forte discussão sobre estas fronteiras. Duas versões de *Chapeuzinho Vermelho* podem servir também como exemplo deste fenômeno:

- A primeira é a versão de Wayda Honegger-Lavater na qual o texto chegou a desaparecer literalmente de uma larga tira de papel desdobrável repleta de uma sucessão de pontos coloridos como única ilustração. A ausência do conto, simplesmente lembrado por meio dos símbolos icônicos da imagem, evidencia a pressuposição de que nos encontramos diante de uma referência socialmente compartilhada que deve ser atualizada pela narrativa oral dos leitores. A versão, inicialmente pensada como experimentação adulta, vendida em museus, foi adotada pela literatura infantil em sua atenção às novas formas de introduzir os meninos e as meninas ainda não leitores na ficção narrativa.
- A segunda é a denúncia da sociedade atual e a proposta de diálogo cultural estabelecidas pela versão de Sarah Moon. O livro adota fielmente o conto de Perrault suprimindo a moralidade final. O texto se encontra fragmentado e rimado por um relógio que marca as horas noturnas, entre as cinco da tarde e as cinco da madrugada, e é transformado pelas imagens em um filme de cinema negro, com fotografia em branco e preto e uma ambientação urbana própria dos anos 1940, com suas lajes brilhantes, a carroceria ameaçadora de um carro escuro, um cão-lobo ao lado de uma cerca etc. Sua dramatização fecha um ciclo aberto por Perrault ao replicar sua versão invertendo os termos já que os males que ameaçam a infância moderna saltam à vista desde as insinuações da imagem: rapto, prostituição, violação. O encontro entre Chapeuzinho e o lobo se transformou no de uma colegial e um motorista que permanece invisível, oculto atrás de faróis

luminosos como olhos mecânicos que remetem a um olhar inumano sobre a inocência.

Definitivamente, pois, a trajetória seguida por *Chapeuzinho Vermelho* permite ver a forma na qual os contos populares se fixaram na linguagem escrita, como alguns deles se integraram à literatura infantil, constituíram uma parte do imaginário coletivo com sua difusão na infância, refletiram a evolução do pensamento social sobre as características pedagógicas e artísticas próprias da literatura dirigida aos meninos e meninas e criaram novas versões de acordo com os novos tempos. Os fenômenos descritos podem resumir-se concretamente nos seguintes pontos:

1. A perda da "popularidade" da literatura folclórica que mantém agora seu poder de gerar uma parte do imaginário coletivo por meio de sua conversão em literatura infantil e em versões audiovisuais. Esta conversão implicou numa série de mudanças sobre as formas tradicionais desde o início de sua fixação escrita e se intensificou a partir das versões audiovisuais.
2. A influência que exerce a visão educativa dos contos populares sobre a presença ou não destes contos, ou sobre a produção de novas versões que se ajustarem às teorias educativas de cada momento histórico.
3. As versões dos contos na literatura infantil moderna que os convertem em relatos literários e álbuns em colaboração com a imagem. Nesta etapa as modificações se produziram, sobretudo, a partir da pressão cultural mais do que por teorias educativas, de modo que se explorou sua potencialidade para o jogo intertextual, caracterizado geralmente pelo humor e pela desmistificação.
4. A literatura infantil estabelece sempre novos limites morais e literários. Desde um conto popular como *Chapeuzinho Vermelho* na versão de Perrault como conto moral de advertência, até sua ênfase atual como jogo literário do imaginário coletivo, mostram a distância percorrida pela literatura para meninos e meninas.

3.3. A literatura infantil e juvenil escrita

Somente a partir do século XVIII é que se pode falar propriamente do nascimento de uma literatura para meninos e meninas, já que foi então quando a infância começou a ser considerada como um estágio diferenciado da vida adulta. Trata-se de um processo similar ao que se produziu nas sociedades pós-industriais atuais ao desenvolver-se a noção da adolescência como uma etapa vital com características específicas.

A ideia de uma infância com interesses e necessidades formativas próprias levou, pois, à criação de livros especialmente dirigidos a este segmento de idade. Inicialmente, entenderam-se como instrumento didático: livros para aprender a comportar-se, a ser caritativo, obediente etc. Mas o enorme consumo infantil de coleções populares de histórias, lendas e contos para todos os públicos, como os *chapbooks* (livros populares) ingleses ou a Bibliothèque Bleue francesa, fez com que logo começassem a editar livros feitos diretamente para seu entretenimento, embora a função moral se mantivesse de algum modo. Foi um revendedor de livros, John Newbery, quem, em 1744, abriu a primeira livraria infantil em Londres e começou a escrever e editar ele mesmo histórias divertidas, ilustradas e baratas.

A constituição da infância como público leitor é parte da grande extensão da alfabetização que ocorreu na sociedade ocidental durante o século XIX. Mulheres, trabalhadores e crianças foram três segmentos sociais que se incorporaram massivamente à possibilidade de leitura e que, com seus pedidos, fizeram variar a edição em geral e a literatura em particular. A novela, um gênero literário desprezado pelas elites cultas, triunfou então nas edições. As grandes tiragens das novelas baratas e a publicação em sequência nas novas revistas[1] foram ao mesmo tempo causa e consequência da criação de um novo tipo de público constituído por grandes massas leitoras. Se, no começo do século, as novelas raramente superavam os 1.000 ou 1.500 exemplares de tiragem, já em 1870, as novelas de Júlio Verne, por exemplo, alcançavam 30.000 exemplares.

---

[1] Nota da tradutora: No Brasil essa "publicação em sequência" chama-se folhetim.

Na segunda metade do século XIX foi-se ampliando progressivamente a obrigatoriedade da escola (gratuita), primeiro dos seis aos dez anos e logo cada vez mais adiante até chegar aos dezesseis anos atuais na Espanha. Isto implicava a necessidade de livros de texto, de revistas e de leituras para os meninos e as meninas. A escola foi sempre o principal "cliente" da edição infantil, ou ao menos o cliente ao qual se tem de satisfazer em seus critérios pedagógicos, posto que estes exercem grande influência na compra de livros por parte dos pais. A adoção de determinados títulos como livros de leitura explica, por exemplo, o êxito de vendas de alguns títulos concretos ao longo da história da literatura infantil, como os das *Fábulas* de La Fontaine na França (o livro mais vendido durante toda a primeira metade do século XIX, com 240 edições), e *Robinson Crusoé* na maioria dos países europeus ou *El Juanito* na Espanha, assim também, mais recentemente, contribui a esclarecer a continuidade das vendas de *El zoo d'en Pitus* na Catalunha (um livro lançado há mais de quarenta anos).

Ao longo do século XIX foram surgindo distintos tipos de gêneros entre os livros infantis. À medida que sua leitura e suas traduções aumentaram – em muitos casos com décadas de atraso na Espanha –, algumas obras demonstraram sua capacidade de conexão com a infância e a adolescência e foram consagradas pela história da literatura infantil e juvenil como os clássicos deste tipo de literatura. Pode-se dizer que esta etapa de criação de uma base literária infantil cresceu até a Segunda Guerra Mundial. Neste trecho repassaremos de forma sucinta os diferentes tipos de gêneros que criaram as bases da literatura para meninos, meninas e adolescentes.

3.3.1. *As narrativas de aventuras*

> Eu, pobre e miserável Robinson Crusoé, tendo naufragado durante uma terrível tempestade, cheguei mais morto do que vivo a esta pobre ilha a que chamei a Ilha do Desespero (...).
>
> Daniel Defoe (1719)

Embora a aventura possa derivar-se de formas tão antigas como a épica medieval, a aventura moderna para adolescentes deriva diretamente de *Robinson Crusoé*, de Daniel Defoe, lançado em livro em 1719, depois de ter sido publicado em folhetim. Tratava-se de uma obra dirigida aos adultos, em que se narra a reprodução da civilização ocidental por parte do náufrago Robinson. O enfrentamento entre o homem e a natureza e a habilidade narrativa e descritiva da obra captaram o interesse adolescente além dos valores ideológicos em favor de um Estado colonial moderno. O entusiasmo de Rousseau[2] pelo valor educativo de *Robinson* em uma época em que se estava assistindo também ao nascimento da pedagogia contribuiu, sem dúvida, para seu prestígio entre os adultos que prescreviam os livros infantis e a legitimidade da seleção e criação de obras deste tipo, muito adequadas para tratar sobre a iniciação da vida adulta.

A obra inaugurou, assim, um gênero completo. As *robinsonadas* tiveram sua continuação, ainda no século XVIII, na obra do pedagogo alemão Campe, que realizou sua própria adaptação e, já no século XIX, seguiram-se outras obras, entre as quais se destaca pela sua difusão *La familia de los Robinsones suizos* (1812-1813). Durante o século XX não deixaram de produzir-se novas versões deste modelo, entre os que destacam o protagonismo feminino de *La isla de los delfines azules* (*A ilha dos delfins azuis*), de Scott O'Dell, a reelaboração da mensagem educativa, outorgando preeminência aos valores do selvagem Sexta-Feira, em *Viernes o la vida salvaje,* (*Sexta-Feira ou a vida selvagem*), de Michel Tournier, ou a atualização do sentido do isolamento social ao situar a aventura no metrô de Nova Iorque em *El Robinson del metro,* de Felice Holman.

Durante o século XIX a aventura foi um dos gêneros narrativos mais estáveis na oferta para adolescentes ou na adaptação de novelas adultas para este tipo de público. O padrão geral da luta pela sobrevivência em um cenário longínquo se desfez em variantes que configuraram diferentes linhas de grande sucesso posterior.

A segunda obra que se pode considerar um clássico fundador da literatura juvenil tampouco foi escrita pensando neste público, senão com a intenção de realizar uma sátira político-social da época. Referimo-nos à obra

---

[2] Nota da tradutora: Jean-Jacques Rousseau, escritor e filósofo suíço de língua francesa (1712-1778).

Gulliver's Travels (1726, *Los viajes de Gulliver*), do pastor anglicano irlandês Jonathan Swift. Sem dúvida, as aventuras de Gulliver em lugares tão exóticos como o país de Liliput, o dos gigantes ou o dos cavalos foram adotadas por crianças graças a seus componentes fantásticos e ao uso de temas gratos à infância, como o do contraste de tamanhos dos personagens. Por isso, sua difusão posterior concentrou-se especialmente na primeira de suas viagens, a de Gulliver a Liliput, e realizou-se essencialmente sobre versões infantis da obra original que suprimiram totalmente as considerações morais e sociais.

Já que as viagens de Gulliver tratam de um caso especial, pode-se dizer que o primeiro gênero de aventura acrescentado às robinsonadas foi a conquista de novos mundos que contrapunha a figura dos colonizadores europeus aos nativos, especialmente no caso da colonização da América do Norte, que ocorreu naquela mesma época. Situam-se aqui a série de seis novelas de James Fenimore Cooper, *Leather-Stocking Tales*, de que faz parte a mais famosa delas, *The last of the Mohicans* (1826, *O último dos moicanos*), as obras de Jack London, como *Caninos brancos*, ou a série de Karl May sobre o apache Winnetou e o alemão Old Shatterhand na década final do século XIX. Em todas estas obras mostra-se uma fascinação pela natureza virgem, adota-se a perspectiva indígena na reivindicação de um modo de vida mais harmonioso com a natureza e se dá vazão à nostalgia por uma forma de vida natural que desaparecia a olhos vistos. Todos estes ingredientes provocaram tanto sua imediata popularidade na Europa como sua conexão permanente com as fantasias infantis que não tardaram a introduzir o imaginário do Oeste em seus jogos.

Por outro lado, a colonização britânica da Índia trouxe alguns destes elementos por meio das obras de Rudyard Kipling, sobretudo em *The Jungle Book* (1894, *O livro da selva*). E a mesma atração pela natureza intacta, desta vez na África, se encontra na série de livros de Tarzan (1914-1936), do norte-americano E.R. Burroughs, que faz confluir a vivência poderosa do selvagem protagonista com seu domínio aristocrático do mundo.

A vida aventureira toma forma, assim mesmo, no gênero de piratas, que conta com a obra do italiano Emilio Salgari, que descreveu terras exóticas e criou personagens de grande atrativo, como o de Sandokan. No entanto, a melhor obra de piratas da literatura juvenil é, sem dúvida, a famosa

A ilha do tesouro (1883), de Robert Louis Stevenson. Escrita para agradar a seu enteado adolescente, publicada primeiramente em fascículos e produto de seu espírito aventureiro que levou Stevenson a passar os últimos anos de sua vida entre os indígenas da Polinésia, esta obra expressa como nenhuma a afeição romântica pelas aventuras longínquas e pelos personagens marginais, assim como a tensão entre civilização e aventura que existe na maioria dos clássicos da narrativa juvenil.

O gênero de aventuras dá lugar, também, à novela histórica quando se situa nesse quadro narrativo. A novela histórica, um gênero adulto, levou aos leitores juvenis obras do autor britânico Walter Scott (*Ivanhoe*, 1819. *Rob Roy*, 1817), do autor francês Alexandre Dumas (*Os três mosqueteiros*, 1884 ou *O Conde de Montecristo*, 1844-1845), e outras nas quais os personagens reais passaram à categoria de ficção, como no caso de Robin Hood, imortalizado por Geoffrey Trease.

Finalmente, podem situar-se aqui muitas obras do famoso autor francês Júlio Verne, que adotou o esquema da aventura para projetá-la em múltiplas direções, desde o centro da Terra até a navegação pelos mares e pelo ar, em narrativas construídas frequentemente a partir da especulação sobre os possíveis avanços científicos que marcaram o início da ficção científica. Desde 1863, Verne publicou uma "viagem extraordinária" por ano, entregue aos leitores junto à *Revista de educação e de recreação*, da editora Hetzel, um modelo de publicação profusamente imitado nos demais países. Entre as mais conhecidas, podemos citar: *Cinco semanas em um balão, viagem de descobertas* (1863), *Viagem ao centro da Terra, Da Terra à Lua* (1865), *Miguel Strogoff* (1876) etc.

Até finais do século, produziram-se mudanças decisivas no gênero de aventuras ao situá-las em cenários cotidianos para os leitores e ao serem protagonizadas por crianças. *As aventuras de Tom Sawyer* (1876), de Mark Twain, é um título-chave dessa evolução, já que combina aventura, realismo e humor no retrato do amadurecimento de um menino em uma pequena aldeia norte-americana. A celebração da infância que *Tom Sawyer* propõe cobra uma profundidade reflexiva na segunda grande obra de Mark Twain para a novela juvenil, ou melhor, à literatura em geral, já que chegou a dizer-se que esta obra, *As aventuras de Huckleberry Finn* (1984), seria a narrativa fundadora da literatura norte-americana. Com a situação da aventura em plena vida cotidiana, os relatos infantis e juvenis enlaçam um outro tipo de ficção: as histórias realistas.

3.3.2. As histórias realistas com protagonista infantil

> — Sem presentes, Natal não é Natal — suspirou Jo.
> — É triste ser pobre! — cochichou Meg dando uma olhada em seu velho vestido.
> — Me parece injusto que algumas meninas tenham tantas coisas enquanto outras não possuem nada — acrescentou a pequena Amy.
> — Teremos nossos pais — acrescentou Beth com satisfação.
>
> Louise May Alcott: *Mujercitas* (1868)

Na primeira metade do século XIX, os livros didáticos que constituíam em grande parte a literatura para crianças excluíam a fantasia. A narrativa de como aprendiam a comportar-se os pequenos protagonistas se realizava por meio de modelos realistas que se inscreviam na descrição de histórias familiares ou escolares e que seguiam fórmulas provenientes da literatura realista e de folhetim da época. Pouco a pouco, esta representação do mundo próximo começou a utilizar-se para expressar a crescente preocupação social com a situação psicológica e social da infância. Efetivamente, o século XIX foi um tempo de grandes mudanças para os menores. A urbanização e a industrialização levaram os meninos e as meninas às fábricas e às ruas das grandes cidades, apesar de que se iniciara ao mesmo tempo a extensão da escola obrigatória. Nas classes mais abastadas começou a difundir-se uma certa compaixão social pelas duras condições de vida da infância, ao mesmo tempo que se idealizavam os traços de inocência e pureza intrínseca atribuídos a esta etapa da vida.

Segundo Carpenter e Prichard (1984) foi Catherin Sinclair, com *Holiday House* (1838) – "Casa de Férias" –, que criou o modelo de crônica familiar que teve tanta continuidade na narrativa infantil e juvenil e que produziu obras tão conhecidas como *Mujercitas* (1868, *Mulherzinhas*), da norte-americana Louise May Alcott. Também se incluíram neste grupo as abundantes histórias de órfãos, com todas as suas variações sobre a candura infantil e juvenil que conquista o coração endurecido dos adultos ou a folhetinesca dureza da vida dos pequenos protagonistas que acabam integrando-se ao luxuoso mundo que lhes pertence por nascimento ou os adota. São bem conhecidos os exemplos deste gênero que foram desfrutados durante gerações por meio de obras como *Sans famille* (1869, *Sem família*) do francês Hector Malot, *Heidi* (1884) da suíça Johanna Spyri, *O pequeno Lorde* (1886) e *O jardim secreto* (1910) de Frances Hodgson Burnett. A figura das crianças órfãs pode encontrar-se também em obras realistas para adultos que foram adotadas pelos leitores infantis. A vigorosa denúncia social de Charles Dickens sobre a situação da infância na Grã-Bretanha industrializada, em obras como *Oliver Twist* (1839) ou *David Copperfield* (1850), alcançou o interesse infantil graças a seu estilo caricaturesco e à potência narrativa que absorve sua detalhada descrição de personagens e ambientes.

Por outro lado, *Tom Brown's Schooldays* (1857), de Ted Hugues, foi a primeira obra que desenvolveu o modelo de histórias no contexto escolar. Aqui se incluem muitas obras escritas para servir de livro de leitura na escola primária com a intenção de contribuir para o conhecimento ou a coesão social de seu país de origem. Em 1836, por exemplo, publicou-se o *Gianetto*, de L. A. Parravicini, uma obra que exemplifica múltiplas situações para oferecer uma pauta de conduta moral em cada uma delas. O êxito do livro nas escolas generalizou a fórmula e deu lugar na Espanha aos muito lidos contos de "Juanito". É também o caso de *Cuore* (1886, *Coração*), de Edmondo D'Amicis, que se propõe a fomentar a convivência entre as classes sociais e entre as antigas regiões independentes do recém-unificado Estado italiano e do pequeno *El maravilloso viaje de Nils Holgerssons* (1906-1907, *A maravilhosa viagem de Nils Holgerssons*), de Selma Lagerlöff, já com elementos fantásticos graças aos quais o garoto protagonista sobrevoa as distintas regiões da Suécia montado em um ganso.

Ao longo do século XX foi crescendo o protagonismo exclusivamente infantil no interior destes modelos. A vida da pequena burguesia na Grã-Bretanha da década de 1920 teve seu retrato mais mordaz e divertido em *Just William* (1922, *Travessuras de Guillermo*), um livro de Richmael Crompton que reunia os relatos publicados em revistas femininas e que iniciou uma série ininterrupta de publicações até 1965. A liderança exercida pelo inconformista Guillermo em seu bando de "proscritos" assinalava também o auge do protagonismo infantil do grupo produzido a partir da Segunda Guerra Mundial. A fórmula de um grupo de meninos protagonistas e de uns adultos no papel de adversários, ou simplesmente ausentes, pode-se ver claramente manifestada nas numerosas séries de Enyd Blyton, tão mundialmente famosas como constantemente sob suspeita de reacionarismo e estereotipagem no mundo da crítica literária e educativa. Os mistérios que resolviam os protagonistas de Blyton contribuíram, por outro lado, para difundir a narrativa policial de protagonismo infantil que havia iniciado Erich Kaestner com *Emílio e os detetives*, em 1928.

Os grupos protagonistas exerceram um predomínio total nas décadas do pós-guerra europeu. Muito frequentemente suas aventuras eram dirigidas a tarefas altruísticas e encarnavam os valores mais preconizados nessa época: a generosidade, a democracia, a colaboração com os demais, o esforço, o trabalho proveitoso etc. Tratava-se de uma literatura que correspondia ao auge da pedagogia racionalista e com a vontade de educar as jovens gerações em uma constelação de valores que impedissem a repetição dos recentes horrores das guerras mundiais. Os grupos, por outro lado, provocaram uma grande diminuição das "histórias de famílias" como contexto realista de ficção e desapareceu também a descrição das "histórias escolares". Estas últimas se haviam centrado principalmente na descrição da vida de internatos britânicos, de maneira que as mudanças na educação as fizeram diminuir e as peripécias se deslocaram para outros cenários ou para a época das férias.

3.3.3. *As histórias de animais*

> Eram sete horas de uma tarde quente nas colinas de Seconce, quando papai lobo despertou de seu sono diurno, se coçou, bocejou e estirou as patas uma atrás da outra (...).
>
> Rudyard Kipling: *El libro de la selva* (1894)

As histórias de animais sempre tiveram uma grande presença nos livros infantis. Derivam diretamente do folclore e das fábulas, os quais servem para satirizar os costumes humanos, mas foi durante o século XIX que suas formas e propósitos se diversificaram, incluindo a defesa dos mesmos animais, como em *Beleza Negra* (1877), de Anne Sewell, ou ainda a descrição de modelos distintos de convivência entre protagonistas humanos e animais, como no já citado *O livro da selva*, de Kipling.

Logo, as narrativas de animais adotaram as formas majoritárias com que sobreviveram até a atualidade; em primeiro lugar, sua utilização como personagens antropomórficos que substituem a sociedade humana nos livros para os menores. Os contos de animais de Beatrix Potter, como *The Tale of Petter Rabbit* (escrito em 1893, mas só editado em 1902) ou *The Wind in the Willows*, de Kenneth Gahame (1908), iniciaram um modelo que se manteve de forma estável ao longo do século. A ele se acrescentaram acertos posteriores indiscutíveis como a série de Babar, o rei elefante, criada pelo francês Jean de Brunhoff nos anos 1930 e continuada, depois de sua morte, por seu filho Laurent. Em segundo lugar, desenvolveu-se também a descrição realista de animais, normalmente convivendo com protagonistas infantis ou adolescentes para tratar os sentimentos de afeto, de lealdade ou de socialização em geral. Muitas destas obras foram divulgadas através do cinema, como no caso da *Minha amiga Flicka* (1941), de Mary O'Hara, ou de *Lassie, volte para casa*, de Eric Knight (1940).

Sem dúvida, o desenvolvimento do livro ilustrado potencializou este tipo de representação que oferece um campo muito amplo aos autores de álbuns para representar seus personagens. Neste sentido, cabe assinalar que a série do elefante Babar pode ser considerada como o nascimento do álbum, uma forma narrativa na qual o texto e a imagem confluem e inter-relacionam seus dois sistemas de representação.

3.3.4. As narrativas fantásticas e de humor

> Querido leitor, tu entendes o que ocorreu, verdade?
> Maria, confundida por todas as coisas maravilhosas que havia visto, ficou dormindo no castelo Mazapán, e os pajens, ou talvez até as princesas, a levaram para sua casa e a puseram na cama.
>
> E. T. A. Hoffmann: *El Cascanueces y el rey de los ratones* (1816)

Os propósitos moralizadores que presidiam a literatura infantil retardaram a aparição dos livros de humor e fantasia até a segunda metade do século XIX. Em nível geral, as narrativas de autor conhecido que incluíram elementos irreais o fizeram em estreita relação com os traços típicos dos contos populares a partir do interesse pelo folclore desvelado nessa época.

O primeiro exemplo relevante deste tipo é o *Quebra-Nozes e o rei dos camundongos*, escrito por Ernest Theodor Amadeus Hoffmann em 1816 para os filhos de um amigo seu. Os motivos folclóricos (como a maldição desde o berço, a busca do objeto mágico, a ascensão final ao trono etc.), o retrato da vida burguesa do início do século e o espírito romântico do autor oferecem um conto que enlaça um cenário realista e outro fantástico em uma mescla que vai além de seu tempo, convertendo-se em algo surpreendentemente atual.

O propósito moralizador parece ser o objetivo principal de outro dos primeiros contos infantis, *Pedro Malasartes* (1846), escrito e ilustrado pelo médico alemão Heinrich Hoffmann para seu próprio filho, ante a impossibilidade de encontrar contos infantis de seu agrado. O humor, a caricatura e a crueldade tornam esta obra muito impactante para o gosto atual, dada as terríveis consequências da má conduta do protagonista. Mas sem dúvida estes mesmos traços se estendem a um conjunto de obras – *Max und Moritz*, do ilustrador Wilhelm Busch (1865), as *nursery rhimes* inglesas ou o *nonsense* cultivado por Edward Lear – que deram início vigoroso a uma literatura infantil, afastada do convencionalismo dos livros didáticos em uso.

Contudo, cabe atribuir a *Alice no país das maravilhas*, de Lewis Carroll, pseudônimo de Charles Ludwidge Dogson (1865), a origem real da entronização do modelo literário fantástico para crianças e a constituição decisiva de uma literatura infantil e juvenil com voz própria. Carroll inventou a história para uma Alice real e suas irmãs em uma tarde de verão. Longe de qualquer propósito didático típico da época, Carroll criou um autêntico relato literário no qual fundiu as fronteiras da realidade e da fantasia, misturou outros modelos narrativos como o *nonsense* e a paródia das convenções sociais e incluiu inclusive a interrogação sobre a própria linguagem. A passagem para um mundo da fantasia com animais falantes, poções mágicas, rimas absurdas, adivinhações ou jogos de palavras mostram a dívida folclórica de Carroll, mas a decidida ampliação das possibilidades da ficção fantástica empreendida por ele e seguida por muitos outros autores posteriores fez com que, gradualmente, os temas de imaginação fossem ocupando o coração da literatura infantil e juvenil.

O humor, a mistura de realidade e fantasia e a presença de múltiplos empréstimos da literatura oral mediterrânea levam a incluir neste gênero outro clássico como *As aventuras de Pinóquio* (1883), de Carlo Lorenzini, chamado de Collodi em homenagem à sua aldeia natal. O livro foi publicado devido ao sucesso do folhetim *Storia di una marionetta* aparecido em um periódico infantil italiano. Collodi tentou conservar explicitamente o propósito didático habitual, mas, apesar disso, o descaramento picaresco do boneco de madeira que criou manteve sua capacidade de conexão com as gerações posteriores. Por outro lado, *O mágico de Oz* (1900), de Lyman Frank Baum, se situa melhor na reformulação do conto maravilhoso e a influência de Alice para oferecer-nos a história de uma menina levada do mundo real por um ciclone que a conduz a um mundo fantástico onde ocorrem diversas aventuras de inspiração folclórica até encontrar o caminho de volta. O lugar de honra deste livro no imaginário norte-americano não deixa de contrastar com sua escassa incidência nos países europeus para além da área anglo-saxônica.

Mas, se nestas obras clássicas é o protagonista que se dirige a mundos fantásticos, a narrativa fantástica configurou rapidamente um padrão inverso que resultaria hegemônico na narrativa infantil posterior: a intrusão de um elemento mágico no mundo real e moderno, intrusão que pode causar surpresas e alarme, mas que, habitualmente, desencadeia todo tipo de consequências cômicas. Os contos de Edith Nesbit (com diversas edições desde 1905, *Historias de dragones*) ou *Peter Pan e Wendy*, de James Matthew Barrie (1904), iniciam este modelo, embora, em *Peter Pan*, a irrupção da fantasia mantenha a viagem a um país fantástico; neste caso, o da Terra do Nunca, cenário que teve o acerto de encarnar o desejo de uma infância eterna e passar, como tal, ao imaginário moderno. Nesta obra, encontra-se bem presente também a tendência à fusão de gêneros e a desmitificação que tanta influência terá nas obras atuais para meninos e meninas. Assim, índios, piratas, sereias, fadas, animais e inclusive os pais vitorianos do mundo real misturam despreocupadamente suas características e adotam traços ternos e ridículos diante das crianças protagonistas com quem os leitores se identificaram há mais de um século.

No período entreguerras a fantasia constituiu-se como forma dominante e fixaram-se muitos dos imaginários fantásticos que chegaram aos nossos dias. Assim, por exemplo, a caracterização de um personagem estranho em um contexto realista produziu acertos de grande repercussão como a fada-preceptora da obra em quatro volumes *Mary Poppins* (1934), de P. L. Travers, da senhora que diminui intermitentemente seu tamanho em *La señora Cucharita* (1957), do autor dinamarquês Alf Proysen, ou da supermenina *Píppi Meialonga*, de Astrid Lindgren (1945). Como disse Hürlimann (1959), se o *Robinson Crusoé*, as obras de Cooper ou *David Copperfield*, eram obras para adultos que puderam ser lidas pelas crianças, e se *Heidi*, *Pinóquio* ou *Nils Holgersson* receberam a aprovação tanto dos educadores como das crianças, *Píppi Meialonga* foi recebida com desconfiança pelos adultos e adorada pelos meninos e meninas. Esta obra foi, portanto, um dos primeiros exemplos da tendência da literatura infantil moderna a libertar-se do controle social sobre sua adequação educativa.

Apesar dos precedentes já existentes, também foi nesta época que se deu a humanização de objetos, especialmente de brinquedos, como na obra, a meio caminho entre o livro de animais e de brinquedos, *Winnie, the Pooh* (*O ursinho Pooh*), de Alan Alexander Milne (1926), baseado na relação entre um menino e seu ursinho de pelúcia, livro pouco divulgado na Espanha, mas de referência incontestável na Grã-Bretanha, ou como no caso posterior da locomotiva de *Jim Knopf und Lukas der Lokomotivführer* (1960, *Jim Botón y Lucas el Maquinista*) de Michael Ende.

No entanto, a meados do século, a fantasia foi afastada do espaço central da literatura infantil e juvenil pela pedagogia racionalista, pelas correntes realistas e pela dificuldade de ser aceita pelo novo público adolescente a quem começava a dirigir-se a produção contemporânea. Justo na fronteira desta etapa, a fantasia deixou outra obra singular, não pensada como livro infantil, mas sim como reflexão sobre a vida, e que exerceu uma influência notável durante décadas: *O pequeno príncipe*, de Antoine de Saint-Exupéry (1943).

Como uma saída para sua situação agora sob suspeita, a fantasia começou a associar-se a outros modelos literários durante a década de 1960.

Em alguns casos, a relação não passou de um uso ocasional de elementos fantásticos, mas, em outros, desenvolveram-se novos gêneros, como a ficção científica, de que falaremos mais adiante, ou o renascimento de uma certa fantasia, semelhante às novelas góticas inglesas do século anterior. Assim, Allan Gardner com *The Weirdstone of Brisingamen* (1960) ou Philip Pearce com *Tom's Midnight Garden* (1958, *O jardim da meia-noite*), inauguraram uma nova classe de fantasia na qual jovens atuais encontram-se envolvidos ou prejudicados por forças misteriosas ou aterrorizantes. O interesse pelo *oculto e o sobrenatural*, presentes na literatura de adultos, transferiu-se para a literatura infantil e juvenil fundindo as histórias clássicas de fantasmas com o modelo de mistérios a serem descobertos. Desta maneira, as obras detetivescas de protagonismo grupal características desta época dispuseram das possibilidades narrativas derivadas da criação de personagens ou mundos inexistentes.

Alguns autores ampliaram as fronteiras da fantasia até criar um gênero literário a meio caminho entre a ficção medieval, a magia e a aventura, que se denominou *alta fantasia*. A principal contribuição à criação deste modelo se deve a J. R. R. Tolkien, um professor de linguística de Oxford, exímio conhecedor do folclore céltico, que, em obras como *O hobbit* (1937), estabeleceu seu funcionamento mediante a descrição de um mundo secundário completo onde ocorre uma luta entre o bem e o mal, em que a fantasia se baseia na alusão a personagens e poderes antigos retomados das tradições míticas e na qual o desenvolvimento narrativo adota a forma de uma missão de busca por meio de grandes aventuras. A possibilidade de entender a alta fantasia como um gênero infantil e juvenil é muito discutível, sobretudo em obras como *O senhor dos anéis* (1954), e o mesmo Tolkien mudou de opinião sobre este ponto ao longo de sua vida, no sentido de ampliar a consideração do público destinatário a todas as idades. As obras que podem inscrever-se neste modelo foram publicadas tanto em coleções juvenis como adultas e o êxito de público que obtive não parece circunscrever-se de modo algum a leitores adolescentes.

Estes modelos de fusão da fantasia com os gêneros de intriga, épicos ou de transposição a outros mundos se desenvolverão até seu auge na passagem do século XX ao atual.

3.3.5. *O desenvolvimento da literatura infantil e juvenil na Espanha*

A literatura infantil e juvenil na Espanha aparece propriamente no século XX. Naturalmente, durante o século XIX podem-se rastrear os passos habituais de qualquer literatura infantil antes de sua constituição, como tal: publicação de aleluias e outras formas populares de literatura folclórica, autores de literatura adulta que se dirigem esporadicamente ao público infantil com algum conto ou obra de teatro isolada, obras pedagógicas destinadas à leitura infantil com algum vislumbre de interesse literário, início das traduções de obras de literatura infantil de outros países, fundação das primeiras revistas infantis didáticas e de entretenimento etc.

Mas, para falar de uma certa bagagem de literatura dirigida aos meninos e às meninas na Espanha, há que se remeter praticamente a princípios do século XX. Um fato fundamental na língua espanhola é a existência da editora Calleja de Madri a partir de 1876. Saturnino Calleja propôs-se com ela tornar acessíveis e atraentes os contos e livros escolares para crianças. Por meio desta porta para a publicação infantil difundiram-se os contos de Perrault, Grimm, Andersen etc., com um êxito de público de que dá conta a frase popular "tens mais contos que Calleja". A obra pioneira de Calleja se assemelha, assim, à que foi levada a cabo por Newbery no nascimento da literatura infantil inglesa no século XVII, ou à paralela de outros editores, como o vasco Isaac López de Mendizábal, criador, por exemplo, do *Xabiertxo* como seguidor do *Juanito* espanhol. A partir de 1917, Salvador Bartolozzi começou a publicar na editora Calleja as aventuras de *Pinóquio*, o boneco que alcançou uma enorme popularidade na Espanha graças a esta imaginativa continuação do seu original italiano.

Já na década de 1930, os já citados Elena Fortún e Antoniorrobles tornam-se sem dúvida, as duas peças-chave do período de entreguerras, posto que ambos modernizaram as temáticas e formas da literatura espanhola para crianças. A Antoniorrobles se devem múltiplos contos, frequentemente publicados em revistas e recolhidos em obras como *8 contos de meninas e bonecas* (1930), *Hermanos Monigotes* (1934) ou, já depois da guerra, *Rompetacones y 100 cuentos más, Cuentos de las cosas que hablan* etc. Sua preocupação pedagógica para inculcar uma nova cultura e a renovação formal de seus contos assemelham-se, de certa forma, à obra de Antoniorrobles com a orientação que preconizará posteriormente a obra do autor e pedagogo italiano Gianny Rodari. Elena Fortún deve sua fama principal à criação dos personagens de Celia e seu irmão Cuchifritín. Celia apareceu pela primeira vez em 1929 no suplemento infantil da revista *Blanco y Negro* e participou de uma série de livros até depois da Guerra Civil. Seu exílio após a vitória franquista separou ambos os autores da importância que lhes corresponde na evolução da literatura infanfil na Espanha.

Por outro lado, em 1904, iniciou-se a revista infantil *Patufet* em Barcelona, uma revista que alcançou uma tiragem de 60 mil exemplares e que só interrompeu sua publicação em 1938 com a Guerra Civil. Nela colaborou assiduamente Josep Maria Folch i Torres, o autor mais prolífico e popular da literatura infantil catalã da primeira metade do século, com obras como *Les aventures extraordinàries d'en Massagran*, ilustradas por Joan Junceda (1910). O lugar preeminente outorgado à literatura infantil e juvenil no projeto de modernização empreendido pela sociedade catalã nesta época fez que a edição para crianças contasse com o esforço das instituições, editoras e meios educativos e artísticos, de modo que proliferaram revistas, coleções literárias, traduções e ilustrações de qualidade surpreendente. *Les aventures d'En Perot Marrasquí* (1917), ou *Sis Joans* (1928), do poeta Carles Riba, ou os contos de Lola Anglada (*En Peret*, 1928), para os menores, e *Lau o les aventures d'un aprenent de pilot* (1926), de Carlos Soldevila, ou outras novelas de Folch i Torres, como *Bolavà, detectiu* (1912), para os maiores, foram assentando as obras clássicas na literatura infantil catalã. Ao mesmo tempo, editoras como Joventut iniciaram um grande trabalho de tradução para o catalão e espanhol de um impressionante conjunto de obras infantis universais da maior qualidade.

Depois da Guerra Civil Espanhola (1936-1939), a maioria dos melhores autores e ilustradores infantis e juvenis se encontrava no exílio, enquanto a produção literária no interior enfrentava a proibição de publicar em língua não espanhola e com a lei de censura prévia, só terminada com o restabelecimento da democracia em 1977. À profunda ruptura de quatro longas décadas com a tradição anterior somou-se a instauração por decreto

de um modelo privilegiado de livro infantil definido em 1943 pela Vice-
-Secretaria de Educação Popular como obras que deviam ser "rigorosamen-
te edificantes e pedagógicas" e que, portanto:

> Somente devem publicar-se aqueles cadernos nos quais se re-
> conheça um notável valor educativo, para o qual os editores deveriam
> seguir a tendência de buscar argumentos na literatura popular espa-
> nhola ou na antiguidade clássica e, em geral, sobre temas heroicos e
> morais (Cendán Pazos, 1986:19).

Durante este período predominaram, pois, temas religiosos, históricos, folclóricos que contribuíram para a criação da imagem de uma Espanha uniforme, católica e tradicionalista. À tendência religiosa ou histórica
acrescentaram-se algumas das obras de maior êxito como *Marcelino, pão
e vinho* (1952), de José María Sánchez Silva, ou *Pegadas de Deus* (1960), de
Montserrat del Amo, enquanto que as narrativas realistas de família ou
escola ofereciam uma imagem social idealizada e um exemplo da conduta
moral postulada. Um caso bem representativo do tom geral da produção é
a da obra do jesuíta José Luis Martin Vigil, *La vida sale al encuentro* (1955),
muito difundida na época e verdadeiro compêndio da iniciação da vida de
um adolescente católico de classe alta. Embora em um cenário parecido,
ambientes madrilenhos de classe média, com criadas de famílias pobres
e colégios religiosos, algumas autoras de exceção realizaram várias obras
sobre espirituosas meninas protagonistas. Elena Fortún ainda publicou na
Argentina uma nova obra de *Celia* e tentou reeditar as anteriores, Borita
Casas criou no México a série *Antoñita la fantástica* (entre 1948 e 1958) e
Emilia Costarelo publicou as peripécias de *Mari Pepa* em revistas da época,
como *Flechas e Pelayos*. A naturalidade e o humor destas obras e de outras
como *As fadas de Villaviciosa de Odán* (1953), ou *Antón Retaco* (1955), de
María Luisa Gefaell, trouxeram ar fresco para a leitura infantil das décadas
do pós-guerra.

Por outro lado, se haviam iniciado as tarefas de fomento e difusão
do livro infantil que começaram a frutificar na década de 1960. Assim, em
1942, se havia fundado o Gabinete de Leitura Santa Teresa do Conselho Superior de Mulheres de Ação Católica, o qual exerceu uma grande influência

na seleção de livros e na organização de bibliotecas, e em 1958 haviam começado a dar os prêmios Lazarillo de ilustração e de criação em língua castelhana por parte do Instituto Nacional del Libro Español (INLE).

A década de 1960 trouxe uma notável mudança em diferentes aspectos. Levantada a proibição de publicar em outras línguas, a literatura infantil e juvenil catalã renasceu com vontade de juntar-se ao projeto cultural da primeira metade do século e tentou recuperar para a leitura em catalão um público infantil agora escolarizado exclusivamente em espanhol. Em dezembro de 1961 apareceu a revista *Cavall Fort*; em 1963, criaram-se os prêmios Folch i Torres y Joaquim Ruyra e se fundou a editora La Galera, dedicada exclusivamente ao livro infantil, publicado simultaneamente em catalão e espanhol. A criação destas plataformas para os escritores e ilustradores catalãos produziu-se em estreito contato com os movimentos de renovação pedagógica, agrupados na Catalunha em torno da associação de professores Rosa Sensat e com a intenção de introduzir as novas correntes e valores vigentes na literatura infantil europeia. A este propósito respondem, por exemplo, a tradução dos clássicos álbuns franceses de Père Castor na Editora Estela ou a avançada coleção juvenil El Trapezi, da Edicions 62. Já que geralmente a edição catalã se produzia ao mesmo tempo que sua tradução ao espanhol, a modernização empreendida na área linguística catalã contribuiu para renovar a situação do livro infantil em toda a Espanha.

A relativa abertura política, o crescimento econômico e a política de traduções – entre as quais cabe destacar a excelente linha da Editora Noguer com obras de Ende, Wolfel o Preussler – insuflaram novos ares à produção que, na literatura infantil espanhola, havia iniciado uma etapa presidida pela aparição de autores da importância de Angela C. Ionescu, Carmem Kurtz ou Ana Maria Matute e a continuação de outras, como Montserrat del Amo. Ao mesmo tempo, a denúncia social, a educação cívica e a narrativa histórica de novo tipo triunfaram na narrativa catalã com autores como Josep Vallverdú, Emili Teixidor, Joaquim Carbó ou Sebastià Sorribas.

A literatura infantil galega empreendeu também suas primeiras ações na década de 1960, iniciando-se praticamente com uma obra de crítica social, *Memorias dun neno labrego*, de Xosé Neiras Vila e as primeiras publicações da Editora Galaxia, frequentemente em colaboração com La Galera.

Mas, embora entre a década de 1960 e 1970 tenham aparecido as primeiras obras narrativas, poéticas e teatrais, a primeira revista infantil e a primeira tradução de outras línguas (*O principiño*, 1972), a existência real de uma literatura infantil e juvenil galega, igualmente como a vasca, tiveram de esperar o restabelecimento democrático na Espanha. Foi então que, em ambas as literaturas, deu-se uma ótima política de traduções de clássicos, se utilizaram os livros infantis no ensino da língua, se criaram prêmios e se fundaram editoras que, já na década de 1980 e, principalmente, nos anos noventa, deram lugar a uma nutrida lista de autores e ilustradores próprios.

O teatro infantil na Espanha, por outro lado, nasceu no Renascimento e teve uma grande difusão, ligado a fins edificantes, nas escolas de jesuítas, primeiro, e de salesianos depois. Os propósitos didáticos que presidiram o nascimento da literatura para crianças resultam especialmente evidentes, então, no caso do gênero teatral, e continuarão sendo praticamente até a atualidade. As primeiras obras dignas de menção se devem a autores consagrados da literatura adulta que fizeram felizes achados em algumas obras dirigidas para crianças. É o caso de Benavente, Valle-Inclán, García Lorca etc. Quanto aos autores especializados na literatura para crianças, não é estranho encontrar os mesmos autores de obras narrativas envolvidos na criação do gênero teatral. É o caso de Bortolozzi, que dirige o Teatro de Guiñol de la Comedia, ou de Folch i Torres, com obras tão enraizadas atualmente como a representação de *Els Pastorets* (1916). Já no pós-guerra, cabe mencionar a renovação ou recuperação das obras de inspiração social de Lauro Olmo e Pilar Enciso, que fundaram o Teatro Popular infantil, ou ainda a criação do Ciclo de Teatro "Cavall Fort" na Catalunha, assim como a publicação de diferentes coleções de textos teatrais para serem representados na escola.

No que diz respeito à poesia, seus parâmetros resultam tão dependentes do folclore e tão estáveis ao longo do século, que optamos por incluir sua produção ao tratar da literatura infantil e juvenil atual no próximo capítulo.

Para ampliar as referências de títulos históricos, podem ver-se as 100 melhores obras do século XX na Espanha no parecer do simpósio de especialistas convocado pela Fundación Gerrmán Sánchez Ruipérez (FGSR,

2000). Também pode ver-se uma seleção comentada e contextualizada de clássicos espanhóis e universais em *Cien libros para un siglo* no Equipo Peonza (2004).

3.4. A evolução da ilustração

Ao longo da história da imagem combinou-se a função artística com o uso intencional de sua atração para instruir uma população analfabeta. É o caso, bem conhecido, dos capitéis e afrescos romanos, por exemplo. Esta segunda finalidade é a que marcou também sua incorporação inicial aos livros infantis. Em 1658, o pedagogo tcheco Comenius, convencido da importância de mostrar a informação de forma tangível, realizou o primeiro livro infantil ilustrado de conhecimentos *El mundo en imágenes*.

Já no século XIX, ao generalizar-se a alfabetização, a ilustração deixou de parecer tão necessária e reduziu-se a um adorno atraente do texto. Mas, paradoxalmente, durante esta época, o processo das técnicas de impressão foi ampliando as possibilidades plásticas e cromáticas da ilustração até chegar ao imenso leque dos recursos atuais. Na ilustração infantil esta evolução esteve, é claro, sob a vigilância pedagógica, de maneira que os livros para crianças foram incorporando as mudanças estéticas de um modo mais lento que em outros campos plásticos da época e se desenvolveram majoritariamente sobre os cânones convencionais, já que estas eram e continuam sendo, na realidade, melhor aceitos pelos compradores adultos.

Como assinala Claude-Anne Parmegiani (1977), os ilustradores retrataram inicialmente a realidade com um estilo "ilusionista": o leitor devia situar-se diante da imagem do livro como se contemplasse realmente o que ali ocorria. A ilustração mantinha um ponto de vista único, fixo e limitado à moldura e se concebia como se fosse a "fotografia" de um momento congelado da história, acentuando, por outro lado, seu papel de adorno ao separá-la do texto por meio de, inclusive, um quadro gráfico. Esta vontade de realismo do século XIX esteve matizada desde o princípio pelo ditado daquilo que devia ser mostrado. E a seleção de conteúdos se inclinava para uma representação idealizada da realidade que encheu os livros infantis de crianças ruivas, mães amorosas ou tranquilas, campinas cheias de flores e coelhos, em uma idealização deliberada que continua mantendo-se em inúmeros livros atuais.

Outra forma de representação, presente já desde o início dos livros infantis, é a caricatura. Esta oferecia, de início, a vantagem de esquematizar e de sublinhar os traços representados, o que a tornava facilmente compreensível. Mas, além disso, a caricatura servia também para representar pedagogicamente as condutas criticadas, de maneira que caricatura e representação idealizada foram duas caras típicas da mesma literatura infantil edificante. Com ambos os recursos se podia impactar com a agressividade grotesca e realizar a proposta de um mundo ideal.

Um terceiro tipo de desenho artístico surgiu ao combinar alguns traços dos dois anteriores; trata-se da acentuação do esquematismo da imagem. Apareceu na primeira metade do século XX com a ideia de que facilita a compreensão infantil, mas sem a carga acentuada da caricatura. Por outro lado, se foge aqui das referências realistas, porque se entende que o demasiado concreto dificulta a distância simbólica necessária para a aprendizagem infantil do mundo. Os álbuns de Babar, nos anos trinta, são bons exemplos disso, que passou a ser uma das formas de representação mais adotadas ao longo do século, permanecendo até os nossos dias.

Os livros ilustrados tiveram um rápido desenvolvimento na Grã-Bretanha nos séculos XVIII e XIX. O romantismo inglês se encontrava impregnado dos valores da aristocracia rural da época, com um amor à natureza que se opunha à feiura do avanço industrial e adaptava uma norma de bom gosto, equilibradamente distante do excesso de realismo bem como da expressão vulgar. A inclinação pelo passado produziu cuidadosas ilustrações dos contos de fadas, enquanto que a visão da infância como um estado de pureza traduziu-se em belas imagens de meninos bons, reclusos no confortável e fechado "quarto dos meninos" que a época vitoriana havia inventado para eles. A obra de Kate Greeneway (1846-1901), cheia de encanto, delicadeza e harmonia, representa perfeitamente esta imagem de uma infância associada à nostalgia de uma antiga e idealizada felicidade. O progresso técnico da impressão tornou possível a difusão dessa opção pela beleza por meio de livros brinquedo, nos quais o valor da imagem é maior que o do texto.

Mas também na Grã-Bretanha e na mesma época, se desenvolviam outras tradições artísticas de grande influência posterior na ilustração infantil. Não é de estranhar que as crianças resistissem à sua reclusão na *nursery* e que acolhessem com entusiasmo o *nonsense* do folclore, os bestiários fantásticos e as ilustrações caricaturescas transgressoras. A tradição satírica dos periódicos e revistas da época nutriram a ironia e o humor cáustico das obras de Tenniel ou Lear e as correntes simbolistas se traduziram nas silhuetas torturadas de Arthur Rackham. Assim mesmo, e agora na França, cabe assinalar o papel de maestria exercido pelo Gustave Doré (1832-1883) em diferentes aspectos da ilustração posterior: o caráter espetacular das cenas representadas em suas gravuras e o poder de sugestão de suas detalhadas imagens mostraram a forma com a qual se pode atrair a imaginação adolescente e introduziram definitivamente no imaginário coletivo as representações das grandes obras literárias que ilustrou (*A divina comédia, Dom Quixote, Os contos de Perrault*, as *Fábulas* de La Fontaine etc.).

No início do século XX surgiram dois novos tipos de representação que fizeram sucesso nos livros infantis: a dos animais humanizados e a dos bonecos. Os pequenos animais do campo e do jardim de Beatrix Potter definiram o gênero também na ilustração. A afetividade presente nas formas arredondadas, na suavidade dos tons, ou na força das cores, próprias dessa autora, ofereceram uma nova representação das crianças, vistas agora como ternos cachorros em fase de aprendizagem. Por outro lado, a imagem do boneco, do autômato, da marionete, na tradição italiana de um Pinóquio, por exemplo, se prestava a uma esquematização corporal e a uma decomposição dos movimentos que permitiu mais tarde a influência de correntes pictóricas modernas, como o cubismo, na ilustração infantil.

A ruptura decisiva com a ilustração do século XIX produziu-se depois da Primeira Guerra Mundial. A esquematização converteu-se em sinônimo de ilustração para crianças e neste terreno resultaram decisivos também o desenvolvimento das revistas em quadrinhos (comics) e dos desenhos animados, campos nos quais os Estados Unidos foram hegemônicos. Foi também, no período de entreguerras, quando surgiu o conceito de álbum a partir das já citadas histórias de Babar, de Jean de Brunhoff. Definitivamente liberada de marcos delimitadores, a ilustração invadiu todo o espaço do livro e iniciou sua fusão com o texto.

Nesta linha há que mencionar a obra de Paul Faucher, o editor dos álbuns de "Père Castor". Estes álbuns revolucionaram a edição ao tentar fazer confluir em um mesmo produto os avanços psicológicos sobre a compreensão infantil, a pedagogia racionalista e a arte de vanguarda. Com eles, a fotomontagem, a colagem, a representação conceitual ou diversos experimentos de vanguarda russa fizeram sua entrada nos livros para meninos e meninas. A elaboração de contos para um público já escolarizado de forma obrigatória e gratuita afastava os livros de sua circulação elitista entre as classes cultas e introduzia a preocupação por sua legibilidade e por sua função formativa para todos. Os álbuns de "Père Castor" dirigiam-se especialmente às crianças que iniciavam sua aprendizagem na leitura e instauraram um protótipo baseado no pequeno formato, na claridade do desenho das páginas por meio de uma ilustração enquadrada e um texto em sequência, e um realismo esquematizado que favoreceria as funções de reconhecimento. Tratava-se de livros criados essencialmente para favorecer a leitura e, tão bem realizaram o conceito de álbum, que não permitiram nenhum desequilíbrio a favor da imagem.

Durante a Segunda Guerra Mundial, muitos artistas europeus se refugiaram nos Estados Unidos e realizaram de lá uma grande renovação no campo da ilustração. Assim, em títulos já citados destes autores, pode-se ver que a obra de Maurice Sendak deu expressão à psicanálise, as caricaturas e elipses narrativas de Tomi Ungerer introduziram a crítica à sociedade moderna, a fantasia de Arnold Lobel adotou deliberadamente a perspectiva infantil e os contos de Frank Tashlin (como *El oso que no lo era – O urso que não era urso*) incorporaram as técnicas cinematográficas. Os livros infantis se dirigiam já a meninos e meninas do mundo da imagem, crianças habituadas à televisão, às histórias em imagens ou às mil mensagens visuais existentes no mundo moderno. Começou, pois, a se dar uma grande importância ao prazer da imagem e à criação do livro como objeto. No entanto, a produção de imagens atraentes se afastava notavelmente do auge das "imagens belas" do século XIX, posto que a ilustração que se desenvolveu a partir da década de 1960 se dirigia, sobretudo, a interpelar, surpreender, liberar ou provocar visualmente o leitor.

Quando as novidades criadas pelos autores emigrados para a América chegaram à Europa, contribuíram para invalidar o discurso educativo que predominava na imagem e acentuaram a autonomia da ilustração em relação ao texto. Incorporou-se a capacidade de narrar com imagens, já usada no cinema e nas revistas em quadrinhos, o que levou à criação de livros imagens. Por outro lado, a introdução de temas intimistas na literatura infantil se prestava a traduzi-los por meio da fantasia das imagens e do uso expressionista da cor e do dramatismo da luz para representar as emoções. Também se iniciou a exploração de novos caminhos, como o de uma ilustração não descritiva ou a invenção de códigos particulares (por exemplo, nas versões de contos populares de Warja Honneger-Lavater já aludidas). Desta forma, as colagens de Leo Leonni (*Frederick*), o realismo de Roberto Innocenti (*Rosa Blanca*), os jogos com as formas de Iela Maria a partir da transformação de objetos (*El globito rojo*), as técnicas publicitárias de Étienne Delessert (*Cómo el ratón descubre el mundo*), a personalidade artística de Janosch (*¡Qué bonito es Panamá!*) ou de Lídia Postman (*El jardin de la bruja*), ou bem a chegada da ilustração japonesa com os livros de Mitsumasa Anno (*El viaje de Anno*), foram abrindo distintas possibilidades no leque atual da ilustração.

Juntaram-se assim estilos tão diferentes, como o refinamento preciosista de Binette Schroeder (*La bella y la bestia*), a perfeição gráfica e distanciada de Chris van Allsburg (*La escoba de la viuda*), o realismo estético de Gary Blythe (*El canto de las ballenas*), a terna suavidade de Gabrielle Vincent (na série *Ernesto y Clementina*), assim como uma grande quantidade de autores anglo-saxões inclinados a praticar a crítica ideológica através de um maligno humor britânico: Helen Oxenburg (*El restaurante, En el coche* etc.), Raymond Briggs (*El muñeco de nieve*), Allan y Janet Ahlberg (*Polícias y ladrones*), Anthony Brown (*Zoológico*), Tony Ross (*¡Quiero el tito!*), David Mckee (*¡Ahora no, Bernardo!*) ou Quentin Blake (em sua ilustração das obras de Dahl, por exemplo).

Na última década o livro ilustrado ampliou sua categoria de idade e se dirige também ao público juvenil ou familiar. Como assinala Maria Cecília Silva-Diaz (2005), muitas imagens desafiam as ideias do que é adequado às crianças, como ocorre com o surrealismo de Shaun Tan (*Emigrantes*), a estranheza de François Roca (*Jesús Betz*), a infância refinada de Falconer

(*Olivia*), a cortante agudeza de Wolf Erlbruch (*El paso y la muerte*) ou de Isol (*Ser y parecer*), o expressionismo duro de Armin Greder (*La isla*), o impressionismo mais jovial de Jutta Bauer (*La reina de los colores*) ou a economia gráfica de Ed Young (*Siete ratones ciegos*).

Na atualidade, imagens que antes haviam sido impensáveis para o público infantil convivem com outras tendências "retrôs" que remetem a estilos de ilustração próprios da década de 1950 ou 1960 e que optam por uma economia de meios diante das imensas possibilidades que oferece a técnica. Não só abundam as referências a outras obras gráficas senão que se desenvolve a apropriação de imagens e estilos das artes plásticas, do cômico e da publicidade. Por outro lado, se experimenta com a disposição dos elementos na página criando distintos níveis de leitura, fragmentações e caminhos pouco lineares, como ocorre em *Madlenka*, de Peter Sis, por exemplo.

Definitivamente a qualidade da imagem recebe cada vez mais atenção e pretende que o adulto também desfrute do livro. A ilustração domina o espaço, aceita diversos formatos, multiplica e inter-relaciona as técnicas tomadas do cinema, da televisão, da publicidade, da pintura ou do trabalho com computadores. Ao mesmo tempo para o bem e para o mal, se esfumam as escolas e as tendências nacionais por causa da internacionalização da edição e reaparecem – agora sim – os livros "belos", com luxo, enfeite e jogo associados à utilização de novos materiais na confecção de livros infantis.

No que se refere à Espanha, a ilustração de livros infantis começou a desenvolver-se durante a primeira metade do século. Tratou-se, majoritariamente, de ilustradores com uma escassa especialização em livros infantis, que compartilhavam seu trabalho nesse campo com sua colaboração na imprensa, revistas e diferentes aplicações de ilustração em geral. Certamente, também a edição infantil se encontrava especialmente vinculada às revistas periódicas e às coleções de contos delas derivadas. Assim, por exemplo, na edição espanhola destaca-se a ilustração da coleção de Cuentos de Calleja e da revista *Pinocho*, com nomes já clássicos como o já citado Bartolozzi, criador de *Pinocho y Chapete*, e outros ilustradores posteriores, como Panagos, que se destacam por seu decorativismo. No país Vasco pode considerar-se Zabalo Ballarin "Txiki" como uma figura precursora e a criação da revista *Teles eta Miko*, em 1918, como o início da história gráfica.

Na Catalunha, a ilustração teve uma importância particular pela concentração das editoras de livros infantis em Barcelona e pela atenção institucional prestada a este tipo de edição. Desde o modernismo, a literatura para crianças contou com ilustradores que acrescentaram também a este gênero tanto as técnicas caricaturescas das abundantes revistas satíricas como os cânones de modernização fomentadas pelo *noucentisme*. Cabe ressaltar especialmente alguns nomes como Joan Junceda, um grande criador de ambientes e personagens; D'Ivori, que evoluiu desde o modernismo até a estilização da década do entreguerras; Joan Llaverias, que revolucionou o desenho sobre animais, ou Lola Anglada, que realizou seus próprios contos buscando um estilo expressivo da época mediterrânea clássica. A Guerra Civil causou uma ruptura cultural também muito pronunciada neste campo. Apenas uma ilustradora, Mercè Llimona, manteve uma linha de continuidade com a ilustração anterior, enquanto apareciam novas formas estéticas, com autores como Joan Ferrandis. A renovação dos anos 1970 trouxe uma nova leva de ilustradores, em contato com as novas necessidades pedagógicas que introduziram a preocupação pela compreensão da imagem e sua relação com o texto. Falou-se, assim, de um predomínio da "linha clara" na área catalã com autores como Pilarín Bayés.

Na década de 1970 produziu-se uma autêntica eclosão de novos ilustradores. A vocação de profissionalismo, a investigação técnica e a diversidade de estilos, assim como a conexão com a ilustração exterior, foram incorporando, por exemplo, a *pop art* ou as técnicas das revistas em quadrinhos e caracterizaram a primeira grande onda de ilustradores da etapa democrática: a poética pessoal de Asun Balzola (na série de *Munia*, por exemplo) ou de Carme Solé Vendrell (*El aniversário*), a maestria colorista de Miguel Ángel Pacheco (*La niña invisible*) ou de Luis de Horna (*La piedra arde*), o equilíbrio de linhas barrocas de Miguel Calatayud (*El árbol inquieto*), as transparências de Ulises Wensell (*El otoño*) ou as sugestões misteriosas de Alfonso Ruano (*El guardián del olvido*). Grande parte deles criaram seus próprios álbuns, e a ilustração resultou decisiva para a recuperação do gênero de humor por meio das obras de Montse Ginesta, Roser Capdevila, Joma ou Fernando Krahn. No país Vasco, destacaram-se ilustradores como Anton Olariaga, Jesús Lucas ou Jokin Mitxelena, mas, exceto Balzola, não criaram seus próprios álbuns e os problemas de edição restringiram o uso da cor nas imagens.

Até o final do século foram-se diversificando as opções anteriores. O hiper-realismo, o desenho gráfico, a exploração pós-moderna etc. foram nutrindo a obra de Jesús Gabán (*El cascanueces y el rey de los ratones*) ou Javier Serrano (*El temible Safrech*), a empatia de Gusti (em tantas colaborações com Alcántara), a proximidade com a grande ilustração catalã da primeira metade do século de Arnal Ballester (*No tinc paraules*) e muitos outros como Alberto Urdiales (*Mateo y los reyes magos*), Pep Montserrat (*El regalo*) etc.

Os últimos anos viram aumentar a edição de álbuns, alguns assinados pela figura do autor-ilustrador. A quantidade da produção atual reflete o profissionalismo e o vigor que alcançou o ofício e a projeção internacional de ilustradores espanhóis, com novos nomes como Pablo Amargo (*El monstruo de la lluvia*), Javier Sáez Gastán (*Los tres erizos*), Elena Odriozola (*La princesa que bostezaba a todas horas*), Isidro Ferrer (*La mierlita*), Ajubel (*Robinson Crusoé*), Emílio Urberiaga (*La selva de Sara*) e tantos outros, alguns dos quais podem ver-se nos livros aqui recomendados ou citados.

Heróis clássicos da literatura infantil e juvenil (até 1950)		
Personagem	Autor	Livro
Aladim		As mil e uma noites
Alice	Carroll, L. (1865)	Alice no país das maravilhas
Allan Quatermain	Haggard, H. R. (1885)	As minas do Rei Salomão
Antoñita	Casas, B. (1952)	Antoñita la Fantástica
Aslam (o leão)	Lewis, C. S. (1950-1956)	As crônicas de Nárnia
Augustin Meaulnes	Fournier, A. (1913)	O bosque das ilusões perdidas
Babar	Brunhoff, J. de (1931)	A história de Babar
Bambi	Salten, F. (1923)	Bambi
Beleza Negra	Sewell, A. (1887)	Beleza Negra
Bilbo Bolseiro	Tolkien, J. R. R. (1937)	O hobbit

Personagem	Autor	Livro
Buck	London, J. (1903)	O chamado selvagem
Celia	Fortún, E. (1929)	Celia, lo que dice
Corsário Negro	Salgari, E. (1898)	O Corsário Negro
D'Artagnan	Dumas, A. (1844)	Os três mosqueteiros
David Copperfield	Dickens, C. (1850)	David Copperfield
Emílio	Kaestner, E. (1928)	Emílio e os detetives
Guillermo Brown	Crompton, R. (1922)	Travesuras de Guillermo
Gulliver	Swift, J. (1726)	As viagens de Gulliver
Heidi	Spyri, J. (1881)	Heidi
Holden Caulfield	Salinger, J. D. (1949)	O apanhador no campo de centeio
Huckleberry Finn	Twain, M. (1985)	As aventuras de Huckleberry Finn
Jack, Lucy, Jorge e Dolly	Blyton, E. (1944)	Aventura en la isla
Jane Eyre	Brönte, C. (1947)	Jane Eyre
Jim Hawkins	Stevenson, R. L. (1883)	A ilha do tesouro
Jo March	Alcott, L. M. (1968)	Mulherzinhas
Kim	Kipling, R. (1901)	Kim
Lau	Soldevila, C. (1926)	Lau, o les aventures d'un aprenent de pilot
Lorde Fauntleroy	Burnett, F. H. (1885)	O pequeno Lorde
Mary Poppins	Travers, P. (1934)	Mary Poppins
Massagran	Folch i Torres, J. M. (1910)	Aventuras extraordinárias de Massagran
Miguel Strogoff	Verne, J. (1875)	Miguel Strogoff
Mowgli	Kipling, R. (1894)	O livro da selva
Mumins	Jansson, T. (1946)	A família Mumin

Personagem	Autor	Livro
Nils Holgersson	Lagerlöff, S. (1906-1907)	A maravilhosa viagem de Nils Holgersson
O patinho feio	Andersen, H. C. (1835)	O patinho feio e outros contos de Andersen
O pequeno príncipe	Saint-Exupéry, A. (1943)	O pequeno príncipe
Olho-de-Falcão	Cooper, J. F. (1826)	O último dos moicanos
Oliver Twist	Dickens, C. (1837--1839)	Oliver Twist
Pat e Isabel O'Sullivan	Blyton, E. (1941)	Las mellizas cambian de colegio
Pedro Coelho	Potter, B. (1902)	As aventuras de Pedro Coelho
Pequena Sereia	Andersen, H. C. (1835)	Contos de Andersen: A pequena sereia
Peter Pan	Barrie, J. M. (1911)	Peter Pan
Phileas Fogg	Verne, J. (1872)	A volta ao mundo em 80 dias
Pinóquio	Collodi, C. (1883)	As aventuras de Pinóquio
Píppi Meialonga	Lindgren, A. (1945)	Píppi Meialonga
Pooh	Milne, A. A. (1926)	O ursinho Pooh
Quebra-Nozes	Hoffmann, E. T. A. (1816)	Quebra-Nozes e o rei dos camundongos
Rei Artur	Malory, T. (1461-83)	O rei Artur e os cavaleiros da Távola Redonda
Robin Hood	Pyle, H. (1883)	As aventuras de Robin Hood
Robinson Crusoé	Defoe, D. (1719)	As aventuras de Robinson Crusoé
Sandokan	Salgari, E. (1900)	Os tigres de Mompracem

Personagem	Autor	Livro
Sapo (e outros animais)	Grahame, K. (1908)	*O vento nos salgueiros*
Sherazade		*As mil e uma noites*
Sherlock Holmes	Doyle, A. C. (1886)	*As aventuras de Sherlock Holmes*
Simbad, o Marujo		*As mil e uma noites*
Soldadinho de chumbo	Andersen, H. C. (1835)	*Contos de Andersen: O soldadinho de chumbo*
Tarzan	Burroughs, E. R. (1912)	*Tarzan, o filho das selvas*
Tom Sawyer	Twain, M. (1876)	*As aventuras de Tom Sawyer*
Winnetou	May, K. (1892)	*Entre apaches e comanches*

Adversários e vilões clássicos da literatura infantil e juvenil (até 1950)

Personagem	Autor	Livro
Capitão Nemo	Verne, J. (1969-1970)	*Vinte mil léguas submarinas*
Dr. Moreau	Wells, H. G. (1896)	*A ilha do dr. Moreau*
Drácula	Stoker, B. (1847)	*Drácula*
Ebenezer Scrooge	Dickens, C. (1843)	*Um conto de Natal*
Gollum	Tolkien, J. R. R. (1937)	*O hobbit*
Griffin	Wells, H. G. (1897)	*O homem invisível*
Long John Silver	Stevenson, R. L. (1883)	*A ilha do tesouro*
Milady	Dumas, A. (1844)	*Os três mosqueteiros*
Moby Dick	Melville, H. (1851)	*Moby Dick*
Monstro	Shelley, M. (1818)	*Frankenstein*

Personagem	Autor	Livro
Mr. Hyde	Stevenson, R. L. (1886)	O estranho caso de Dr. Jekyll e Mr. Hyde
O fantasma da ópera	Leroux, G. (1910)	O fantasma da ópera
Os grandes Antigos	Lovecraft, H. P. (1925--1935)	O chamado de Cthulhu
Sir Simon (O fantasma de Canterville)	Wilde, O. (1891)	O fantasma de Canterville
Sra. Rottenmeier	Spryri, J. (1881)	Heidi

Leituras clássicas por idades

Até os três anos

As melhores referências continuam sendo as coleções folclóricas de jogos e canções entre adultos e crianças, por exemplo:

Pelegrín, A. M. (1994): *Deditos y cosquillitas*. Madrid: Espasa Calpe.
Pelegrín, A. M. (1993): *Misino, gatino*. Madrid: Espasa Calpe.

As versões dos contos em verso e os populares mais simples, como *Los três cerditos, Chapeuzinho Vermelho, Los siete cabritillos y el lobo, Rizos de oro y los tres osos* etc., também são importantes.

No entanto, apesar de ser um tipo de livro de aparição recente, já começam a existir alguns títulos bastante consolidados de livros brinquedo, especialmente os que apelam aos sentidos e as formas, como:

Mari, Iela (2005): *El globito rojo*. Pontevedra: Kalandraka.

Entre três e oito anos

Brunhoff, Jean de (1931): *Historia de Babar*. Madrid: Alfaguara.
Krahn, Fernando (1978): *¿Quién ha visto las tijeras?* Pontevedra: Kalandraka.
Sendak, Maurice (1963): *Onde vivem os monstros*. São Paulo: Cosac Naify.

Entre oito e onze anos

Grahame, Kenneth (1908): *El viento en los sauces*. Madrid: Anaya.
Lindgren, Astrid (1945): *Píppi Meialonga*. São Paulo: Cia das Letrinhas.
Sorribas, Sebastià (1966): *El zoo d'en Pitus*. Barcelona: La Galera (*El zoo de Pitus*).

Entre doze e catorze anos

Burnett, Frances Hodgson (1910): *El jardín secreto*. Madrid: Siruela.
Matute, Ana María (1965): *El polizón del Ulises*. Madrid. Lumen.
Stevenson, Robert Louise (1883): *A ilha do tesouro*. (várias edições)

Entre catorze e dezesseis anos

Carroll, Lewis (1865): *Alice no país das maravilhas* (várias edições).
Mark Twain (1885): *As aventuras de Huckleberry Finn*. São Paulo, SM.
Pedrolo, Manuel de (1973): *Mecanoscrit del segon origen*. Barcelona: Ediciones 62 (*Mecanoscrito del segundo origen*).

Atividades sugeridas

1. *Os clássicos na escola*

1.1. Fazer uma lista de obras clássicas (no sentido dado no capítulo) de que gostamos e acrescentar um comentário sobre por que gostamos.

1.2. Revisar o projeto de leitura de uma escola realizado no capítulo dois para ver se incluímos obras clássicas, de que maneira pensamos em trabalhá-las (lê-las, narrá-las etc.) e se nos parece que isso favorecerá que os alunos entendam os conteúdos assinalados no trecho 1.1 do capítulo. Se não as tivermos incluído, modificar o plano leitor do capítulo dois ou informar em que contextos escolares não mencionados (programação das assinaturas, intervenções na biblioteca escolar etc.) nos parece que poderiam atingir esses objetivos.

2. Do folclore à literatura infantil moderna

2.1. Reunir as versões de Chapeuzinho Vermelho citadas no capítulo e fazer uma exposição para comprovar a evolução descrita. Podem-se juntar outras edições vendo de quais aspectos seriam exemplos.

2.2. Reunir outras versões de um conto popular diferente. Se for um trabalho em grupo pode-se fazer o mesmo com vários contos. Embora alguns deles tenham menos versões, o conjunto servirá para observar o panorama completo. Por exemplo: *A bela adormecida, Branca de Neve, O gato de botas, A gata borralheira, Pele de asno, A Bela e a Fera, Barba Azul, Aladim e a lâmpada maravilhosa* etc.

Na maioria podem estar as versões do próprio folclore, fixadas por Perrault e pelos irmãos Grimm e as versões modernas nas obras citadas de Dahl, Garner, Company e Capdevila ou os Ahlberg. Se existir, também se pode juntar a versão cinematográfica da Disney, o que acrescenta o interesse de ver a influência dos filmes nos contos posteriores, já que as novas versões frequentemente se afastam da tradição oral para adotar o argumento e detalhes da versão da Disney. Também se pode juntar as abundantes versões e alusões presentes nos videogames, material publicitário, canções, revistas em quadrinhos etc. No entanto, há que se ter muito presente que o objetivo não é apenas constatar a presença destes contos no imaginário coletivo (com a "atitude do explorador" a que aludimos antes), mas construir, em seguida, um discurso interpretativo da evolução e das categorias atuais.

Versões interessantes de contos tradicionais

Em Gemma Lluch (2007) pode encontrar-se um quadro comparativo da *A gata borralheira* a que se pode acrescentar:
Gill, Phillida: *Cenicienta*. Madrid: SM.

Innocenti, Roberto: *Cenicienta*. Barcelona: Lumen.
Lynn y David Roberts: *Cenicienta, una historia de amor art decó*. Barcelona: Lumen.
Sanuy, Montserrat: *Rossini y la Cenicienta*. Barcelona: Susaeta.
Tocher, Timothy; Lansky, Dense V. B.: *El príncipe que dio calabazas a Cenienta y otros cuentos de hadas modernos*. Madrid: Obelisco.

Grimm, Jacob Y Wilheim: *Blancanieves*. Il. Pep Montserrat. Barcelona: Aura Comunicació-Círculo de Lectores.
Grimm, Jacob Y Wilheim: *Blancanieves*. Il. Llimona, Mercè. Barcelona: Edebê.
Juan, Ana Y Snowhite, *Ana*. Alicante: Edicions de Ponent.
Poole, Josephine: *Blancanieves*. Il. Angela Barret. Madrid: Kókinos.

Delgado, Josep-Francesc: *Los tres cerditos*. Il. Francesc Rovira. Barcelona: Edebé.
Kimiko: *Los tres cerditos*. Barcelona: Corimbo.
Scienzka, Jon: ¡La auténtica história de los tres créditos! Il. Lane Smith. Barcelona: Thule.
Trivizas, Eugene (2009): *Los tres lobitos y el cochino feroz*. Il. Helen Oxembury. Barcelona: Ediciones Ekaré.
Wiesner, Dawid: *Los tres cerditos*. Barcelona: Juventud.

Andersen, Hans Christian: *El patito feo*. Il. Ana Sande. Madrid: Kalandraka.
Andersen, Hans Christian: *El patito feo*. Il. Marc Boutavant. Barcelona: Vox.
Andersen, Hans Christian: *El patito feo*. Il. Marx. Barcelona: La Galera.
Dalmases, Antoni: *L'aneguet lleig*. Il. Bernat Cormand. Barcelona: Cruïlla (*El patito feo*. Madrid: SM).
Martín Garzo, Gustavo: *El patito feo*. Il. Antonio Santos. Madrid SM.

Young, Ed: *Siete ratones ciegos*. Caracas: Ekaré.

Baltscheit, Martin: *La verdad del elefante*. Il. Christopher Mett. Salamanca: Lóguez.

Wolf, Gita; Sirish Rao: *En la noche*. Il. Rathna Ramanathan. Barcelona: Thule.

Child, Lauren: *La princesa y el guisante*. Barcelona: Serres.

Nazoa, Aquiles: *Fábula de la ratoncita presumida*. Il. Vicky Sempere. Caracas: Ekaré.

Perrault, Charles, version Anne Jones: *Piel de asno*. Il. Anne Romby. Barcelona, Zendrera Zariquey.

Perrault, Charles: *El fato con botas*. Il. Jesús Gabán. Perspectiva cultural-Círculo de Lectores.

Esterl, Árnica (narração do conto de L. Bechstein): *El sastrecillo Valiente*. Il. Olga Dugina; Andrej Dugin. México: Fondo de Cultura Económica.

Vendel, Edward van de: *La amante del miedo*. Il. Isabelle Vandenabeele. Barcelona: Barbara Fiore.

2.3. Também se pode fazer uma exposição com um conjunto de contos tradicionais em geral, ou que sigam formas aproximadas do folclore, como:

Allsburg, Chris van: *El higo más dulce*. México: Fondo de Cultura Económica.

Lago, Angela: *Juan Felizario Contento*. México: Fondo de Cultura Económica.

Rubio, Antonio; Ferrer, Isidro: *La mierlita*. Pontevedra: Kalandraka.

Vaugelade, Anaïs: *Sopa de piedra*. Barcelona: Corimbo.

Ward, Hellen: *El rey de los pájaros*. Madrid: SM.

"Palabras para jugar". Coleção da Editora Océano com propostas de jogos poéticos e linguísticos a partir de formas folclóricas.

Comentar leituras de narrativas atuais que seguem estas fórmulas, como:

> Gallego, Laura: *La leyenda del rey errante*. Madrid: SM.
> Martín Gaite, Carmen: *El castillo de las tres murallas*. Barcelona: Lumen.

3. *A evolução da ilustração*

3.1. Apresentar em PowerPoint ilustrações dos autores citados, espanhóis e de outros países. Se o trabalho for feito em equipe, dividi-los por épocas. Evidentemente podem ser acrescentados outros ilustradores interessantes que o propósito sintético deste capítulo impediu de mencionar.

4. *Os personagens que são parte do imaginário coletivo*

4.1. Realizar um concurso de personagens: montar um quadro com fotocópias ou um blog com imagens de ilustrações de personagens famosos das obras clássicas mencionadas, colocando um número em cada ilustração. Ver quantos adivinham. É claro que se pode incluir personagens de obras que não estão nesta lista.

4

A literatura infantil e juvenil atual

A década de 1960 foi uma etapa de desenvolvimento econômico e cultural das sociedades ocidentais que as converteu em sociedades pós--industriais. Nelas surgiu uma visão do mundo e da infância que gerava e requeria, ao mesmo tempo, formas distintas de educar os cidadãos. A literatura infantil e juvenil iniciou um novo caminho para adequar sua proposta literária e educativa aos leitores nascidos no seio dessas novas sociedades que a levaram a terrenos não conhecidos anteriormente. Assim, o grau de experimentação foi muito elevado nas décadas de setenta e oitenta e permitiu um salto de modernização decisivo para que esta literatura se adequasse aos leitores infantis e adolescentes de nosso tempo. Nos anos 1990 a inovação pareceu acalmar-se e, com a mudança para o século XXI, passou-se a ter grandes novidades (nas inter-relações entre texto e imagem, ficções audiovisuais, digitais etc.) com uma certa retomada na aposta pela tradição.

Em todo este período, os valores transmitidos pelos livros mudaram substancialmente (item 4.1); o mundo refletido nas obras atualizou sua imagem para fazê-la corresponder às mudanças sociológicas e com as novas preocupações sociais (item 4.2); os diferentes sistemas culturais e artísticos influenciam a literatura dirigida à infância e adolescência (item 4.3); criaram-se novos tipos de livros, tanto para o mercado gerado pelo aumento da escolaridade para os pequenos não leitores e para os adolescentes, como para satisfazer as necessidades de uma sociedade baseada no ócio e no consumo, na qual já irrompiam as novas tecnologias (item 4.4).

Todas estas mudanças, pois, caracterizam uma etapa global da literatura infantil e juvenil iniciada na década de 1970 e na qual se pode afirmar que ainda nos encontramos, embora se note uma certa evolução em cada um dos diferentes traços se a examinamos de perto.

4.1. A transmissão de novos valores sociais

Segundo a sociologia educativa (Bernstein, 1975), pode-se dizer que foi, nas classes médias profissionais, que se criaram os valores sociais que caracterizam as sociedades atuais. Sua extensão aos livros infantis levou os autores a se separarem das correntes realistas e dos valores cívicos que haviam predominado no mundo depois da Segunda Guerra Mundial.

A sociedade pós-industrial, com um funcionamento mais baseado na gestão dos conflitos intra e interpessoais, e não na luta externa pelas condições de vida, passou a valorizar a capacidade de verbalizar os problemas, a negociação moral, a adaptação pessoal às modificações externas, a flexibilização das hierarquias, a autoridade consensual, a imaginação e a anulação de determinadas fronteiras entre o mundo infantil e o adulto. Os livros infantis se encheram de humor e de fantasia, de personagens ociosos, ternos e absurdos, mas enfrentando também a ambiguidade dos sentimentos, a complexidade dos conflitos e as mudanças de perspectivas. Uma constelação de novos valores, o triunfo da fantasia e a ampliação dos temas tratados são três traços distintivos da literatura infantil e juvenil na atualidade.

A mãe adotiva de *Konrad, el niño que salió de una lata de conservas,* de Christine Nöstlinger, é um exemplo bem representativo da afirmação de um novo modo de ser, longe das sensatas e convencionais histórias anteriores.

> A senhora Bartolotti entrou no banheiro. Queria tomar um banho bem quente. O problema era que na banheira nadavam os peixes dourados. Eram sete dourados pequenos e quatro grandes, e a senhora Bartolotti os havia tirado no dia anterior do aquário e os colocado

na banheira porque pensava que os peixes necessitavam de uma mudança de água. Todo indivíduo, pensou a senhora Bartolotti, tira suas férias e sai em viagem. Somente os pobres dourados passam o ano dando voltas e voltas em seu aquário redondo.

A senhora Bartolotti decidiu contentar-se com uma ducha bem quente. (Tinha um chuveiro fechado no banheiro). Desgraçadamente, a porta da cabine do chuveiro não fechava bem. Na realidade, não é que não fechasse, mas sim não abria, porque a senhora Bartolotti havia estendido uma corda que cruzava quatro vezes o banheiro da janela até a ducha, para estender seu suéter de lã. E na pia estavam uma calça jeans e o suéter, os quais ela ainda não tinha lavado.

— Pois te lavarás a seco agora mesmo, criatura — disse à sua imagem no espelho e pegou um pouco de algodão e um frasco grande do armário do banheiro.

Derramou um pouco do líquido rosa no algodão e esfregou bem o rosto. O algodão ficou multicor: rosa da maquiagem, vermelho do batom, negro do rímel, marrom do lápis dos olhos, verde da sombra das pálpebras e azul-marinho do delineador.

— Ficou ótimo — disse a senhora Bartolotti ao ver o algodão, e o jogou na lata de lixo, debaixo da pia.

Depois tirou vários tubos, frascos e lápis do armário e pintou de novo o rosto de rosa, vermelho, negro, marrom, verde e azul-marinho. Descobriu, assim, que o frasquinho do rímel estava quase vazio, então escreveu com o batom nos azulejos da parede do banheiro:

COMPRAR RÍMEL!

Depois, com a esponja de banho, apagou dos azulejos COMPRAR PAPEL HIGIÊNICO, escrito igualmente com batom, porque já o havia comprado no dia anterior.

Antes de sair do banheiro a senhora Bartolotti olhou-se no espelho da pia para verificar se seu aspecto era juvenil ou não. Ou seja, que tinha dias jovens e dias velhos. Esse dia a senhora Bartolotti tinha um dia jovem. Ficou feliz com seu rosto.

A reivindicação da fantasia tornou-se parte essencial dos novos pressupostos educativos. Sua defesa pode ser encontrada explicitamente em muitas obras dos anos 1970, o que traduz a consciência dos autores de estar quebrando os modelos que imperavam nos livros infantis até esse período. Em *Dolor de rosa*, Josep Albanell descreve o encontro de um autor infantil com a Senhora Realidade, que lhe censura os lances pedagógicos anteriores, os quais o autor opõe à nascente convicção do poder educativo da fantasia, posto que esta não é concebida como uma via escapista ou um entretenimento vazio, senão como uma nova forma de interrogar, de "constituir", diz o autor, a realidade:

> Agarrei os pedaços de realidade que tinha tirado de mim e comecei a amassá-los lentamente com as mãos. A mulher ficou me olhando com os olhos fixos. Pelo visto não tinha percebido que a realidade com que eu trabalhava era maleável como a argila e que, como a argila, devia ser umedecida com um pouco de imaginação.
> Assim, pois, amassei aqueles pedaços de realidade e os transformei em um unicórnio voador.

A fantasia se associou à própria função literária dos livros infantis, de maneira que o predomínio realista anterior chegou a desqualificar-se como uma forma da ficção ligada ao propósito didático. É o que nos diz em um título tão emblemático das novas correntes como *La historia interminable*, de Michael Ende.

> Não gostava de livros em que, com mau humor e de forma avinagrada, contavam-se acontecimentos totalmente normais da vida totalmente normal, de personagens totalmente normais. Disso já havia bastante na realidade e por que se tinha que ler mais ainda sobre isso? Por outro lado, dava cem patadas quando percebia que lhe queriam convencer de alguma coisa. E na classe de leitura, mais ou menos claramente, sempre queriam convencer alguém de algo (27-28).

De modo absolutamente coerente com as novas propostas educativas, pois, a imaginação passou a ser considerada como um dos valores pessoais mais importantes. Para justificá-la já não havia uma argumentação defensiva – a de sua inocuidade –, senão que, justamente, proclamava-se sua grande virtude educativa; juntava-se assim ao discurso psicanalítico sobre os contos populares surgidos durante esta mesma época.

A mudança de valores supôs também ir além do considerado habitualmente "para crianças", incorporando temas não tratados até então na literatura infantil e juvenil. Considerou-se que os meninos e meninas deviam ser educados na complexidade da vida e já não se postulou a existência de um caminho pré-fixado de normas para resolver problemas claramente graduados desde a infância até a adolescência. Constatou-se também que a televisão anulava as fronteiras entre o que podia parecer próprio para as crianças e o que parecia próprio para os adultos, ao que se somaram rapidamente a extensão dos meios audiovisuais e, recentemente, da ficção digital, amplamente consumidos pelos menores. Os autores dos livros infantis abordaram então todos os temas tradicionalmente silenciados pelos adultos para salvar a mitificação da inocência infantil. Juan Farias o explicita no prólogo de *Años difíciles*: "Assim que o autor, Juan Farias, tomou a decisão de explicar às crianças que há guerras e morte".

E o mesmo faz Peter Härtling, no prólogo de *Ben quiere a Ana*:

> Às vezes os adultos dizem às crianças: "Vocês não têm idade para saber o que é o amor. É preciso ser mais velho para sabê-lo".
> Isso significa que esqueceram muitas coisas, não têm vontade de falar com vocês ou se fazem de bobos.
> Eu me lembro perfeitamente de como me apaixonei pela primeira vez, aos sete anos. Ela se chamava Úrsula. Não é a Ana deste livro. Mas ao falar de Ana penso também em Úrsula (5).

A ampliação se estendeu também a uma maior permissividade nos temas que eram considerados não apropriados por ferir as normas de urbanidade. Uma rápida olhada aos títulos importantes da época permite constatá-lo facilmente: *El libro peludo, Insultos, ¡Qué asco de bichos!, El estornudo, ¡Quiero hacer pis!, El arte de la baci, ¿Quén saca las cacas del perro?, Un libro apestoso* etc.

Mas, além da anulação das proibições implícitas, os novos temas da literatura infantil supunham especialmente um convite ao leitor para que considerasse o conflito como uma parte inevitável da própria vida. E, assim, o tema de enfrentar a dor tomou corpo em suas formas mais variadas: as doenças, a morte, o maltrato escolar, as mazelas etc.

A forma de tratar estes temas fica muito diferente segundo a proposta moral pela qual são abordados. Uma característica das sociedades atuais é a coexistência e a pluralidade dos discursos morais e, portanto, a inexistência de uma visão global que dê resposta inequívoca à necessidade de encontrar um modo correto de comportar-se. De forma gráfica, pode-se dizer que se substituiu uma bússola moral, que marca sempre o caminho correto pré-fixado, pelo uso de um radar que valoriza todos os aspectos implicados em cada ocasião.

Durante os anos 1970, o desafio consistiu, antes de tudo, em defender, precisamente, a inexistência de modelos externos bem delimitados. A proposta ideológica dos livros infantis se dirigiu a reivindicar combativamente uma atitude vitalista que acentuava o direito individual à liberdade e ao prazer, em contraposição ao ser submetido e resignado às hierarquias e convenções sociais. A luta contra a discriminação de raça ou gênero, a defesa da própria maneira de ser ou a busca por relações tolerantes e pacíficas se plasmaram em uma literatura progressista e militante que, em alguns casos, se identificou com a etiqueta de "literatura antiautoritária".

A obra *Sécame los platos!*, de K. Baumann, publicada em 1977 (1982 na Espanha), é um exemplo evidente desta atitude. Um pai se dispõe a lavar os pratos e ordena a seu filho que os enxugue. O menino se nega e começa uma discussão com o adulto:

> — Jáaaaa, jáaaaaa, o garoto não tem nenhuma vontade — disse o pai muito lentamente e em tom sossegado. — Mas já sabe o que vai acontecer se não me ajudar, não é?
> Miche riu.
> — Nada, não pode fazer-me nada em absoluto — respondeu-lhe. E, em seguida, pôs-se a brincar na cozinha com ar insolente, ao mesmo tempo que cantava:
>
>> Papai se faz de forte
>> e não sei por que razão, com seus braços tão finos,
>> tão agitados e fracos,
>> ele pretende ameaçar-me,
>> e crê que vai impressionar-me;
>> se quiser pode tentar:
>> mas de mim não vai ganhar.

A ideia de força discorre por meio de formas humorísticas e imaginativas, até que finalmente o pai se dá por vencido e resolve ele mesmo executar a tarefa. O menino, então, oferece sua ajuda, já que contar com ela "é o lógico"! A denúncia das formas imperativas, o desenvolvimento do conflito por meio da competência imaginativa, a cumplicidade e inclusive a falta de "respeito" convencional entre pai e filho, presentes neste álbum, se inscrevem claramente ao tom da corrente antiautoritária que produzirá também a inversão dos papéis tradicionais dos personagens como método de denúncia no campo do pacifismo ou sexismo, tal como antes foi assinalado.

Dicotomias sobre as mudanças de valores entre a etapa anterior e a posterior aos anos 1970

Sentido da vida como serviço, proveito ou preparação para o futuro	Sentido da vida como prazer
Modelos sociais mais uniformizados e intolerantes, nos quais se podem localizar atitudes sexistas ou até mesmo racistas	Direito às diferenças individuais (raça, gênero, atitudes, imagem corporal etc.)
Mundo sial marcado pelo progresso industrial e a agressividade social	Atitude harmoniosa com o entorno assimilável e a ideia de pacifismo e de ecologia
Proposta de adequação pessoal a uma "bússola" moral que permita distinguir a clara divisão existente entre o bem e o mal	Proposta de formação de um "radar" pessoal de atuação como resposta à inibição ou pluralidade das normas morais imperantes nas sociedades atuais
Definição de conflitos externos, com causas bem detectáveis e resolução nitidamente determinada	Aceitação da complexidade dos conflitos que, com frequência, têm causas internas, não unívocas e de difícil ou impossível solução

Resolução dos conflitos por meio da repressão ou do desaparecimento do problema	Superação dos conflitos por meio da verbalização, do humor, da imaginação e do efeito compartilhado
Comportamentos claros e bem diferenciados	Aceitação da ambiguidade dos sentimentos e das condutas humanas
Estabelecimento de hierarquias bem delimitadas	Criatividade e autonomia pessoais
Descrição do mundo infantil e adulto como duas esferas hierarquizadas e separadas entre si	Estabelecimento de relações de cumplicidade e comunicação entre meninas, meninas e adultos
Convenções sociais muito marcadas, restritivas e invioláveis em sua definição	Admissão de margens mais amplas para a ruptura das normas (desordem, sociedade, mau gosto etc.)

Novos valores

Cole, Babette: *El libro apestoso*. México: Fondo de Cultura Econômica.*
Ende, Michael: *Momo*. Madrid: Alfaguara.***
Farias, Juan: *Años difíciles*. Valladolid: Miñón.**
Leonni, Leo: *Frederick*. Pontevedra: Kalandraka.*
Nöstlinger, Christian: *Konrad o el niño que salió de uma lata de conservas*. Madrid: Alfaguara.***

4.1.1. A evolução dos valores na sociedade global

Nos últimos tempos, as sociedades pós-industriais evoluíram em direção a um sistema globalizado. Produziram-se novas formas de partilha e exercício do poder político e econômico (com a incidência de diversos fenômenos, como a extensão multinacional das empresas e o terrorismo de novo tipo); aceleraram-se as mudanças tecnológicas; aumentou-se o tempo produtivo, de modo que o trabalho tornou-se cada vez mais absorvente, e exacerbou-se a oferta do ócio, cada vez mais centrada no consumo de bens. As mudanças sociais recentes foram de tal forma e se produziram em tal velocidade que a percepção social *dos valores* parece passar por uma fase de insegurança, para o que contribui também a exploração da individualidade e a desagregação do indivíduo que presidiu a reflexão cultural do século XX e que impregna todas as formas artísticas atuais.

Ante esta situação, o discurso adulto transmitido pelos livros traduz um desejo de proteção infantil que aflora uma carta nostálgica pela tradição, assim como pela necessidade de preservar o tempo e o espaço próprio da infância no que se poderia qualificar de um novo tipo de *casa das crianças*, entendida agora como refúgio diante da insegurança atual. Em consonância com esta situação, a produção atual se encontra presidida pelo retorno de obras e formas que provaram sua eficácia no passado: as reedições de títulos clássicos, de modo que, por exemplo, podemos colocar em fila a aparição de *Los niños del agua, Los niños de las raices, Los niños del bosque* e *El huevo del sol* para submergimos no mundo ensolarado da natureza nórdica criado há mais de cem anos; o uso da literatura folclórica e de mitos iniciáticos; uma grande frequência da alusão intertextual a obras bem conhecidas e, inclusive, o predomínio de uma grande qualidade material da edição que reforça a imagem de "valor duradouro".

A imaginação, o humor, a atividade, a autonomia pessoal e o diálogo que inauguraram esta etapa continuam estando presentes, mas a literatura infantil de qualidade insiste agora em formas de vidas mais intimistas e tranquilas que encheram os livros de luas e sonhos, assim como na coesão afetiva da família ou do grupo como reação ante a evidência da solidão infantil diante das telas, a absorção do tempo em uma voracidade de atividade produtiva, o individualismo competitivo ou o consumo compulsivo.

Editar e reeditar as obras clássicas

Calders, Pere: *Raspall*. Il. Carme Solé Vendrell. Barcelona: Mars (Cepillo).**

Saki: *El contador de cuentos*. Il. Alba Marina Rivera. Barcelona: Ekaré.**
Kingsley, Charles; Fot. Zena Holloway: *Los niños del agua*. Il. Heidi Taylor. México: Océano.**
Coleção dos livros de Zorro Rojo para jovens.
Coleção de fac-símile da CEPLI da Universidade de Castilla-La Mancha.

A relativização dos valores, também dos progressistas, produzida na década de 1990 potencializou o desenvolvimento de diferentes tendências na literatura infantil e juvenil atual:

- Ao abandonar o propósito didático, as obras realistas de temas sociais ou psicológicas evoluíram em direção a uma simples constatação da realidade descrita, o que levou a um grande aumento da dureza com que se refletia o conflito. A crueza do tratamento foi logo assumida por aquelas obras que se propunham a transmitir deliberadamente uma mensagem moral, de maneira que, em todos os casos, pôde aumentar o grau de angústia presente nas obras para crianças.
- A inibição em relação a uma posição moral deixou o campo livre às leis do mercado na configuração dos livros infantis e juvenis:
  - Os recursos humorísticos e fantásticos deixaram de colocar-se a serviço dos novos valores para prolongarem-se despreocupadamente em um jogo literário de entretenimento e diversão no qual proliferaram múltiplas experimentações formais, algumas de grande qualidade e outras simplesmente a serviço do consumo.
  - Recuperaram-se gêneros que haviam sido combatidos no início desta época, como os livros para meninas (a chamada *chick lit*), que reproduzem uma divisão sexista da produção editorial.
  - Proliferaram séries de qualidade escassa, mas de grande êxito comercial; apareceram livros combinados com audiovisuais, jogos digitais, sites na rede e todo um conglomerado de produtos de venda a partir de novas estratégias comerciais.
  - Surgiu um novo tipo de livros a meio caminho entre a narrativa e a informação, com fórmulas de autoajuda e grandes doses de humor

que mantêm interesses específicos da idade e vontade educativa, como *El diario rojo de Carlota,* de Gemma Lienas, ou *Diário de um adolescente hipocondríaco,* de Ann McPherson e Aidan Macfarlane, com suas respectivas variantes.

- ◆ A impossibilidade de refugiar-se em um discurso moral "forte" criou a consciência social de que é urgente armar sentimental e emotivamente a infância, desprotegida agora de segurança afetiva e de sentido de pertencimento. Trataria-se de obter a capacidade de enfrentar-se a solidão produzida pelas formas atuais de vida, assim como o fracasso das experiências geradas pela exaltação do êxito e do consumo. Sob este enfoque, a produção editorial desenvolve uma verdadeira "educação sentimental" para crianças como tema muito destacado na mudança do século. Nesta tendência, a presença de sentimentos pouco tocados até agora, como o amor infantil ou os sentimentos negativos (tristeza, depressão etc.), produziram um novo tipo de ruptura de tabus temáticos na literatura dirigida às crianças de que são exemplos *El árbol rojo,* de Shaun Tan, *El libro triste,* de Michael Rosen e Quentin Blake, *El ultimo refugio,* de Roberto Innocenti etc.

Tendências atuais

Gaiman, Neil: *Coraline.* Barcelona: Salamandra.***
Herbauts, Anne: *La luna.* Madrid: Kókinos.*
Lechermeier, Philippe: *Princesas olvidadas o desconocidas.* Il. Rébecca Dautreme. Zaragoza: Edelvives.**
Sierra Fabra, Jordi: *Kafka y la muñeca viajera.* Madrid: Siruela.***
Tan, Shaun: *El árbol rojo.* Barcelona: Barbara Fiore.***

4.2. O reflexo das sociedades pós-industriais

A literatura infantil e juvenil modernizou também sua representação do mundo. A descrição e interpretação literária de um tipo de vida própria das novas sociedades de consumo, urbanas, com grandes fluxos migratórios ou com famílias de apenas um parente verdadeiro, realizou-se a partir dos valores assinalados e levou à aparição de uma parte das novas temáticas. A irrupção destes temas configurou, em parte, uma literatura realista de novo tipo. Nela destacam-se especialmente quatro das preocupações sociais surgidas durante a década de 1980: mudanças sociológicas, como a incorporação social da mulher (tema que já tratamos anteriormente) ou as novas formas familiares; a crítica a diferentes aspectos do desenvolvimento das sociedades atuais; constituição de sociedade multicultural e a necessidade de preservar a memória histórica. Os trechos seguintes tratam destas quatro questões.

4.2.1. As mudanças sociológicas: a família

A descrição familiar é exemplo típico da mudança produzida na descrição da sociedade atual. Desde que começaram a publicar livros para meninos e meninas, a família tem sido um cenário habitual no qual se situam as aventuras dos protagonistas infantis. Em primeiro lugar, porque a sociedade se encontra organizada em famílias e é natural que isto se reflita na narrativa literária do mundo. Em segundo lugar, porque busca-se a identificação dos meninos e das meninas com o cenário da ficção, e nada mais fácil que escolher o contexto familiar como reflexo de seu entorno cotidiano real.

A descrição familiar proporcionou, portanto, a imagem "conhecida" a partir da qual se espera que os leitores ampliem seu conhecimento sobre as relações humanas, o cenário onde os conflitos, as condutas e os sentimentos podem ser descritos de maneira mais simplificada, coerente e compreensível que a que se percebe na complexidade da vida real. Cabe assinalar, além disso, que a literatura infantil e juvenil atual intensificou enormemente sua aposta numa ficção em que se possam identificar seus destinatários, de maneira que o contexto familiar se tornou onipresente.

O retrato familiar se distanciou, logicamente, das grandes famílias agrárias presentes no folclore ou nos livros clássicos, para passar a descrever uma família urbana e nuclear, composta pelos pais e um ou dois filhos. Esta drástica redução familiar se acentuou recentemente com a entrada na ficção de famílias constituídas por apenas um parente verdadeiro: mães solteiras ou pais e mães divorciados. Também se está ampliando o aspecto familiar com o tema das adoções e começou-se timidamente a convivência entre as novas famílias formadas após um divórcio ou a existência de pares homossexuais. A literatura infantil trata estas situações numa perspectiva progressista, encaminhando-se a oferecer aos leitores meios de compreensão e aceitação destes modos de vida.

Por outro lado, a literatura infantil oferecia tradicionalmente um modelo de relações humanas "entre iguais" por meio da descrição das relações fraternas. Mas, em nossa sociedade, essa aprendizagem deslocou-se em grande parte para o âmbito escolar e, por isso, os irmãos aparecem apenas como protagonistas conjuntos das narrativas. Quando isso ocorre, é, sobretudo, porque se quer refletir sobre as tensões afetivas provocadas por suas rivalidades: ciúmes pela chegada de um competidor no pequeno mundo urbano do protagonista ou ciúmes por seu lugar no conjunto da família. Nos poucos casos nos quais o conflito é exterior, os irmãos formam o "grupo protagonista" e tendem a utilizar-se para expressar a admiração em relação aos mais velhos ou a proteção em relação aos menores.

É bem sabido que os avós foram figuras muito presentes nas narrativas infantis. Esta figura permitia utilizar personagens adultos que, livre das obrigações educativas, podiam estabelecer relações de cumplicidade com os meninos e meninas, em um ponto justo de equilíbrio para ajudá-los em suas aventuras sem restringir sua iniciativa. Mas, nas obras atuais, os avós – e, sobretudo, as avós – mostram um caráter mais empreendedor que nas obras anteriores. Isso se deve ao fato de que a mudança de caráter atribuído às mulheres alcança também as anciãs e, principalmente, que o prolongamento da esperança de vida em nossa sociedade faz que os avós possam ainda trabalhar, ter uma vida independente e, inclusive, apaixonar-se de novo. Em qualquer caso, as avós já não se limitam a contar histórias ou a servir de refúgio para os netos enquanto preparam bolos; nem os avôs sejam unicamente a voz da experiência e da memória. *Las brujas*, de Roald Dahl, nos oferece um bom exemplo de avó poderosa e empreendedora, embora também muito consciente de que esteja próxima de seu fim. Com a mudança do século, e em consonância com o rumo intimista que o preside, este último aspecto passou a ser levado muito em conta, de modo que a figura dos avós assumiu o papel de mostrar às crianças as doenças e a dor da velhice, a doença e a morte em muitas obras, tais como, *Un pasito y outro pasito,* de Tomie di Paola.

A redução da família e a possibilidade de os pais compartilharem o mundo dos filhos colocou à margem uma figura muito querida da ficção infantil anterior: a dos tios solteiros. O papel de ruptura do cotidiano e das convenções que supunha a irrupção na plácida vida familiar de tios exploradores ou inventores, ou ainda de tios excêntricos que viviam de seus próprios meios, deixou de ter sentido em uma vida familiar em que a transgressão já não tem motivo para chegar do exterior por meio dos familiares secundários das boas famílias burguesas.

As histórias familiares tradicionais não apenas assinalavam a função de cada um no seio da família, mas enfatizavam a harmonia e a união diante das adversidades exteriores, como ocorria em *Mujercitas* em relação com a guerra e a pobreza ou, em um título mais moderno, *Cuando Hitler robo el conejo rosa,* de Judith Kert, em relação à Segunda Guerra Mundial. Mas, nesta etapa, o olhar deu uma volta, contemplando agora o interior do âmbito familiar. Muitos autores jogaram a favor dos adultos retratando-os com todas as cartas do baralho na mão, próximos, condescendentes, encantadores, um retrato ideal do que os pais desejariam ser. Mas, na realidade, se as fronteiras entre ambos os mundos se esfumaçavam, os adultos podiam ficar tão desorientados quanto as crianças. Assim que, um pouco mais adiante, questionou-se acidamente sua conduta: mães neuróticas e superprotetoras, pais irresponsáveis, adultos que não oferecem proteção, mas a necessitam para si mesmos por causa de doenças, alcoolismo ou depressão, situações de violência familiar ou de incomunicabilidade pessoal etc. Só com a mudança de século, a problematização do âmbito familiar diminuiu quantitativamente ao eleger-se este contexto como refúgio para as tensões vitais dos pequenos protagonistas, tal como se pode ver em *Vamos a cazar um oso!* e tantas outras obras atuais.

A família nos livros

Pomes Leiz, Juliet: *Simón*. Barcelona: Tusquets.*
Isol: *Secreto de familia*. México: Fondo de Cultura Económica.*
Mckay, Hilary: *El ángel de Zafri*. Alzira: Algar.**
Rosen, Michael: *Vamos a cazar un oso*. Il. H. Oxembury. Caracas: Ekaré.*
Paola, Tomie de: *Un pasito y outro pasito*. Caracas: Ekaré.*

4.2.2. A crítica social

Os valores da liberdade, tolerância ou defesa de uma vida individual prazerosa fazem com que a literatura infantil e juvenil se dirija a enfrentar qualquer forma de poder autoritário; a denunciar as formas de alienação e exploração da sociedade industrial moderna; a reivindicar tanto a vida rural quanto aquela própria de culturas não industriais, como a harmonia com a natureza, e a defender os setores socialmente débeis ou diferentes (pessoas imigrantes, exploradas ou de raças minoritárias). As formas de vidas geradas pela sociedade são amplamente rechaçadas por causa dos problemas de agressão que terminam em uma tríplice direção: agressão a seus próprios cidadãos alienados, explorados ou oprimidos, à natureza arrasada e a outras raças ou culturas aniquiladas.

Trata-se, pois, da defesa daquilo que já existe e que deve ser preservado do devastador desenvolvimento industrial. Porém, a contraposição não se estabelece, estritamente, entre natureza e civilização, já que a literatura atual parece especialmente sensível aos valores culturais e artísticos existentes nas sociedades desenvolvidas. Os livros infantis enfatizam, precisamente, a passagem deste legado cultural às novas gerações. Assim, portanto, o que se oferece de positivo não é unicamente a natureza, mas a construção humana, sempre, isso sim, que seja respeitosa com o entorno. Ele compreende tanto a paisagem virgem como outras culturas a possibilidade de uma cidade habitável, um crescimento sustentável ou o direito de desfrutar de um tempo de ócio.

Esta situação geral evoluiu ao longo das décadas. No início da etapa procedeu-se a uma defesa de valores genéricos – a liberdade, a democracia – que frequentemente podia caracterizar-se como denúncia "de mínimos" em termos democráticos; ou seja, uma crítica realizada do exterior da esfera pública, basicamente desde uma fruição passiva do estado de bem-estar, limitando-se a reivindicar tempo livre, relações pessoais e formas de vida imaginativas. E só se apelava à mobilização social para denunciar a vulnerabilidade democrática quando esta se produzia. Inclusive podia-se apreciar uma certa apreensão quanto a qualquer forma de poder, posto que a democracia se defendia de forma genérica, enquanto que os políticos ou outros responsáveis sociais eram amplamente insultados. Da mesma forma, o mundo do trabalho ou da intervenção social só se relacionava positivamente quando era preciso recorrer a eles como instrumento de defesa ante os excessos do poder político ou econômico. A encarnação dos adversários dos livros infantis na figura masculina de empresários e outros profissionais do poder político e econômico foi um exemplo bem representativo da imagem de uma organização social sob suspeita fomentada nos livros infantis e juvenis. Os "homens cinzentos" de *Momo*, com seu aparato de executivo, lograram uma potente imagem para esta representação.

Mas logo se procederam à descrição dos novos problemas concretos surgidos no interior das sociedades modernas: a delinquência urbana, a vida nos subúrbios, as drogas, a falta de proteção social etc. Estes temas serão renovados com o desenvolvimento da sociedade globalizada a partir de uma nova consciência internacional: a escravidão infantil, o papel das ONGs, os campos de refugiados, a sustentabilidade do modelo de desenvolvimento etc.

A descrição realista de todos estes temas denominou-se *realismo crítico*. A dureza de algumas das obras que seguiram esta corrente provocou polêmicas entre os mediadores sobre a convivência de controlar o grau de angústia e desesperança das obras, tal como se assinalou no trecho anterior. Este enfoque de impacto derivou-se, em parte, da necessidade de ganhar-se o público juvenil com narrativas intensas. Embora também se possa pensar que o auge dos valores individuais, com um discurso ideológico deficitário em relação à defesa dos progressos sociais, favorecia que as obras que pretendiam denunciar a situação se limitaram frequentemente a mostrar o problema com dureza, sem saber muito bem que alternativa oferecer. No entanto, com a inovação temática proveniente da consciência de um mundo globalizado, a cumplicidade na busca de formas de intervenção parece ter aumentado rapidamente nos últimos anos, tal como se pode ver na Espanha nas obras de Gonzalo Moure, Ricardo Gómez ou Jordi Sierra i Fabra.

A crítica às sociedades pós-industriais

Alonso, Fernando: *El homebrecito vestido de gris*. Il. Ulises Wensell. Madrid: Alfaguara.**
Gómes, Ricardo: *7 x 7 cuentos crudos. Aunque éste no sea un buen sitio para nacer*. Il. Juan Tamón Alonso. Madrid: SM.***
Hinton, Susan: *Rebeldes*. Madris: Alfaguara.***
Kurusa: *La calle es libre*. Il. Monika Doppert: Caracas: Ekaré.**
Müller, Jörg: *El soldadito de plomo*. Salamanca: Lóguez.**

4.2.3. A multiculturalidade

Desde a Segunda Guerra Mundial, estimular o conhecimento e o respeito pelas demais raças e culturas tem sido um valor primordial da literatura infantil e juvenil. Já que a experiência literária permite identificar-se com personagens e contextos diferentes, sempre se confiou no valor educativo desta mudança de perspectiva para o conhecimento entre os povos. Da perspectiva social, o "outro" com quem identificar-se durante as décadas de 1950 e 1960 foram especialmente os judeus em uma literatura europeia impressionada pelo holocausto nazista, ou os negros, na literatura norte-americana imersa na luta contra o *apartheid*.

Durante as décadas de 1970 e 1980, o olhar europeu sobre as outras culturas se dirigiu às distantes fronteiras. Foram os povos colonizados em luta por sua independência ou as culturas ameaçadas pelo modelo pós-industrial que despertaram o interesse dos autores: os inuits, as comunidades indígenas da América do Sul, as reservas indígenas da América do Norte ou os imaginários habitantes das ilhas oceânicas. As culturas invocadas foram vistas, na realidade, de um ponto de vista eurocêntrico. Foram utilizadas para criticar a própria sociedade pós-industrial: ou bem contrastando suas formas de vida "não contaminadas", ou bem denunciando a agressão da qual são vítimas. Estas culturas encarnaram, de fato, a utopia rural ou orientalista da harmonia perdida com a natureza ou a magia e se ofereceram como um material literário propício para satisfazer o desejo de exotismo no quadro da aventura.

No entanto, durante a década de 1990 e com a mudança do século, a multiculturalidade emergiu como um fenômeno interno das sociedades ocidentais devido aos intensos fluxos migratórios provocados pelas desigualdades entre o primeiro e o terceiro mundo. Trata-se, precisamente, de um dos fenômenos mais característicos das sociedades atuais a uma nova concepção do tecido social. É assim, portanto, que as literaturas das zonas de imigração europeia estão introduzindo novos temas sobre a necessidade de tolerância, negociação e integração intercultural, com um grau crescente de complexidade em seu tratamento. Os problemas da imigração asiática na Inglaterra, da turca ou da Leste Europeu na Alemanha, da árabe e da norte-africana na França ou na Espanha etc. serão tratados em um conjunto de obras que cresce conforme a realidade e a sensibilidade social pelo tema. As seleções bibliográficas e os guias de leitura elaborados por várias instâncias bibliotecárias e educativas dão razão à força com que este tema surgiu nos livros infantis e juvenis, e inclusive algumas ONGs, como a Intermón, têm uma excelente coleção editorial sobre isso.

Certamente, o tema começou a aumentar também na perspectiva das próprias minorias emigradas ou na dos países em vias de desenvolvimento à medida que alcançam um certo grau de potência editorial. O interesse por ceder-lhes a palavra nos países em que chegaram traduziu-se na publicação de lendas do folclore e contos de todas as partes do mundo, assim como uma incipiente iniciativa de coleções com textos bilíngues ou trilíngues para fomentar a acolhida das crianças imigrantes, como no caso de "Minarete", de La Galera. Também aumentou a tradução ou difusão de obras de autores desses países sobre os problemas de sua realidade social, embora as leis de mercado limitem, em grande medida, este fluxo e a perspectiva adotada se mantenham majoritariamente na intenção de compreensão por parte dos países aonde chegam. No entanto, cabe assinalar que, no caso da América Latina, as editoras espanholas interessadas nesse mercado estão dando lugar a uma certa acolhida de suas próprias obras na Espanha.

Imigração e outras culturas

Francotte, Pascale: *Lejos de mi país*. Barcelona: La Galera.*
Moure, Gonzalo: *Palabras de Caramelo*. Madrid: Anaya.**
Recorvits, Helen: *Me llamo Yoon*. Il. Gabi Swiatkowska. Barcelona: Juventud.*
Sellier, Marie: *África, pequeño Chaka*. Zaragoza: Edelvives.**
Tan, Shaun: *Emigrantes*. Barcelona: Barbara Fiore.***
Zubizarreta, Patxi: *Sola y Sincola*. Il. Noemí Villamuza. Madrid: Edelvives.**
Zweig, Stefanie: *Corazón Kikuyo*. Zaragoza: Edelvives.***

4.2.4. A memória histórica

Um tipo especial de reflexo social refere-se, não ao que a sociedade é nesse momento, mas sim à lembrança do passado que se deseja passar às jovens gerações. Este propósito está explícito no conto *La piedra arde*, de Eduardo Galeano. Nele, um menino conhece um velho cheio de cicatrizes. São marcas das torturas a que foi submetido pela ditadura de seu país. Uma pedra mágica pode curá-lo, mas o velho renuncia a ela para manter viva em todos a recordação do acontecido.

Que se selecione um tipo ou outro de acontecimentos depende das características de cada sociedade e, neste sentido, a ficção supõe também o reflexo, as representações e os valores sociais de cada época. Assim, por exemplo, a proliferação de obras folclóricas no período de recuperação democrática da Espanha obedeceu, por um lado, à importância outorgada à fantasia, mas, por outro, à consciência da recuperação de um legado histórico a ponto de perder-se nas sociedades industrializadas e à vontade de perpetuar as raízes próprias por parte das culturas que o franquismo havia tentado homogeneizar.

No entanto, o gênero da passagem de memória histórica é, por excelência, a narrativa histórica. Este gênero dirige-se principalmente aos adolescentes por causa da fraca noção de tempo durante a infância.

Uma das temáticas de maior continuidade neste campo tem sido a da memória da Segunda Guerra Mundial. O incômodo do colaboracionismo francês, a resistência italiana, os democratas alemães perseguidos e, sobretudo, a perseguição aos judeus constituíram todas as caras de uma mesma intenção de passar a reflexão moral sobre este conflito às jovens gerações por parte de um continente ainda convalescente disso em seu pensamento. Mas também se agrupam nesta tendência outras recuperações da memória histórica, como a voz indígena na colonização do oeste norte-americano na América Ibérica.

Como na narrativa popular, a narrativa histórica juvenil tende a acrescentar ao relato uma função educativa que o leva frequentemente a reinterpretar o passado, inclusive distorcendo a documentação histórica. Mais que o conhecimento estrito das coordenadas do que aconteceu, o que interessa à novela juvenil é selecionar aqueles momentos históricos que sirvam para interiorizar valores no futuro. Por isso, em todos os países, a narrativa histórica manteve eixos narrativos sobre a conscientização dos custos das guerras, a exaltação da luta humana pela liberdade e a tolerância e a advertência sobre erros sociais recentes. Assim, desde a Segunda Guerra Mundial, a narrativa histórica não se desenvolveu a partir da exaltação de heróis concretos, nem muito menos sobre o louvor de façanhas bélicas ou de conquistas. Pelo contrário, dirigiu-se a utilizar protagonistas anônimos para descreverem um período com projeção atual ou denunciar a história oficial dando voz aos povos historicamente oprimidos.

Este enfoque teve sua exceção na literatura infantil preconizada pela ditadura na Espanha. Mas, já na década de 1960, ainda sob o franquismo, a literatura catalã utilizou-o para narrar a história da Catalunha, silenciada nas escolas, o que configurou uma boa parte da coleção *Los grumetes* de La

Galera e ofereceu obras já clássicas como *L'ocell de foc,* de Emili Teixidor. Depois do restabelecimento democrático, este tratamento do gênero se encontra também em muitas obras espanholas de autores conhecidos, como Concha López Narváez, José María Merino, Isabel Molina etc.

A literatura em língua castelhana a partir da década de 1980 oferece também outro exemplo de como a novela histórica reflete a memória de contextos concretos: o abandono do mundo agrário. São obras em que os autores se despedem de sua própria infância rural em uma ficção que funde a alegria por um mundo perdido, com o retrato de duras condições de vida. Longe da artificialidade que se observa frequentemente na literatura desta década, quando se aborda a denúncia das sociedades urbanas (com seu corolário de drogas, delinquência, rupturas familiares etc.), como se a literatura infantil e juvenil falasse ainda que por sussurros, o retrato rural da pobreza emerge de forma inevitável, como se, ao descrever um mundo que se viu mudar e quase sem se propor a isso, os autores outorgassem uma voz autêntica a uma realidade silenciada até então nos livros infantis. Depois desta fase, as obras descreveram, cada vez com maior naturalidade, uma sociedade que se tornava mais global e multicultural.

Até pouco tempo, o tema Guerra Civil na Espanha ou a situação repressiva sob a ditadura se mantiveram praticamente ausentes nesta descrição. Apenas alguns autores como Farias, Puente e Lalana e poucos mais trataram estes temas antes da década de 1990. Provavelmente, o modo como correu a transição democrática na Espanha levou a pôr um véu sobre o passado imediato e apenas recentemente surgiu uma certa vontade de educação fundamentada na memória histórica do ocorrido.

Finalmente, a narrativa histórica pode ser utilizada também como cenário de aventuras e estar a serviço, simplesmente, de um desejo de conhecimento cultural. São usos correntes nas recriações históricas para adultos. Nos últimos anos, muitas aventuras juvenis adotaram também o cenário histórico de um modo menos ideológico, como a busca por mundos de ficção propícios à aventura adolescente (como em *La cruz del Dorado,* de César Mallorqui) e também para um público mais amplo que tende a anular as fronteiras estabelecidas pela idade (Colomer, 2008c).

A memória histórica

Atxaga, Bernardo: *Behi euskaldun baten memoraik.* Iruña: Pamiela (*Memorias de una vaca.* Madrid: SM).***
Skameta, Antonio: *La composición.* Il. Alfonso Ruano. Caracas: Ekaré.**
Innocenti, Roberto: *Rosa Blanca.* Salamanca: Lóguez.**
Orlev, Uri: *Una isla entre las ruinas.* Madrid: Alfaguara.***
Rayó, Miquel: *El camí del far.* Barcelona: Edebé (*El camino del faro).***

Temos visto que os valores transmitidos pela literatura infantil e juvenil atual derivam das mudanças produzidas no consenso social sobre as crenças e condutas apropriadas, e também que a descrição social presente nos livros se ajustou ao modo de ser – e de querer ser – das sociedades modernas. Mas a representação social do mundo que deriva destes pontos é inseparável das formas literárias adotadas, da estética subjacente às formas poéticas, dramáticas ou narrativas de mostrar e interpretar a realidade. Se dos trechos anteriores pode-se deduzir uma diminuição da didática na literatura infantil e juvenil e uma atitude mais crítica e liberal que modernizou e ampliou as fronteiras dos temas tratados, as formas literárias correspondentes às novas coordenadas potencializaram a busca do prazer do leitor e diminuíram as fronteiras entre a literatura para crianças e os sistemas artísticos adultos.

Isto é especialmente visível na constituição das seguintes tendências: a narrativa psicológica, a reformulação dos gêneros fantásticos, a literatura pós-moderna e a adaptação de gêneros adultos como a ficção científica e a literatura policial.

4.3. As tendências literárias e artísticas

4.3.1. A *narrativa psicológica*

Os conflitos psicológicos têm uma presença opressora na literatura infantil e juvenil atual. Isto mostra uma mudança notável em uma literatura que se construiu tradicionalmente sobre a aventura externa, o preceito sobre as condutas e a falta de caracterização psicológica dos personagens.

Os temas tratados se diferenciam segundo a idade dos destinatários. Em ambos os extremos da idade, nos livros para primeiros leitores e para adolescentes, abundam os problemas derivados das crises de amadurecimento que são próprias destas idades, enquanto que na fase intermediária, ao contrário, os conflitos derivam da tomada de consciência do mundo exterior. Assim, os problemas dos pequenos protagonistas provêm de seu interior, de sua aprendizagem das normas ou de seu controle de sentimentos próprios, como a raiva, o ciúmes ou o medo. Mais tarde, os conflitos virão da extensão de sua compreensão da ampla gama externa das relações humanas, especialmente das relações familiares. Finalmente, os adolescentes refletirão o efeito do exterior em sua própria conquista de autonomia e definição da personalidade, o início de conflitos de tal tamanho que se chegou a falar de uma "psicoliteratura" como tendência constitutiva da novela juvenil.

Escrever narrativas psicológicas para crianças não foi fácil. Se os conflitos internos se descrevem diretamente e não por meio de representações ou metáforas, por exemplo, a angústia sentida pelo personagem aspira a reproduzir-se na recepção do leitor. Por isso, regular o impacto emocional tem sido um dos problemas literários que teve de enfrentar este tipo de ficção e as principais soluções vieram de recursos como a desdramatização humorística.

Mas este não foi o único problema; outras dificuldades importantes para os autores foram conseguir a verossimilhança da voz narrativa e não perder o controle da mensagem moral. Uma solução habitual na novela psicológica em geral é a de ceder a voz aos protagonistas, usando enormemente a primeira pessoa. Mas, nos primeiros passos da literatura infantil e juvenil, a primeira pessoa só era usada nos relatos em que um adulto recordava os acontecimentos vividos. É o que acontece em *David Copperfield*, de Charles Dickens, por exemplo. Tratava-se de uma voz adulta que projetava retrospectivamente a compreensão adquirida sobre o ocorrido e comunicava à audiência juvenil. Ao contrário, poucos autores se arriscaram a utilizar narradores infantis em suas obras por causa, em primeiro lugar, dos problemas técnicos de verossimilhança que representa o fato de usar uma linguagem adulta na boca de um narrador criança e, em segundo lugar, por causa da dificuldade de contar um processo de amadurecimento antes que se tenha produzido precisamente no personagem a maturidade que permite apreciá-lo como tal. Ou seja, o narrador protagonista devia relatar sua experiência sem ter a capacidade de compreendê-la e, consequentemente, de contá-la.

A literatura infantil e juvenil atual se viu obrigada, portanto, a resolver estas questões. Para a primeira criou vozes infantis autênticas a partir do uso de formas de linguagem características das crianças e adolescentes; isto é, crianças narradoras que falam a crianças leitoras em uma simulação mais ou menos elaborada da linguagem infantil, como na Série *Manolito Gafotas*, de Elvira Lindo.

Para o segundo dilema, a literatura infantil e juvenil atual optou por convidar o leitor a acompanhar o protagonista explorando suas próprias perplexidades e aceitando a incoerência inicial do relato mediante o emprego de formas narrativas muito fragmentadas. *O apanhador no campo de centeio*, do norte-americano Jerome D. Salinger, usou este modo de contar e obteve uma resposta entusiasmada por parte do público adolescente. A vantagem deste recurso é especialmente evidente na novela juvenil, já que a cessão da voz ao protagonista adolescente, algo tão abundante neste gênero, lhe permite separar-se do eco de uma voz adulta que controle, valorize e administre a informação, o que dificultaria enormemente a proximidade de identificação buscada e, até mesmo, poderia motivar uma certa repulsa por parte dos leitores.

Outras formas indiretas de controle sobre o discurso moral ou sobre a coerência narrativa do que é contado nos livros de temática psicológica foram as seguintes:

- Deslocar a opinião sobre o que ocorre com os personagens secundários que se encarregam de oferecer o discurso moral que será finalmente assumido pelo protagonista.
- Fundir a voz de um narrador na terceira pessoa com a consciência do personagem focalizado. Como vimos antes, é um recurso muito

usado nos livros para leitores iniciantes. A maneira como o narrador reproduz os pensamentos do protagonista pode encontrar-se minada, desse modo, de valores implícitos sobre o que o leitor deve pensar ante os conflitos expostos.

- Fazer que o leitor alterne sua identificação com a voz do protagonista-narrador, com uma visão do que na realidade ocorre "por cima" dele; um sentimento de superioridade que lhe permite apreciar o pouco domínio da situação por parte do personagem. Assim, o leitor de *Lo malo de mamá* se identifica com a criança que narra a história, mas também ri-se de sua suposta ignorância por ter uma bruxa como mãe. A ambivalência entre identificação e superioridade, um recurso clássico do humor e da ironia, encontrou aqui um novo campo de expansão.

- Usar um narrador onisciente durante a maior parte da história, mas focalizar repentinamente sobre o protagonista quando se sente a necessidade de valorizar moralmente os feitos, de forma que é uma espécie de voz conjunta a que emite juízos de valor sobre as condutas humanas descritas. É o que faz Christine Nöstlinger, por exemplo, quando salta a reprodução dos diários íntimos de Filo, o protagonista de *Filo entra en acción*, ou Peter Härtling, em *La abuela*, quando cede a palavra aos monólogos interiores da anciã. O narrador se limita, mais ou menos, a contar-nos o que ocorre, e são os personagens em primeira pessoa os que retornam às cenas presenciadas para refletir sobre elas e oferecer-nos uma ponderação moral das condutas por meio de seus pensamentos ou seus escritos.

A variedade de recursos buscada pelos autores para manter o controle moral sobre a narrativa evidencia as dificuldades que teve a novela psicológica para adaptar-se à literatura infantil e juvenil. Por isso, experiências adultas como a de simular que se reproduz realmente o monólogo interior têm muito pouco reflexo nesta literatura, embora haja casos como o conto *Abracadabra*, de Miquel Obiols, em que se apresenta o monólogo febril de um menino, coisa que o leitor não pode deduzir quase até o final do relato.

Narrativas psicológicas

Browne, Antony: *Gorila*. México: Fondo de Cultura Económica.*
Hole, Stian: *El final del verano*. Madri: Kókinos.**
Mankell, Henning: *El secreto del fuego*. Madrid. Siruela.***
Matthews, Andrew: *Escribir en Marciano*. Barcelona: La Galera.***
Reynolds, Peter H.: *El punto*. Barcelona: Serres.*
Solé Vendrell, Carme: *La lluna d'en Joan*. Barcelona: Mars (*La luna de Juan*).**
Towsends, Sue: *El diario secreto de Adrian Mole*. Destino. Barcelona.***

4.3.2. A renovação do folclore e a fantasia moderna

O auge da fantasia na literatura infantil e juvenil atual recebeu inicialmente a influência de diversas variantes do "realismo mágico" surgido na literatura adulta nos anos 1970. A difusão da novela latino-americana ou da obra de autores como Pere Calders ou Álvaro Cunqueiro coincidiu em prestar à literatura infantil uma descrição detalhada e irônica que encaixava com naturalidade a aparição de fenômenos fantásticos para projetar uma nova luz interpretativa sobre a realidade. A literatura para meninos, meninas e adolescentes criou então nova forma de ficção fantástica que pode dividir-se entre a reformulação dos usos tradicionais do folclore, a criação de um tipo de "fantasia moderna" e um novo gênero de "alta fantasia" ou "fantasia épica juvenil".

a) A reformulação dos modelos literários próprios do folclore foi feita alterando seus elementos ou convertendo-os em uma argamassa para a confecção de variantes mais complexas ou mais próximas às modernas correntes literárias:

- *A transgressão*: foram utilizadas estruturas, temas, personagens e motivos da literatura da tradição oral para subverter e desmitificar os valores tradicionais. É o caso já assinalado das versões de *Chapeuzinho Vermelho*.

- *A reutilização*: introduziram nas obras, como retorno histórico, uma grande quantidade de elementos folclóricos, como refrões, adivinhações, romances, personagens fantásticos etc.
- *O motor de gerações*: aludiu-se a personagens, motivos ou esquemas narrativos que se supõe que já são conhecidos pelos meninos e meninas para estabelecer um jogo de versões e espelhos entre as formas tradicionais e as novas. Esses elementos são usados como um andaime para enlaçar com tendências literárias próprias da literatura escrita: a novela psicológica ou o jogo intertextual. Com respeito à primeira, cabe destacar que, quanto mais se concentram as obras em conflitos psicológicos, mais se afastam da dimensão tradicional e do conjunto de elementos folclóricos "por extenso" para passar a usar sua capacidade simbólica "para dentro" a serviço da reflexão introspectiva. Assim, por exemplo, a prisão feminina de *El castillo de las tres murallas*, de Carmen Martín Gaite, ou as crianças encarceradas no palácio afetivamente estéril de *Los hijos del vidriero*, de Maria Gripe, aproveitam o imaginário e o esquema dos contos populares para criar novas imagens e conseguir uma potência narrativa importante para a renovação da narrativa atual. Sobre o jogo intertextual, produziram-se um enorme número de contos construídos sobre estas referências. E o mesmo ocorreu na poesia atual para crianças, feita em grande medida a partir destes modelos e com um jogo explícito sobre as canções populares que podem ter conhecido em sua primeira infância.

b) Por outro lado, a chamada "fantasia moderna" obedece em grande medida à proposta imaginativa realizada por Gianni Rodari a partir de jogos literários recolhidos das literaturas surrealistas e de vanguarda do período entreguerras. A fantasia moderna foi profusamente utilizada também para a resolução dos conflitos psicológicos dos personagens, para a denúncia das formas de vida da sociedade pós-industrial e para o jogo literário experimental. Seu desenvolvimento proporcionou a criação de novas linhas de ficção a partir de diversas vias, associadas majoritariamente ao humor.

- A alteração da vida cotidiana dos personagens provocada pela irrupção de elementos fantásticos e especialmente insólitos por pertencerem ao mundo moderno (astronaves enamoradas, lápis que escrevem sozinhos etc.).
- A exploração especulativa sobre o funcionamento de fenômenos e mundos possíveis (mundos dourados, de pedra, no interior de um livro etc.).
- A desmistificação de elementos fantásticos tradicionais, em uma linha que coincide com a subversão dos contos populares agora citados (bruxas maternais, pesadelos medonhos, monstros ternos etc.).
- O jogo metaficcional sobre as regras da construção da narrativa (autores-personagens, superposição de níveis de ficção, anulação de distância entre o leitor e a história, escrita supostamente simultânea à leitura do conto etc.).

O jogo literário sem enfado a que esta corrente deu lugar pode ser apreciado nas obras de autores que a introduziram ou a desenvolveram na Espanha, como Joles Sennell, Miquel Obiols, Paco Martin etc., enquanto que a fusão de diferentes tipos de fantasia e realidade preside a obra de outros como Gabriel Janer Manila, Joan Manuel Gisbert, Fernando Alonso etc.

c) Finalmente, a difusão das obras de J.R.R. Tolkien ou de C.S. Lewis criou uma corrente fantástica própria que se prolongou na obra de outros autores como Ursula Le Guin, contribuindo para a extensão do cenário da magia e do enlace com as fórmulas da épica tradicional. Nos últimos anos consolidou-se numa oferta literária que se denomina habitualmente como *alta fantasia* ou *fantasia épica juvenil*. O auge do gênero cresceu enormemente por sua relação com fenômenos que se desenvolviam em paralelo: a ficção não escrita dos jogos de representação e das telas dos cinemas, da televisão e dos videogames. Desde então, as sagas fantásticas, com trilogias ou séries ainda maiores, triunfam absolutamente na leitura dos adolescentes. A série de *Harry Potter,* de Joanne Kathleen Rowling, publicada entre 1997 e 2007, alcançou uma difusão sem precedente na literatura para jovens e inaugurou uma profusa inter-relação entre livros, telas, *gadgets* e internet. Muitos autores, entre os quais cabe citar Phillip Pullman, Cornelia Funken, Christopher Paolini ou Maite Carranza e Laura Gallego na Espanha, foram fixando as leis deste gênero e o converteram na verdadeira estrela da recepção leitora juvenil atual (Colomer, 2088c; Hanán Diaz, 2006; Lluch, 2003).

Características da fantasia épica juvenil

A ficção se situa em um *mundo* secundário fechado ou, principalmente, em mundos que mantêm fronteiras com o mundo real e que as permeabilizaram, de forma que os seres fantásticos irrompem neste ou vice-versa. Estabelece-se a lógica interna desses mundos e frequentemente se estende seu conhecimento com aspectos de geografia, história ou lendas próprias. Criam-se múltiplos personagens que configuram o conglomerado de raças e povos que os habitam. Normalmente, trata-se de um mundo "antigo", cheio de referências a tradições míticas, distantes equilíbrios agora rompidos, presenças sobrenaturais ou poderes mágicos que remetem em conjunto à natureza e ao poder da palavra para conjurar e dominar o mundo.

O *herói* tem de enfrentar forças adversas que se concretizam em um adversário que atua como a figura que é seu oposto. Com frequência esta tensão se revela como o reverso do protagonista, um espaço de sombra que simboliza a maldade que habita nosso interior. Ao enfrentá-la, o herói se debate com algo tão próximo a si mesmo (seu pai, sua sombra, sua herança), que a luta desemboca claramente no amadurecimento de sua personalidade.

Os *personagens* são muito numerosos. Alguns dividem o protagonismo com o herói e criam equilíbrio em relação a afetos, habilidades, poderes e sabedorias. O funcionamento desse grupo humaniza o herói, já que lhe dá margem para tentativas e erros e o torna mais aceitável para a ficção moderna. O círculo de personagens permite ter diferentes perspectivas sobre o comportamento moral, de forma que o maniqueísmo entre o bem e o mal fica relativizado por meio das lutas internas e particulares de cada personagem. Outros personagens se mantêm em papéis mais pontuais de ajudantes ou doadores, normalmente de objetos mágicos que contribuem a expandir os poderes já potencialmente presentes em um herói marcado pelo destino.

A *ação* se desenvolve por meio de um grande número de episódios cheios de aventuras pontuais e do desdobramento estratégico de grandes batalhas. Habitualmente existe uma entrada de concreto que se deve cruzar para chegar ao mundo fantástico e, a partir dali, o herói empreende sua grande viagem até cumprir a missão que conduzirá ao restabelecimento do equilíbrio entre o bem e o mal. A ação continuada por meio de episódios, a intriga em pequenas doses e o mistério principal que se deve descobrir, estruturam o relato. O final mostra o triunfo do bem e satisfaz a expectativa de um mundo melhor.

O relato usa o recurso da *intertextualidade*, com o estabelecimento de muitas referências à mitologia, à literatura épica e aos contos populares, ou com a presença de temas literários clássicos, como o bosque, o anel, a descida aos infernos, a proibição, o enigma etc.

A renovação da fantasia e a transgressão do folclore

Bachelet, Gilles: *Mi gatito es el más bestia.* Barcelona: RBA.*
Sheldon, Dyan: *El canto de las ballenas.* Il. Gary Blythe. Madrid: Kókinos.*
Gisbert, Joan Manuel: *El guardián del olvido.* Il. Alfonso Ruano. Madrid: SM.**
Gripe, María: *Los hijos del vidreiro.* Madrid: SM.**
Jiang Hong, Chen: *El caballo mágico de Han Gan.* Barcelona: Corimbo.**
Rice, Bem: *Pobby y Dingan.* Barcelona: Planeta.***

Fantasia épica

Badoc, Liliana: *"La saga de los confines"*. Buenos Aires: Norma.***
Carranza, Maite: *"La guerra de les bruixes"* (*"La guerra de las brujas"*). Barcelona: Edebé.***
Fombelle. Thimothée de: *"Tobi Lolness"*. Barcelona: Salamandra.***
Funke, Cornelia: *"Mundo de tinta"*. Madrid: Siruela.***
Le Guin, Ursula: *"Historias de Terramar"*. Barcelona: Minotauro. ***
Pullman, Philip: *"La materia oscura"*. Barcelona: Ediciones B.***

4.3.3. O pós-modernismo e as formas audiovisuais da narrativa

A modernização da literatura infantil e juvenil incluiu também formas e recursos provenientes da inter-relação entre literatura e meios audiovisuais, além das formas culturais caracterizadas como "pós-modernismo", ambos fenômenos próprios de produção atual adulta.

O conceito de pós-modernismo descreve uma observação descentralizada do indivíduo e acentua uma visão relativista do mundo. O indivíduo não é visto como um produto da consciência individual, mas sim como um processo aberto, perpetuamente em construção, contraditório e aberto à mudança. A arte pós-moderna se caracteriza por traços como o contraste e a mistura dos elementos de gênero, o aumento da autoconsciência do artificialismo da obra, uma presença explícita das regras artísticas ou da exploração dos limites e possibilidades a partir do jogo com a própria tradição artística que a configura. O escritor Alejo Carpentier chegou a opinar que todas as novelas importantes deste século levaram os leitores a exclamar: "Isto não é uma novela". Também na literatura infantil e juvenil encontramos personagens que expressam literalmente esta afirmação ao dizer: "Mas isto não é um conto (...). Um conto de verdade teria que começar dizendo: *Era uma vez*" (László Varvasovsky: *Los osos de Ni-se-sabe*).

Em princípio, a literatura para meninos e meninas não parece um campo especialmente propenso a este tipo de experimentação. Talvez por seu didatismo inicial, por sua função de estabelecer uma narrativa coerente sobre o mundo, o que lhe é próprio é a ideia de um tema não fragmentado. A forma habitual dos livros infantis convida o leitor a aceitar que o autor tenha expressado no texto uma única interpretação do mundo e que lhe oferece um acesso direto a ela. As técnicas empregadas são vistas apenas como o meio onde a mensagem é passada de forma aparentemente neutra e transparente que permite identificar a intenção do autor se lido com suficiente atenção. Os textos dos livros infantis utilizam a alusão referencial de maneira muito limitada e, até agora, não foram excessivamente paródicos ou não foram baseados na autoconsciência literária. Poder-se-ia dizer que a maioria dos textos da literatura infantil e juvenil se caracterizava por evitar a pluralidade de significados. Mas este estágio também sofreu a onda experimental da literatura atual, tal como demonstram os seguintes exemplos, todos eles casos impossíveis na literatura infantil e juvenil anterior a esta etapa.

O *Libro de voliches, laquidambrios y otras especies,* de David Cirici e Marta Balaguer, começa dizendo:

> Quando vimos a ilha
> (uma elevação sobre o mar),
> este livro tinha as folhas em branco.
> Era o livro da ilha
> e nós não sabíamos.

porque o mundo se cria com a palavra. E esta nomeia primeiro uma ilha. Irá povoando-a, como se se tratasse de uma gênese infantil, de estranhos personagens que se criam ouvindo as histórias sobre si mesmos, tal como se afirma ao concluir:

> Anoitece na ilha
> e o que brilha
> não são luzes de cidade
> São orelhas de voliche
> escutando, cada noite,
> suas histórias.

O jogo metaficcional de ensinar as cartas da construção literária, o oferecimento ao leitor de umas folhas em branco que se vão criando de modo simultâneo à sua leitura, esse não permitir a leitura inocente do "Era uma vez" como se se pudesse crer que a história tivesse acontecido prolifera por meio de todo o tipo de artifícios. Ocorre nos livros dirigidos aos pequenos, como *Si!*, de Josse Goffin, no qual um personagem vai perguntando a diferentes animais de quem é um ovo grande que havia encontrado. Quando finalmente o abre, no ovo aparece o mesmo conto que o leitor tem nas mãos. O personagem senta-se para ler o conto rodeado de todos os animais que haviam dito "Não!" ao longo de sua procura. Ocorre também nos livros para maiores, como *Datrebil, siete cuentos y un espejo*, de Miquel Obiols, no qual seis contos, que não agradam por sua modernidade, são destruídos por seus ouvintes. O sétimo e último se esconde e se encontra escrito ao contrário; é um conto que consiste, precisamente, na história destes feitos e, para lê-la, o leitor deve utilizar um espelho. O uso de múltiplos recursos materiais acrescentou-se, assim, ao uso da imagem para construir as histórias de uma sociedade que joga com os elementos, que faz uma chamada ao consumo à atração pelo livro como objeto, à participação do leitor em todo tipo de interações diferentes da tradicional viagem unicamente mental.

Vejamos também o que ocorre em outra obra, *En Pantacracio Jinjolaina*, de Josep Albanell. Em uma só narrativa condensam-se o tema da passagem através do espelho; a aventura de um naufrágio – o do barco de Gulliver, precisamente –; o tema do náufrago devorado e devolvido mais tarde ao mundo; transformações kafkianas do protagonista em verme e mariposa; visitas sucessivas a mundos fantásticos como o das fadas, dos ogros e dos gênios que concedem desejos; o desdobramento psicológico do protagonista, em dúvida sobre seu desejo de ir-se ou de ficar, em dois personagens diferentes (l'Anaire e o Quedaire); viagens no tempo e narrativas regionalistas de ambientação atual, repletas de pleitos judiciais; fábricas de cuecas e vendedores de enciclopédias. Todo um compêndio da mistura de gêneros, apelos e referências culturais compartilhadas, fragmentação das unidades narrativas e ritmo vertiginoso que nos mostram um tipo de ficção – literária, televisiva, cinematográfica – muito familiar aos meninos e meninas contemporâneos.

Há aqui, portanto, um jogo de cultura exacerbado, uma literatura que se constrói recordando explicitamente a tradição sobre a qual repousa, que infringe as leis de qualquer gênero, tão rápido como crê que o leitor as domina, que subverte os mitos que os meninos e as meninas acabam de conhecer, que pisca o olho ao leitor para que reconheça a Mona Lisa no quadro de *Gorila*, de Anthony Browne, ou ao personagem do elefante Elmer na estante do quarto de *¡Ahora no, Bernardo!*, ambos de David Mckee. São detalhes lançados como desafios, como prazeres acrescentados e próprios de uma literatura múltipla, que leva o leitor à necessidade de criar a unidade da narrativa e lhe exige um esforço reflexivo para poder instaurar a coerência ou a riqueza de níveis de sua interpretação.

Portanto, os principais aspectos introduzidos pelas correntes pós-modernas na literatura infantil e juvenil podem resumir-se nos seguintes:

- ◆ O estabelecimento de ambiguidades entre a realidade e a fantasia da ficção. O leitor não sabe o que "realmente" aconteceu naquilo que se conta ou não pode esquecer que o que tem nas mãos é um objeto literário e não uma história "real". Assim, o mundo descrito inclui a incerteza, e a ficção se povoa de símbolos para expressar significados polivalentes.
- ◆ Um enorme aumento de jogo de alusões intertextuais entre as obras e entre diferentes sistemas culturais (o cinema, a música, a pintura etc.).
- ◆ Um elevado grau de fragmentação. As unidades narrativas são cada vez mais breves; a voz do narrador se divide entre distintas vozes e fontes informativas, entre as quais se destaca a imagem.
- ◆ A introdução do jogo com as formas escritas de nossa cultura. Incluem-se muitos tipos de textos (adivinhações, canções, enunciados matemáticos, guias turísticos, periódicos etc.), mesclam-se gêneros e personagens de distintas tradições e se deixam a descoberto as regras da construção literária.
- ◆ A proliferação da paródia, a desmistificação e o humor. A atitude generalizada de subversão humorística se associa com as características anteriores e potencializa seu efeito distanciador.

Tendências	Problemas	Recursos
Narrativa psicológica	Representação da consciência	Uso simbólico da fantasia
	Gradação da angústia	Ambiguidades interpretativas
		Distância humorística e do narrador
	Verossimilhança da voz	Cessão da voz ao personagem
	Controle da mensagem moral	Vozes narrativas experimentais
Renovação e auge da fantasia ♦ Novos usos do folclore ♦ Fantasia moderna ♦ Alta fantasia	Interrupção da passagem oral	Presença "em extensão"
	Valores tradicionais questionados	Desmistificação e subversão
	Pouca bagagem cultural dos leitores	Jogo referencial com o folclore
		Jogos surrealistas e de vanguarda
	Esgotamento dos modelos folclóricos	Criação de uma nova épica
	Esgotamento dos modelos de aventura	
Pós-modernismo	Pressão dos parâmetros culturais modernos	Ruptura da leitura inocente
		Paródia e desmistificação
	Contato com a ficção audiovisual	Intertextualidade
		Colaboração texto-imagem
		Fragmentação e mistura de gêneros e elementos
	Sociedade alfabetizada	Jogos com os tipos textuais

A literatura infantil e juvenil atual

A obra de Aidan Chambers, *Breaktimes*, nos apresenta o diário de um adolescente no qual o protagonista, mais do que uma realidade verossímil, é um produto de uma construção compartilhada entre o autor e o leitor. Desta maneira, ao final da novela, um personagem pode dizer: "Estás me dizendo que eu sou só um personagem em uma história?". E o protagonista responde: "Não somos todos?" (1985:139). No mesmo sentido, em uma obra de Didier Martin, o personagem de Frédéric, supostamente enfrentando seu autor, diz: "É a vida... Perdão, é a literatura" (1987:94). E, efetivamente, é a literatura, uma literatura que já trata dos valores, dos temas ou da maneira de abordá-los, e tenta criar histórias adequadas aos meninos, meninas e adolescentes do mundo moderno.

Jogos e explorações metaficcionais

Auster, Paul: *El cuento de Auggie Wren*. Il. Isol. Barcelona: Lumen.***
Mackee, David: *!Odio a mi osito de peluche!* Madrid: Anaya.*
Scieszka, Jon; Lane Smith: *El apestoso hombre queso y otros cuentos maravillosamente estúpidos*. Barcelona: Thule.**
Wiesner, D.: *Los tres cerditos*. Barcelona: Juventud.*

4.3.4. A *adaptação de gêneros literários adultos*

Uma influência direta da ficção para adultos na literatura infantil e juvenil é a adaptação de obras ou gêneros específicos. O desenvolvimento de uma narrativa para adolescentes potencializou este fenômeno, pois existe uma fronteira instável entre a literatura juvenil e a adulta. Sempre existiram, por exemplo, as adaptações de obras literárias consagradas pelo público juvenil e adulto. Atualmente esta tem sido uma linha muito potente, às vezes por coincidir com aniversários de obras e autores e, outras, em coleções específicas. Mas, quando o que se adapta é um gênero literário, o impacto é mais profundo no sistema. Uma vez introduzido o gênero na narrativa juvenil, as correntes internas da literatura para crianças favorecem também a passagem para idades menores, frequentemente com novas mudanças e adaptações. Um rápido olhar na evolução da ficção científica e da novela policial pode servir de exemplo para ilustrar este processo.

A) A ficção científica

É um gênero difícil de estabelecer; suas fronteiras com a narrativa fantástica são muito difusas, e os temas abordados resultam muito pouco estáveis. Pode englobar desde aventuras situadas no espaço até a especulação imaginativa, tanto do tipo "o que aconteceria se..." em relação a novos inventos e novos seres, como sobre a criação utópica de mundos completos. Mas concretamente tentou-se defini-la como "uma narrativa fantástica que explora perspectivas imaginativas da ciência moderna".

Historicamente, seus precedentes remontam a obras como *Frankenstein*, de Mary Shelley (1818). A partir de 1860, estabelece seus modelos nas obras de Júlio Verne, baseadas no progresso material da humanidade, nas de H.G. Wells, como *O homem invisível* (1897), centradas na crítica social, e nas de E.R. Burroughs sobre aventuras no espaço. Em 1927, a revista americana *Amazing Stories* utilizou pela primeira vez o termo "ficção científica" e este foi aplicado às obras da "segunda geração" produzidas nos Estados Unidos por autores como Isaac Asimov (*Eu, robô*, 1940; *A fundação*, 1942 etc.), Huxley (*Um mundo feliz*, 1932) ou George Orwell (*1984*, em 1948). A partir dos anos 1950, introduziram-se novos temas, como o da Guerra Fria entre os blocos mundiais, com o temor de uma guerra nuclear; a irrupção dos meios audiovisuais, com o temor das mudanças sociais que provocavam; e o interesse pela tecnologia, derivado do início dos voos espaciais. As obras de Ray Bradbury (*Crônicas marcianas*, 1950; *Fahrenheit 451*, 1953) ou John Wyndham (*El dia de los trifidos*, 1951) se difundiram como novos clássicos nessa linha.

A dificuldade da descrição científica em que se baseiam as obras ou a complexidade de sua especulação moral mantiveram o gênero afastado de sua conotação infantil da literatura durante muito tempo. Mas, na década de 1960, a abertura da ficção científica a uma especulação cada vez mais ampla e relacionada com as preocupações sociais – a ecologia, a crítica ao antropocentrismo etc. – juntou-se ao desenvolvimento da novela juvenil e permitiu que não só se adaptassem títulos concretos de literatura adulta, mas também que se começasse a escrever pensando em um público adolescente. Assim, junto a obras como *Sueñan los androides con corderos elétricos?*, de Philip K. Dick, em 1968; *Dune*, de Frank Herbert, em 1965, ou *O planeta dos macacos*, de Pierre Boulle, em 1963, todas elas adaptadas mais tarde para o cinema, começaram a aparecer obras juvenis como *El mecanoscrit del segon origen* ou *Trajecto final*, de Manuel de Pedrolo. Finalmente, o gênero chegou também à produção infantil ampliando sua vertente de aventuras espaciais, como a série de aventuras de "Óscar", de Carmen Kurtz, e a proliferação de robôs como personagens.

Durante a década de 1980, a crescente complexidade da tecnologia atual começou a impedir uma especulação científica compreensível para o público e introduziu na ficção científica uma certa presença de fatos e personagens inexplicáveis que a aproximou da fantasia tradicional. A autonomia inexplicada dos fenômenos fantásticos, a mistura com o gênero histórico por meio das viagens no tempo ou a presença da realidade virtual ampliaram as fronteiras da ficção científica como gênero e facilitaram sua assimilação por parte da literatura infantil e juvenil. Atualmente, nos livros para os meninos e meninas menores abundam os temas relacionados com a ecologia e a possível destruição do planeta. Na novela juvenil, encontramos espaço para a especulação moral sobre o futuro – bem própria desta idade –, a partir de novos avanços científicos, como a genética, e há maior fusão com outras linhas fantásticas, como o terror e o interesse pelo sobrenatural, que se encontram em pleno auge nestes momentos, embora faça tempo que na literatura de consumo, como na série "Pesadillas", triunfem a mistura de medo, humor e ação trepidante.

Para ver o contato entre a ficção científica atual e os outros subgêneros fantásticos, podemos partir de uma obra emblemática como *A história sem fim*, construída a partir de uma luta entre fantasia e realidade por meio do contato de ambos os mundos produzido na leitura do protagonista. Este início, claramente situado nas obras de fantasia moderna, deriva de uma ameaça social em nada diferente à que supõe a invasão dos "homens cinzentos" de *Momo*, do mesmo Michael Ende, ou – em um passo adiante das leis da ficção científica – dos vigilantes de *Los guardianes,* de John Christopher, em prol da alienação social. Em definitivo, que se perca a capacidade de imaginar, se roube o tempo livre ou se opere o cérebro da população, como narram respectivamente cada uma destas três obras, são questões separáveis em graus, mais que características diferenciadas entre gêneros narrativos.

B) *A novela policial*

Por outro lado, há décadas que a novela policial compartilha algumas de suas características com a literatura infantil, além da inclusão de seus clássicos (Arthur Conan Doyle, Agatha Christie etc.) na leitura juvenil. Desde a aparição de *Emílio e os detetives,* de Emil Kaestner, em 1928, este tipo de ficção foi-se incorporando paulatinamente à narrativa infantil e juvenil por meio de um processo de absorção das caraterísticas que pareciam mais adequadas à ficção infantil, e estes traços foram combinando com outros modelos literários até formar um substrato enormemente sólido que permitiu, finalmente, a existência plena do gênero policial como tal.

Podemos distinguir na novela policial duas linhas que terão uma incidência desigual na literatura infantil e juvenil. A primeira supõe a apresentação de um mistério que se deve resolver como um problema lógico. Alguns indícios, um espaço delimitado e um detetive externo que segue um processo de dedução são componentes de um gênero que propõe o caso delituoso como um jogo. Este esquema de investigação-descoberta por meio de pistas até a resolução de um caso impregnou as aventuras detetivescas dos protagonistas infantis de décadas passadas, por exemplo, nas séries de Enyd Blyton. Mas, durante os anos 1980, transformou-se mais especificamente em livros-jogos de resolução de enigmas, que inclusive podem resolver-se através da observação de imagens, como em *Aventuras de la "Mano negra",* de Hans Jürgen Press.

Uma segunda linha pode identificar-se com a chamada novela negra. A elaboração mais literária do gênero inclui um componente de descrição e crítica social, prioriza a ação sobre a dedução lógica, outorga um papel maior à figura do delinquente, que é utilizada para evidenciar a culpabilidade social, e o detetive torna-se parte do mesmo mundo descrito. Esta tendência penetrou na literatura infantil e juvenil por meio de sua adaptação para os leitores adolescentes. As principais mudanças originadas por esta adaptação podem resumir-se nas seguintes:

- Os dons dedutivos se associam ao valor e à decisão do protagonista, aproximando a narrativa das características da aventura.
- Os protagonistas passam a ser adolescentes que descobrem rapidamente a corrupção existente na sociedade.
- Ocorrem várias mudanças no local espacial e no alcance da ação para outorgar verossimilhança ao protagonismo adolescente.
- Introduzem-se limites morais no alcance da sordidez do mundo descrito ou da linguagem utilizada, restringe-se a violência, atenua-se ou elimina-se sexo e recorre-se ao humor, por exemplo, para conseguir um produto menos descarnado.
- Acrescentam-se traços típicos da novela juvenil, como os catálogos de problemas psicológicos próprios da idade.

A adaptação do gênero policial à literatura infantil e juvenil supõe, pois, um bom exemplo de como se eliminam os traços que não se aceitam como adequados aos novos destinatários e de como o gênero se mistura a outras tendências predominantes no novo campo. A série de Andreu Martín y Jaume Ribera sobre o detetive adolescente Flanagan, alinhada ao gênero da novela negra, é um dos melhores exemplos de adaptação juvenil, enquanto que os casos do detetive John Chatterton, de Yvan Pommaux, mostram a extensão desta linha ao álbum infantil.

4.4. A ampliação do destinatário a novas idades e a criação de novos tipos de livros

O desenvolvimento do livro infantil se manteve em um espetacular sentido ascendente desde a Segunda Guerra Mundial até a atualidade. De publicar simplesmente "livros para meninos e meninas" passou-se a publicar coleções especializadas por temas e características das obras, assim como por faixas de idade a que se dirigiam. Atualmente, estamos tão acostumados a encontrar esta diversidade perfeitamente classificada nas livrarias que surpreende pensar que são bem recentes as denominações como "livros para não leitores", "álbuns", "livros brinquedo" ou "novela juvenil".

4.4.1. Livros para não leitores e livros brinquedo

Uma das ofertas editoriais mais inovadoras nestas décadas é a dirigida a meninos e meninas até os seis anos de idade, ou seja, ainda não escolarizados ou no jardim de infância. O mercado se encheu de livros para bebês: para levar-se para a cama ou para a banheira, para identificar imagens, para reproduzir oralmente uma história sem palavras etc. São livros bem aceitos por uma sociedade cada vez mais sensível a iniciar mais cedo a familiarização com os livros, mais disposta a consumir produtos atraentes e mais cômoda, explorando mais livros do que reproduzindo a oralidade tradicional.

Esta oferta foi apoiada pela recuperação e expansão de livros concebidos como um estágio intermediário entre a literatura e o jogo. Sua difusão tem tido opiniões divergentes por parte dos educadores. Por um lado, destacou-se que estes livros estimulam habilidades que não se limitam necessariamente à leitura, como o prazer de intervir, compartilhar ou descobrir e que acentuam a ideia de que os livros são divertidos e interessantes. Por outro lado, objetou-se que este jogo com objetos-livro tende à espetacularidade consumista e não favorece a formação leitora. Em qualquer caso, a partir da década de 1990 ampliou-se sua edição, com o uso de novos materiais e formas cada vez mais imaginativas. Podemos dividir este tipo de livro nas seguintes categorias:

A) *Os livros de imagens*

Os primeiros livros para meninos e meninas costumam ser livros para identificar e nomear. Parecem-se com os antigos abecedários e com os livros para aprender a contar (até 10 ou 12, normalmente), em que cada letra ou número era acompanhado por uma imagem. Este tipo de obra desapareceu por causa dos novos métodos de aprendizagem, embora ainda apareçam esporadicamente ao converter-se em uma espécie de desafio pessoal para os autores que gostam de situar-se em gêneros de tanta tradição.

Majoritariamente, no entanto, foram substituídos pelos modernos livros para identificar, dirigidos agora a crianças menores. As imagens se referem a objetos e situações familiares aos pequenos: brinquedos, animais, família, situações cotidianas etc.

As imagens podem encadear-se em algum tipo de sequência lógica temporal ou causal e costumam seguir normas claras de formato (pequeno, com cantos arredondados, folhas grossas) e apresentação: na página da esquerda, o objeto ou o personagem; na da direita, o enredo ou a ação. É o caso, por exemplo, das coleções "Los libros del chiiquitin", de Hellen Oxembury, e "Cinco lobitos", de Lotta Person. Outros livros oferecem panoramas integrados de objetos e situações (a coleção "Espacios", de Cristina Losantos, por exemplo), mas, na realidade, os menores não são capazes de relacionar e guardar a informação na memória enquanto veem as imagens, e, portanto, em um primeiro estágio vão focalizando sucessivamente os elementos de um em um. As ilustrações costumam ser muito nítidas, de cores vivas, recortadas sobre fundos claros e se reproduzem em múltiplos suportes (livros plastificados, de pano, de borracha etc.), que lhes conferem um grande atrativo e valor prático em seu uso.

B) *Os livros interativos*

Os *pop-up*, "livros móveis" ou "modelados", são livros que cortam o papel de forma que suas partes se separam ao abri-lo ou que contam com a manipulação do leitor para dar-lhes movimento (Hanán Díaz, 2007). Os primeiros apareceram em 1760 na Inglaterra, com os Harlequin Books de John Newbury, e na primeira metade do século XIX foram seguidos pelos Juvenil Drama Panoramas. Mas o início real do livro *pop-up* pode ser situado naqueles editados por Dean & Son, que exerceu seu monopólio até que os editores alemães desenvolveram novas técnicas e começaram a competir pela edição. Os nomes mais importantes desta etapa foram os de Ernest

Nister, com os discos giratórios de *Summer Surprises* ou *Merry Surprises* em 1896 e 1897, e os de Lothar Meggendorfer, com verdadeiras engenharias de papel em obras como *International Circus* (1888), que continha seis argolas de circo e um público de 450 personagens.

A derrocada da edição alemã, durante a Primeira Guerra Mundial, conduziu a seu desaparecimento, com exceção dos livros produzidos na Tchecoslováquia na década de 1950. O reinício nos anos 1970 teve um impulso definitivo com o êxito obtido pela Wally Hunt de Intervisual Communications, em Los Angeles, que se converteu na editora norte-americana rainha dos *pop-up* com a produção de 70% dos livros animados na década de 1990. Deu-se início, assim, a um período que ainda dura, no qual cada livro parece mais imaginativo e complexo tecnicamente que o anterior. Sua reintrodução contou com o alento experimental da década de 1970, mas também conheceu a simples exploração comercial na reedição de livros vitorianos (como *Carrusel*, de Nister), talvez mais dirigidos ao gosto dos adultos do que ao das crianças, se bem que sua oferta de atividade mecânica continuasse conseguindo a simpatia do público infantil.

Na realidade, os jogos de participação por meio das formas muito variadas de atividades já se encontram presentes desde o folclore: brincar com os dedos da mão, bater palmas, saltar sobre os joelhos ao ritmo de uma canção etc. Neles vemos os mesmos ou parecidos recursos que passaram para o mundo dos livros. Assim, a voz do adulto se funde e se reproduz com a do narrador que pergunta: "Onde está...?" "Aqui?..." "Aqui?..." enquanto se levantam lapelas ou se tiram linguetas. No entanto, pode afirmar-se que os livros para os pequenos trouxeram novas possibilidades aos jogos participativos do folclore e se fala de "livros interativos" para englobar o conjunto de atividades que se encontram presentes na produção atual. Assim, a chamada a outros sentidos, como o tato dos materiais, os sons incorporados ou inclusive os cheiros que surgem ao raspar as páginas, as formas tridimensionais, as surpresas incluídas etc., fez proliferarem um tipo de produto a meio caminho entre o livro e o brinquedo. Uns parecem mais divertidos, imaginativos e sugestivos; outros resultam mais artificiais, mas todos exploram os nexos comuns da literatura e do jogo. Ou de ambas as coisas justapostas, como em contos que incorporam um brinquedo (um personagem de pelúcia, um caminhão etc.) para que a criança brinque ao mesmo tempo que acompanha a história.

As manipulações mais usuais dos livros interativos apresentam os seguintes tipos de formas:

| Plastificados | Pop-up | Sanfonados | Linguetas |
| Superposições (meias páginas, acetatos etc.) | Agulheiros | Tiras combinadas | Elementos incorporados (jogos, brincadeiras etc.) |

Alguns tipos de livros interativos

- As folhas partidas horizontal ou verticalmente, de maneira que podem compor diferentes personagens, paisagens ou histórias ao combiná-las. É o que faz um livro tão elaborado como *El teatro de medianoche*, de Kveta Pakovskà.
- As mudanças em uma mesma imagem ao fazer girar uma parte integrada em um disco de papel (como *Carrusel*) ao superpor acetatos, como *Al galope* e outros títulos de Rufus Butler.
- As folhas em acordeão que prolongam a imagem ou a completam de forma inesperada, como em *Oh!*, de Josse Goffin, ou *El regalo*, de Gabriela Kesselman.
- A criação de movimento e de volume (propriamente a tridimensionalidade dos *pop-up* ou livros móveis) ao tirar as linguetas ou abrir o livro até chegar a complexas propostas artísticas como as esculturas de David Carter ou o abecedário de Marion Bataille.
- A incorporação de estímulos dirigidos a sentidos diferentes da visão. O primeiro livro tátil havia sido publicado em Nova Iorque em 1942, mas foi nessa etapa, quando se ampliaram suas possibilidades por

meio de texturas táteis associadas com as imagens representadas (algo aplicado também em livros para portadores de deficiência ou para compreender sua perspectiva, como em *El libro negro de los colores*, de Menena Cottin e Rosana Faría) e sons (como *El grillo silencioso*, de Eric Carle) etc., que se alcançaram propostas tão atrevidas como *Los Pre-libros*, de Bruno Munari, feitos para que os pequenos explorem todo tipo de sensações: cromáticas, táteis, térmicas etc.

- A existência de furos nas folhas que se superpõem e associam-se a distintas formas, como no bem-sucedido *La pequeña oruga glotona*, de Eric Carle, ou no mais recente *Pegueño agujero*, de Isabel Pin.
- A abertura para diversas atividades do leitor, tais como pintar e apagar com água, fazer aparecer mensagens de tinta invisível, manipular elementos magnéticos, montar pequenos teatros, usar marionetes de dedos para acompanhar a história, ver em um espelho, tirar um coldre etc.

C) *Livros informativos*

Nas últimas décadas, os livros para crianças pequenas incorporaram uma função de aprendizagem que pode dividir-se em duas categorias principais:

1. Livros de conceitos. Propõem-se a ajudar as crianças em sua progressiva distinção e elaboração conceitual da realidade. Alguns destes conceitos resultam mais sensíveis que outros; assim, a apreciação da cor, a expressão comparativa do tamanho ou a posição sobre um ponto são mais sensíveis que a de contrastes mais sofisticados, a ordem temporal ou a distância.
2. Livros de conhecimentos. Também se multiplicaram os livros que tratam sobre temas de interesse habitual para os pequenos: a vida dos animais, o funcionamento dos objetos, as estações do ano etc.

Os livros informativos ajudam a falar sobre novos descobrimentos, a dar-lhes nomes e a divertir-se exercendo a comparação e contraste dos conceitos por meio das várias propostas imaginativas que se encontram nos livros. Na avaliação destes livros há que observar se:

- a informação é dada por meio de exemplos concretos,
- segue um itinerário que vai do familiar ao desconhecido,
- permite perceber claramente as propriedades ou o funcionamento descrito.

No entanto, é preciso que a criança distinga entre *esses livros* e os que contam histórias literárias para criar expectativas razoáveis de leitura, e também é necessário lembrar que são livros que reforçam a experiência infantil do mundo sem que possam substituí-la. Na realidade as crianças podem ter muito pouco interesse em explorar um livro baseado em saber que algo está em cima ou embaixo, dentro ou fora, em frente ou atrás. É imprescindível, pois, uma qualidade especial que converta estes conceitos em jogos surpreendentes e divertidos. Ou inclusive em contos, pois, não há dúvida, por exemplo, que *Ratón muy alto* e *Ratón muy bajo*, em *Historias de ratones*, de Arnold Lobel, brincam com as características de altura sem nenhum risco de esterilização escolar.

D) *Histórias sem palavras*

Tratam-se de livros que desenvolvem uma história completa utilizando unicamente uma sucessão de imagens. São particularmente úteis para o desenvolvimento da linguagem e do esquema narrativo, já que se oferecem como um estímulo para que a criança narre a história ela mesma ou em combinação com o adulto. Ao relatar o conto, a criança aprende a integrar as imagens em uma estrutura coerente e aprende a apoiar-se na informação do livro para construir sua interpretação.

Livros para não leitores e livros brinquedo

El mundo en fotos. Barcelona: La Galera.*
Ahlberh, Allan y Janet: *El cartero simpático*. Barcelona: Destino.*
Bataile, Marion: *Abecedario*. Madrid: Kókinos.*
Bauer, Jutta: *La reina de los colores*. Salamanca: Lóguez.*

Carle, Eric: *El grillo silencioso*. Madrid: Kókinos.*
Cousins, Lucy: *La casa y el jardin de Maisy*. Barcelona: Serres.*
Delebecque, François: *Los animales de la granja*. Madrid: SM.*
Goffin, Josse: *Oh!* Pontevedra: Kalandraka.*
Lionni, Leo: *Pequeño azul, pequeño amarillo*. Pontevedra: Kalandraka.*
Murphy, Chuck: *Del uno al diez*. Barcelona: Combel.*
Pittau y Gervais: *Los contrarios*. Barcelona: Blume.*

4.4.2. Livros infantis e novas formas de ficção

A) Álbuns

O álbum é um livro ilustrado em que o significado se constrói a partir de dois códigos: o escrito e o visual. Nele, o texto não pode sustentar-se automaticamente, mas requer uma interpretação conjunta do que é dito pelo texto, mostrado pela imagem e a relação de ambos com o espaço do livro. Sophie van der Linden o define do seguinte modo:

> O álbum será, pois, uma forma de expressão que apresenta uma interação de textos (que podem ser implícitos) e de imagens (especialmente preponderantes) no seio de um suporte, caracterizado por uma organização livre de página dupla, uma diversidade de realizações materiais e um encadeamento fluído e coerente de página a página (2006:87).

A denominação de "álbum" foi usada já no capítulo um, assinalou-se sua aparição temporal no capítulo dois, e no cinco descreve-se a maneira em que texto, imagem e suporte podem articular-se nesta forma de ficção. Há que se levar em conta, no entanto, que a denominação de "álbum" é utilizada frequentemente em um sentido mais amplo que o de sua definição conceitual. É o que Uri Shulevitz (1997) chama o "formato álbum" para distinguir os livros que utilizam profusamente os elementos visuais, mas sem que estes sejam imprescindíveis para a compreensão da história contada pelo texto.

Seu auge atual motivou uma grande atenção por parte da crítica especializada. Passou-se a considerar uma forma artística específica que, nascida na literatura infantil, oferece também seu potencial às modernas formas de ficção que associam linguagens distintas na construção artística (Colomer, Kümmerling, Silva Diaz, 2010). Do mesmo modo que a revista comic prolongou-se na novela gráfica, pode supor-se que o desenvolvimento dos álbuns se encontra na disposição de passar as fronteiras da idade. O certo é que este novo gênero infantil complica cada vez mais suas exigências de leitura com rupturas das convenções, interdependência dos distintos elementos e multiplicação dos níveis interpretativos.

B) *Livros interativos para maiores*

As possibilidades materiais da edição e a atitude exploratória do consumo dos destinatários ampliaram a oferta de livros interativos para os pequenos e outras idades e gêneros. Podem situar-se aqui os livros que não necessitam de manipulação, mas que exigem uma tomada de decisão constante do leitor sobre o rumo possível do relato até chegar a criar sua particular versão da história. Muito parecido com os jogos de papel e os videogames, sua irrupção na edição infantil se produziu em 1979, nos Estados Unidos, com as coleções do tipo "Escolha tua aventura" (muitas delas editadas por Timun Mas na Espanha), e não deixou de ampliar suas possibilidades até hoje.

Outros livros se oferecem praticamente como um tabuleiro de jogo ou uma seleção de passatempos em que o leitor deve adivinhar, mudar de página, observar determinadas relações etc. Também abundam os livros de imagens com propostas mais complexas que os livros para bebês ao basear-se na observação de múltiplos objetos heterogêneos, códigos visuais, buscas detalhadas, como os famosos livros de *Wally* e em livros sobre arte, ou jogos com a tradição de ilustrações como *Zoo lógico*, de Joëlle Jolivet etc.

E também se exploram as possibilidades abertas pelo uso de novos materiais por meio de livros fosforescentes para ler no escuro, com vistosos hologramas, estampados sobre tela etc., em uma oferta que diminui as fronteiras do livro infantil e juvenil com as do livro brinquedo ou do livro de luxo para todas as idades.

Livros brinquedo para maiores

Allsburg, Chris van: *Los misterios del señor Burdick*. México: Fondo de Cultura Económica.**
Couprie, Kate; Louchard, Antonin: *Todo un mundo*. Madrid: Anaya.**
Gorey, Edward: *Amphigorey*. Madrid Valdemar.***
Jolivet, Joëlle: *Zoo lógico*. Barcelona: Diagonal.**
Serres, Alain, Martin Jarrie: *Los sorprendentes animales que salvó el hijo de Noé*. Zaragoza: Edelvives.**

C) *Histórias multimídia e videogames*

No início da etapa, foi o desenvolvimento da tecnologia audiovisual que ofereceu a possibilidade de passar para o vídeo os álbuns infantis (como fez a editora Aura Comunicación com edições muito cuidadas de Tomi Ungerer, Raymond Briggs, Janosch etc.) ou de reproduzir em áudio a leitura de contos ou poesias.

Mas, mais adiante, as possibilidades da multimídia e da tecnologia digital começaram a oferecer um imenso campo de possibilidades ao jogo literário interativo, especialmente por meio da crescente proliferação dos videogames. Podemos assistir já, por exemplo, à passagem dos livros clássicos juvenis para os consoles com adaptações que seguem mais ou menos de perto o argumento original, inventam continuações ou recrutam diversos personagens para misturá-los no jogo. São exemplos recentes dos casos de *A ilha do tesouro*, das obras de Verne ou de Lovecraft ou ainda *The Ugly Prince Duckling*, em que são os personagens de H. C. Andersen que ajudam a salvar o mundo da escuridão, assim como *Rumo à ilha do tesouro* (Kheops), obras de Verne em The Adventure, Lovecraft para Xbox e outros; Agatha Christie para Wii, Andersen em Guppyworks etc. Naturalmente, se os personagens do livro já haviam passado para a tela de cinema, resulta ainda mais fácil que assumam os consoles e, além dos já citados, podemos mencionar aqui os inevitáveis *O senhor dos anéis*, *Harry Potter* ou *A fantástica fábrica de chocolate*.

Não há dúvida de que se trata de um mercado no auge que abre possibilidades criativas insuspeitadas, mas além de sua reciclagem de obras escritas, e que se juntam a um tipo de participação radicalmente nova que começa a contribuir para a definição e características da ficção infantil e juvenil deste século.

4.4.3. *A criação de narrativas para adolescentes*

Durante a década de 1970, surgiu em todos os países industrializados a preocupação de promover a leitura entre os adolescentes. Era uma necessidade sentida tanto no âmbito comercial, que se propunha à conquista de novas áreas do mercado por meio da criação de produtos claramente diferenciados, como também no âmbito educativo, alarmado pelas informações sobre os níveis de analfabetismo pós-escolar.

Do ponto de vista educativo, a novela juvenil apareceu como uma aposta quase experimental para resolver uma dúvida generalizada nos meios educativos: podia o leitor adolescente, inclusive aquele que havia sido um leitor ávido de livros infantis, saltar para a moderna ficção para adultos? É preciso recordar que, pela primeira vez, se estava falando de *todas* as faixas etárias da população em uma época na qual os diferentes países estavam prolongando a etapa escolar. Inclusive países com destacados hábitos sociais de leitura, como o Reino Unido, suspiraram por uma época na qual parecia uma progressão natural passar de *Alice no país das maravilhas* a Dickens, Brönte ou Austen para continuar sua educação leitora.

Sem dúvida, os adolescentes podiam abastecer-se dos *best-sellers* de adultos e ler as coleções e antologias de contos de qualidade diretamente dirigidas, em alguns países, à etapa secundária da educação. Mas, diante da enorme atração do público juvenil por algumas obras como *O apanhador no campo de centeio*, de Jerome D. Salinger, começou a difundir-se a ideia de que faltava uma ficção na qual poderiam projetar-se os adolescentes das novas sociedades.

Na maioria dos países ocidentais, o início de coleções dirigidas a este público coincidiu no tempo e na orientação literária. Nutriram-se, em parte, de reedições de obras juvenis clássicas e de narrativas modernas para adultos, como livros de Cortázar, Calvino, Buzzati, Moravia, Fournier ou Steinbeck, com a ideia de que configuravam uma parte da literatura que se poderia compartilhar entre jovens e adultos. Mas a verdadeira novidade que caracterizou estas coleções foi a criação de obras escritas deliberadamente para garotos e garotas com temáticas novas e técnicas pouco convencionais até então na literatura infantil. Se a necessidade de fantasia dos adolescentes se havia refugiado nas revistas em quadrinhos (comics), no cinema ou inclusive nas reportagens e documentários, todos estes meios repassaram seus recursos ao novo produto editorial.

A novela juvenil foi um campo propício para o desenvolvimento do realismo e da introspecção psicológica nos termos descritos anteriormente (Diaz Plaja, 2009). O enquadramento dos adolescentes nos centros de ensino produziu inclusive a ressurreição de um gênero que se acreditava desaparecido: as *school's stories* (histórias para a escola). Logo se juntou o renascimento da magia e da fantasia por meio dos gêneros mais adequados aos interesses destas idades: a ficção científica, a épica mítica e a *fantasia*. O protagonismo juvenil, os conflitos próprios da idade e os cenários escolares funcionaram indistintamente nos gêneros realistas e fantásticos, o que deu lugar a diversos cruzamentos entre o contexto cotidiano dos jovens e os gêneros fantásticos e de terror, entre os que podem ser exemplos o mundo de Harry Potter ou o recente êxito de *Crepúsculo*, de Stephenie Meyer, a partir do especial regresso dos vampiros como personagens fantásticos.

A progressiva uniformização cultural das sociedades ocidentais e a efetiva unidade do mercado mostraram-se particularmente ativas na novela juvenil desde seu início. Quais grandes diferenças se poderia esperar se o lançamento de um título pode ser planejado desde os convênios ou fusões editoriais que diminuem os custos com a previsão das vendas internacionais, uma impressão mais barata pela reprodução das imagens e formatos e uma campanha publicitária comum? E que diferença abismal existia entre os adolescentes dos diferentes países com produção editorial que escutavam a mesma música e se deleitavam com as mesmas pizzas, cervejas e marcas esportivas? Assim, pois, se se comparam as listas de sucessos e os livros recomendados hoje em dia, pode-se ver que a seleção de obras e autores se repete em grande medida em todas as partes.

Na realidade, as diferenças entre elas podem ser atribuídas ao grau de desenvolvimento econômico alcançado e a fazerem parte da mesma órbita socioeconômica. Isto explica, por exemplo, o atraso da novela juvenil nos países do Leste Europeu ou o desejo de construí-la rapidamente na Espanha com o fim da ditadura. Basta ver alguns dos bons títulos publicados na época democrática para confirmar que sua edição original apresenta uma data muito anterior, como ocorre no lançamento moderno das obras de Tolkien. O mesmo fenômeno global pode constatar-se na hegemonia anglo-saxônica, nas traduções a partir da década de 1980 em detrimento da anterior influência francesa ou italiana, em consonância com a recessão internacional da relevância cultural destes países.

Assim, é evidente que uma análise mais detalhada da novela juvenil nos diferentes países pode servir de exemplo do peso que a tradição literária educativa ou o contexto sociocultural próprio exerce em qualquer gênero literário infantil e juvenil. Por exemplo, algo surpreendente para nosso contexto é a polêmica permanente nos meios educativos e da crítica anglo-saxônica sobre a censura. Mas debater os critérios para considerar adequadas ou proscritas as obras que devem se adquirir com os fundos públicos provêm, precisamente, da tradição de descentralização democrática na organização educativa e cultural dos países anglo-saxônicos, embora isto leve a incorporar periodicamente títulos de autoras tão lidas como Susan Hinton ou inclusive da mesma série de Harry Potter às listas de censura nas bibliotecas escolares de um outro Estado.

Neste contexto, pode entender-se melhor a ruptura que levou à criação de uma novela juvenil caracterizada por uma linguagem deliberadamente próxima dos jovens leitores, a presença de contextos marginais e a abundância de conflitos relacionados com a violência, o sexo ou a delinquência. Adolescentes marginais, solitários, emergentes de dissoluções familiares e com um uso provocador da conduta e da linguagem se ofereceram, assim, como um produto tipicamente americano à leitura dos adolescentes de todo o mundo. Também do mundo anglo-saxão chegaram as primeiras obras que refletiam a mistura de raças e culturas que os adolescentes estavam habituados a experimentar em seus bairros e em suas aulas. A temática da convivência intercultural e do conflito foi-se estendendo progressivamente na novela juvenil a reboque da rápida emergência social deste fenômeno também na Europa e da vontade decidida de incorporar um mundo coerente com as experiências do leitor. Ao contrário, a memória histórica dos temas em conflito durante a Segunda Guerra Mundial, o holocausto e a educação para a paz, a que aludimos anteriormente, é uma temática surgida e ancorada no contexto europeu.

À exploração das culturas alheias e à recordação do passado, acrescenta-se a especulação do futuro. A adoção massiva de autores indiscutíveis da ficção científica, como Bradbury ou Asimov, começaram a demonstrar que este gênero podia produzir uma épica adequada aos jovens modernos. Campo propício para a transgressão de fronteiras de gêneros própria da narrativa atual, a ficção científica produziu na novela juvenil a mistura assinalada de civilizações futuras e recreações arcaicas, aventuras de personagens mitológicos e espaços intergalácticos, fenômenos sobrenaturais e forças misteriosas, assim como vagas justificativas extraterrestres. O novo auge das forças mágicas a partir dos anos 1980 colocou as criaturas e os mapas das terras criadas por Le Guin, Tolkien e Ende em todas as estantes visitadas pelos adolescentes e propiciou o retorno da *fantasy*, de tradição anglo-saxônica, para satisfação do desejo de inquietude e terror dos novos leitores.

A introspecção psicológica, ao contrário, contou inicialmente com um grande número de autores do centro e do norte da Europa. Autores muito traduzidos na Espanha como Gripe, Nöstlinger, Härtling ou Haugen oferecem títulos importantes para estas idades, nos quais o contexto familiar e escolar é o cenário habitual para a descrição do amadurecimento dos adolescentes protagonistas. Este contexto narrativo é bem compreensível se se pensa que os adolescentes ocidentais dependem cada vez mais da família ao não se incorporar ao mercado de trabalho e se encontram confinados nas escolas secundárias boa parte do tempo. Se se acrescenta que muitos dos autores que escrevem para jovens se dedicam ou tinham se dedicado ao ensino, não é estranho que um novo tipo de novela juvenil tenha potencializado as narrativas sobre conflitos pessoais neste contexto.

A novela para adolescentes, em definitivo, conta com as mesmas tendências da literatura atual em seu conjunto. Mas ocupa um lugar de fronteira no sistema cultural: fronteira com a literatura infantil que os adolescentes estão abandonando nesse momento, com a literatura adulta legitimada oferecida pela escola nesta etapa, com a literatura de grande público consumida também pelos jovens e com os mundos de ficção do audiovisual. Neste cruzamento tão concorrido, é evidente, por exemplo, que a dureza temática que pareceu necessária para atrair os adolescentes *desceu* para os contos infantis ou que a tendência ao humor da literatura infantil *subiu*, com bastante dificuldade, por outro lado, até os livros para adolescentes. Ou que a épica juvenil se desenvolve em um jogo compartilhado entre narrativas, revistas em quadrinhos (comics) e meio audiovisual.

Tudo isso se produz em um mundo cada vez mais inter-relacionado culturalmente, mas que, ao mesmo tempo, permite a existência de situações sociais particulares cada vez mais fragmentadas em seu interior. Os leitores adolescentes têm, pois, a possibilidade, tanto de se sentirem como se estivessem *em casa* com a leitura das narrativas que falam de uma idade mínima vivida em um tempo e um modo de vida comum, como de se sentirem fascinados pela descrição de situações muito variadas e afastadas de seu contexto habitual. Ambas as coisas ocorrem em um momento de sua vida em que necessitam e buscam o desafio de mostrarem-se ao mundo mais longínquo e variado para definirem-se eles mesmos em sua identidade pessoal.

Histórias de gênero (terror, detetives, amor etc.) para adolescentes

Docampo, Xabier: *Cando petan na porta pola noite*. Vigo: Xerais (*Cuando de noche llaman a la puerta*. Madrid: Anaya).***

Fernández Paz, Augustín: *O único que queda é o amor*. Vigo: Xerais (*Lo único que queda es el amor*. Madrid: Anaya).***

Martín, Andreu; Ribera, Jaume: "Flanagan". Barcelona: Columna (Madrid: Alfaguara).***
Ruiz Safón, Carlos: *El príncipe de la niebla*. Barcelona: Edebé.***
Selznick, Brian: *La invención de Hugo Cabret*. Madrid: SM.***

4.5. A poesia e o teatro

É um lugar comum assinalar a escassa atenção que recebem a poesia e o teatro para meninos e meninas. A poesia infantil segue nutrindo-se principalmente das fontes folclóricas e o teatro se vincula com a dramatização de textos de origem narrativa e com os jogos de improvisação infantil. No entanto, cabe apontar a recuperação social desses gêneros nos últimos anos graças à potência da oralidade, da atração do espetáculo, que mantém uma oferta de ócio tanto teatral, como de narradores de contos ou de recitais poéticos, assim como à adequação dos textos poéticos às novas tecnologias. Esta nova situação oferece já um crescimento significativo da oferta editorial de poesia e talvez incremente a do teatro infantil.

A) *A poesia*

Ao longo do século e à medida que a poesia deixou de ser poesia "para as crianças queridas" e passou a basear-se na função estética, a edição de poemas para a infância adotou diversas formas que podem resumir-se nas seguintes:

1. Antologias folclóricas que dão continuidade a uma linha de pesquisa. À tarefa de seleção dos materiais já existentes acrescentou-se também novas buscas, especialmente nas escassas áreas em que ainda era possível encontrar canções, adivinhações, cantigas de roda etc., que não haviam sido recolhidas em edições escritas. Nas orientações bibliográficas do capítulo um, o leitor pode encontrar alguns exemplos deste tipo de antologias.
2. Seleções de poemas para adultos que parecem acessíveis às crianças. Às vezes, tratam-se de seleções de um só autor, outras se realizam a

partir de um movimento poético e outras com critérios mais amplos. Na literatura espanhola têm sido especialmente selecionados os autores da Geração de 27 por causa de sua ligação com as formas folclóricas, como em *El huerto del limonar*, de Ana Pelegrín, ou *Mi primer libre de poemas*, da editora Anaya.

3. Antologias mistas, com poesias folclóricas, de autores para adultos e de escritores para crianças realizando grupos distintos: segundo os temas, segundo sua facilidade para serem recitadas etc. Este tipo de antologia moderna surgiu já nos anos 1930, com obras como *Poesia infantil recitável* (1934), de José Luis Sanchez Trincado e Rafael Olivares, ou *Selecta de lectures* (1935), do pedagogo Artur Martorell. Já em época mais recente, podemos citar o esplêndido *Silbo del aire*, de Arturo Medina, ou *Poesia española para niños*, de Ana Pelegrín.

4. Livros de poemas realizados pelas próprias crianças ou a exposição de experiências escolares a partir de poemas de adultos. No entanto, esta opção, muito presente no início da etapa, foi desaparecendo do mercado.

5. Poesia de autor para o público infantil. Até a primeira metade do século, só alguns poetas espanhóis, especialmente autores latino-americanos, criaram uma certa tradição de poesia para crianças. A precariedade continuou na Espanha até a década de 1980, apesar de algumas exceções notáveis como a obra de Gloria Fuertes, a *Canción tonta em el sur*, da catalã Celia Viñas (1948), o *Museu zoològic* (1963) e *Bestiari* (1964), de Josep Carner etc. A partir de então, começaram a aparecer outros autores de valor, igualmente afastados da versificação fácil e da visão do mundo estereotipada e terna tão frequente nos versos para crianças, pertencentes já à produção nas quatro línguas oficiais da Espanha, e também se produziu uma maior difusão da poesia latino-americana. No item sobre a seleção de livros na parte final deste tópico se incluem algumas das obras atuais interessantes.

6. Álbuns em que um ou vários poemas são ilustrados e a imagem tem um papel relevante na interpretação. Por exemplo, editou-se dessa maneira o poema de Walt Whitman *El astrónomo* ou o de J. W. Goethe *El mar en calma y viaje feliz*, seguindo-se o critério adotado pela coleção "Vull llegir poesia!" da editora Cruïlla.

Se analisarmos os critérios subjacentes às obras escritas para a infância, e também os critérios que regem a realização das antologias poéticas, podemos chegar à conclusão de que a ideia das características adequadas à poesia infantil que as rege são as seguintes: a brevidade, alguns interesses temáticos determinados – por exemplo, os animais, a natureza em geral ou os brinquedos –, uma linguagem simples, referências próximas da experiência infantil, a abundância de humor, uma versificação em arte menor e determinados recursos expressivos, tais como a abundância de metáforas.

Destaca-se também, especialmente, uma deliberada aproximação com as formas folclóricas e as suas realizações concretas. Assim, muitos poemas infantis usam o jogo intertextual a partir das canções tradicionais que se supõe serem conhecidas das crianças e a maioria pode inscrever-se nos gêneros literários tradicionais: as adivinhações, os romances, as estrofes, as canções de roda, um par de versos, trava-línguas, chiste verbal, os sem sentido e os limeriques (importados da tradição britânica ou oriundos de sua difusão por parte de Rodari).

Livros de poesia

Arciniegas, Triunfo: *Señoras y Señores*. Caracas: Ekaré.
Garraión, Aba: *Si ves un monte de espuma y otros poemas. Antología de poesía infantil hispoamericana*. Madrid: Anaya.
García Padrino, Jaime; Lucía Solana: *Por caminos azules...* Il. Luis de Horma. *Antología de Poesía infantil*. Madrid: Anaya.
Murciano, Carlos: *La niña calendulera*. Madrid: SM.
Polo, Eduardo: *Chamario: libro de rimas para niños*. Il. Arnal Ballester. Caracas: Ekaré.
Romero, Marina: *Alegrías*. Madrid: Anaya.
Colección "Ajonjolí". Barcelona: Hiperión.
Colección de grandes poetas "para niños". Madrid: Ediciones de la Torre.
Graell, Marc; Ballester, Josep: *Antologia poètica*. Valencia: Tàndem.
Desclot, Miquel: *Poesies amb suc. Antologia poètica per a infants*. Barcelona: La Galera.

Desclot, Miquel: *El bestiolari de la Clara*. Barcelona: Edelvives.
Sala-Valldaura, Josep M.: *Tren de paraules*. Il. Carles Porta, Lleida: Pagès Editors.
Xirinacs, Olga: *Marina*. Barcelona: Barcanova.
Colección "Vull llegir! Poesia". Barcelona: Cruïlla.
García Teijeiro, Antonio: *Bolboretas no papel*. Tambre: Edelvives.
Sánchez, Gloria: *Fafarraios; Rimas con letra*. Il. Xan López Domínguez. Vigo: Xerais.
Fernández, Ana María: *Amar e outros verbos*. Il. Xosé Cobas. A. Coruña: Everest.
Álvarez Cáccamo, Xosé María; Núñez, Marina: *O libro dos cen poemas (Antoloxía da poesía infantil galega)* Il. Manuel Pizcueta. A Coruña: Espiral Maior.
Kruz Igerabide, Juan et al.: *Gure poesia*. Madrid: Anaya.
Kruz Igerabide, Juan: *Poemas para la pupila*. Barcelona: Hiperión.
Kruz Igerabide, Juan: *Botoi bat bezala. Como un botón*. Madrid: Anaya.

B) *O teatro infantil*

A partir da década de 1960, a pedagogia moderna recuperou a bandeira da utilização do teatro infantil na escola, na vertente mais próxima às atividades criativas e de expressão verbal e corporal. Tentou-se marginalizar o teatro infantil tradicional e dar força à dramatização infantil em um "teatro sem plateia" que promovia a participação e a socialização de meninos e meninas. Atualmente, as formas teatrais se diversificaram e equilibraram e, em teoria, ninguém duvida da capacidade formadora do teatro em seus múltiplos usos e formas, desde os títeres ao teatro de sombras ou de autor, desde sua integração nas atividades escolares à riqueza dos espetáculos infantis, desde o interesse da projeção e expressão pessoal à construção cultural do conhecimento de suas distintas possibilidades: teatro cômico, dramático, musical, poético etc. (Tejerina, 2003).

Na prática, no entanto, o teatro para crianças continua mantendo uma atividade pública esforçada e dependente das subvenções institucionais.

Seu uso real nos centros escolares ou de animação cultural se mantém baixo por causa da escassa ou nula formação dos docentes neste campo, e as editoras publicam poucas coleções de textos teatrais para crianças, já que não existe uma procura generalizada deste tipo de textos que os torne rentáveis. Algumas dessas coleções se baseiam em adaptações de contos e narrativas infantis, enquanto que as que se nutrem majoritariamente de textos autorais oferecem adaptações de obras clássicas (de Shakespeare ou Cervantes, por exemplo), algumas obras infantis realizadas esporadicamente por autores contemporâneos de teatro adulto (como Valle-Inclán, Garcia Lorca ou Alejandro Casona) e, finalmente, obras de autores que habitualmente se dirigem ao público infantil, como José Luis Alonso de Santos, Pep Albanell ou Luis Matilla.

Livros de teatro

Alonso de Santos, Luis: ¡Viva el teatro! Madrid: Everest.
Dautremer, Rebecca: *Tortuga gigante de Galápagos.* Zaragoza: Edelvives.
Díaz Esarte, Xavier: *Zape, katu jauna.* Donostia. Erein.
Janer Manila, Gabriel: *El corsari de l'illa conills.* Barcelona: Edebé (*El corsario de la isla de los conejos*).
Matilla, Luis: *El árbol de Julia.* Madrid: Anaya.
Rayó, Miquel: *Un conte d'ángeles i dimonis.* Barcelona: La Galera (*Um cuento de ángeles y demonios*).
Rodríguez Almodóvar, Antonio: *La niña que riega las albahacas.* Madrid: Ediciones de la Torre.
Podem consultar-se guias específicos de obras teatrais:
Butiñà, Julia; Muñoz, Berta; Llorente, Ana (2002): *Guía de teatro infantil y juvenil.* Madrid: Asociación Española de Amigos del Libro Infantil y Juvenil, ASSISTEJ y UNED.

Atividades sugeridas

1. *A transmissão de novos valores sociais*

1.1. Reunir uma coleção de álbuns infantis dirigidos à exploração de sentimentos. Observar os procedimentos utilizados em relação a ela. Se se faz em grupo, escolher um dos álbuns e argumentar sobre sua qualidade segundo este propósito. Comparar os escolhidos com o quadro de valores atuais do final do item 4.1. Podem-se utilizar títulos como os seguintes:

> Bauer, Jutta: *La reina de los colores*. Salamanca: Lóguez.
> Browne, Anthony: *Ramón preocupón*. México: Fondo de Cultura Económica.
> Erlbrunch, Wolf: *Los cinco horribles*. Barcelona: Juventud.
> Foreman, Michael: *Hola mundo*. Madrid: Kókinos.
> Freymann, Saxton: *Vegetal como sientes. Alimentos con sentimientos*. Il. Joost Elffers. Bacelona: Tuscania.
> Ginard, Pere: *Libro de lágrimas*. Madrid: Anaya.
> Ginesta, Montse: *Las pequeñas (y grandes) emociones de la vida*. Valencia: Tàndem.
> Janisch, Heinz: *Mejillas rojas*. Il. Aljoscha Blau. Salamanca: Lóguez.
> Lemieux, Mihèle: *Noche de tormenta*. Salamanca: Lóguez.
> Quintiá, Xerardo; A. C. Quarello, Maurizio: *Titiritesa*. Pontevedra: OQO.
> Reider, Katja. *Trufo y Rosa*. Il. Jutta Bücker. Barcelona: Thule.
> Reynolds, P. H.: *Casi*. Barcelona: Serres.

1.2. Comparar as seguintes obras (o primeiro capítulo ou um trecho representativo pode ser suficiente) para comprovar a evolução dos valores ao longo do tempo:

> Um exemplo do século XIX: Amicis, Edimundo D': *Coração*.
> Um exemplo da década de 1970: Sorribas, Sebastiá: *El zoo d'en Pitus*. Barcelona: La Galera (*El zoo de Pitus*) (observar o prólogo e as atividades didáticas finais).
> Um exemplo da nova etapa a partir dos anos 1970: Ende, Michael: *Momo*. Madrid: Alfaguara.

2. O reflexo das sociedades atuais

2.1. Comparar os seguintes títulos (três álbuns e uma novela juvenil) sobre o tema da migração para contrastar as diferentes reflexões ou soluções ao tema que se oferecem:

> McKee, David: *Los tres monstruos*. Barcelona: Ekaré.
> Geder, Armin: *La isla*. Salamanca: Lóguez.
> Piquemal, Michel: *Mi miel, mi dulzura*. Il. Ëlodie Nouhen. Madrid: Edelvives.
> Abdel-Fartah, Randa: *¿Por qué todos me miran la cabeza?* Barcelona: La Galera.

3. As novas tendências literárias e artísticas

3.1. Ler uma novela juvenil de fantasia épica e analisá-la segundo o esquema oferecido ao final do item 4.3.2 para ver se se ajusta às regras convencionais do gênero.

3.2. Buscar exemplos que ilustrem as características do quadro de tendências artísticas oferecido ao final do item 4.3. Podem servir:

> Ahlberg, Allan y Janet: *El cartero simpático*. Barcelona: Destino.
> Carranza Marcela: "El clan de las brujas". Barcelona: Edebé.
> Cruel, Christian; Bozellec, Anne: *Clara, la niña que tenía sombra de chico*. Barcelona: Kumen (em bibliotecas).
> Dahl, Roald; Blake, Quentin. *¡Qué asco de bichos!* Madrid: Alfaguara.
> Erlbruch, Wolf: *El pato y la muerte*. Barcelona: Barbara Fiore,
> Lago, Ángela: *De noche en la calle*. Caracas: Ekaré.
> Rosen, Michael: *El libro triste*. Il. Quentin Blake. Barcelona: RBA.
> Townsend, Sue: *El diario secreto de Adrian Mole*. Barcelona: Planeta&Oxford.
> Traxler, Hans: *La aventura formidable del hombrecillo indomable*. Madrid: Anaya.

Assim como a maioria dos livros já citados nas outras atividades do capítulo.

4. Livros para não leitores e livros brinquedo

4.1. Expor uma seleção de livros de qualidade para os pequeninos que ilustrem os diferentes tipos de livros expostos no item 4.4.1. A seleção pode ser utilizada no futuro para estar seguro de oferecer um corpus variado às crianças. Pode-se utilizar a lista de livros recomendados no próprio item.

5. A poesia para meninas e meninos

5.1. Elaborar uma antologia pessoal de poemas infantis (pode-se recorrer aos títulos recomendados) e realizar um registro em áudio ou um blog com imagens sugeridas pelos poemas selecionados.

5

Critérios de avaliação e seleção de livros infantis e juvenis

> Nossa tese é que a aprendizagem – especialmente a da leitura – deve dar à criança a impressão de que, por meio dela, se abrirão novos mundos em sua mente e sua imaginação. E isto não resultaria difícil se ensinássemos a ler de outra maneira. Ver como uma criança perde a noção do mundo ou esquece todas as suas preocupações quando lê uma história que a fascina, ver como vive no mundo da fantasia descrito por aquela história inclusive depois de ter acabado de lê-la é algo que demonstra a facilidade com que os livros cativam as crianças pequenas, sempre e quando se trata de livros adequados.
>
> Betteheim e Zelan (1982:56-57)

A citação de Bruno Bettelheim e Karen Zelan serve para situar precisamente o centro do problema: quais são os livros adequados? Os adultos que escolhem livros para os meninos e meninas sempre perceberam que estabelecer critérios para fazê-lo bem é uma questão complexa... e indispensável (Colomer, 2008b). Na atualidade esta tarefa é absolutamente necessária, já que o mercado editorial põe a nosso alcance uma lista interminável de obras que aumenta a cada ano com a edição de mais de 10.000 títulos somente na Espanha. A necessidade de selecionar algumas obras entre esse oceano de ofertas requer algum tempo e uma dose considerável de serenidade.

Não se pode ler tudo: cabe assinalar, em primeiro lugar, que é preciso abandonar qualquer pretensão de fazê-lo. Durante muitas décadas se dispôs de tão poucos livros *apropriados* que os mediadores interessados pelo tema eram capazes de dominar a oferta existente e de detectar as novidades interessantes. Hoje, no entanto, é necessário recorrer aos instrumentos que permitem chegar além do que a leitura individual poderia abarcar e também fazê-lo mais rapidamente. Consultar as seleções oferecidas por revistas ou especialistas que mereçam nossa confiança e criar grupos de leitura entre pais, bibliotecários ou professores são formas de chegar a uma produção já aprovada, o que facilita enormemente a busca própria (veja o item sobre seleção de livros na bibliografia do capítulo seis).

... mas pode-se controlar: com a mesma segurança pode afirmar-se que, em segundo lugar, esta tarefa não é difícil, porque os livros *apropriados* variam lentamente. Cada professor pode ir construindo um conjunto de obras que lhe pareçam valiosas e com as quais se sinta cômodo, um conjunto que lhe será rentável durante muitos anos para atender às sucessivas gerações de meninos e meninas de sua classe e que pode compor-se de:

- Um conjunto de livros *clássicos*. Para isso, pode recorrer, inicialmente, à lembrança de sua própria infância, se bem que será necessário verificar se esses títulos se mantêm vivos e não perderam sua capacidade de conexão com os leitores para converterem-se em "livros históricos". Não há nenhuma dúvida de que *A ilha do tesouro* mantém-se atraente. Mas ocorrerá o mesmo com as aventuras de Celia, de Elena Fortún, ou *Els sis Joans*, de Carles Riba? Ou bem é um clássico esquecido *Através del desierto y de la selva*, de Henryk Sienkiewicz?
- Muitos livros *recentes*. A riqueza da literatura infantil e juvenil atual é inegável e interessa aproveitar o grande potencial que oferece.
- Algumas *novidades*. A partir de um primeiro corpus, resulta relativamente simples manter a atenção sobre as obras que vão aparecendo. Pode-se, assim, substituir um título por outro que cumpra melhor a função que lhe atribuímos ou ainda ampliar nossa oferta (de temas, gêneros, tipo de ilustração etc.) com novas aquisições.

Na realidade parece conveniente variar com lentidão o corpus que nos é familiar. Por um lado, porque é essencial que conheçamos bem os livros que apresentamos às crianças e, por outro, porque existe uma contradição fundamental entre o funcionamento do mercado a partir de novidades e a necessidade dos leitores de sentir que suas leituras são conhecidas e compartilhadas, tanto por sua geração como pelos adultos. Há que se dar, pois, uma margem mais ou menos ampla para a novidade e exeprimentação, mas mantendo os livros que satisfazem plenamente as necessidades literárias dos meninos e das meninas, que só têm uma vez a idade para lê-los como crianças.

Com que critérios se deve construir ou renovar este conjunto de livros apropriados? Para responder a esta pergunta, há que se refletir sobre os três aspectos abordados nos trechos seguintes: a qualidade dos livros, sua adequação aos interesses e capacidades dos leitores e a variedade de funções que queremos conceder-lhes.

5.1. A qualidade dos livros

Geneviéve Patte (1988) utiliza a expressão "livros que não são nada" para alertar sobre os livros "escritos por cérebros de segunda classe" que enchem o tempo fugaz da infância com leituras que não deixarão nenhum vestígio. Estes livros oferecem lugares comuns, personagens estereotipados, sentimentos tópicos e motivações unívocas. Não servem para ajudar os meninos e meninas a "tirar conclusões, não sobre certezas de um mundo antigo, mas sobre as diversas perspectivas que podem construir para que a experiência se torne compreensível", como disse Jerome Bruner (1988) ao falar sobre a função da literatura.

Como temos assinalado, a média semanal de leitura de um livro entre os cinco e os quinze anos – um ritmo certamente alto – levará a pouco mais de 500 títulos lidos. Não são muitos para poder desperdiçá-los em leituras "que não são nada", sobretudo se pensamos que alguns livros medíocres também merecem seu lugar na vida leitora das crianças já que, frequentemente, as leituras de livros estereotipados cumprem outras funções e apresentam outras vantagens. Por exemplo, podem ser livros que estão na moda entre as crianças, de forma que os ajudem a experimentar a leitura como um instrumento de socialização, ou pode ser que satisfaçam o afã de colecionador, que se experimenta em determinadas idades, ou sua facilidade de leitura pode fomentar também uma autoimagem positiva como leitores por parte de crianças que, como eles, se sentem capazes de encarar livros mais grossos ou que podem perceber aí o esforço de seu progresso como leitor, sentindo-se aliviado.

No entanto, o limitado tempo dedicado à leitura é, principalmente, um estímulo para tentar oferecer uma experiência literária de qualidade durante a infância. Decidir que um livro possui esta capacidade não responde a uma fórmula determinada. Os bons leitores literários construíram um horizonte de expectativas que os leva a apreciar comparativamente o valor de cada nova leitura. Não há mais segredo, pois, para este aspecto da seleção, que o de ser um bom leitor e contrastar a leitura dos livros infantis, em primeiro lugar, com o interesse e prazer que proporcionaram ao mesmo adulto.

Esse juízo imediato pode aquilatar-se em segundo lugar, com uma análise mais detida das qualidades específicas da obra e com a comparação da própria avaliação com a realizada pelos demais – pela crítica, por outros adultos interessados e pelas crianças a quem se destinam – para descobrir novos aspectos que não tinham sido levados em conta. Como na avaliação de qualquer coisa, nossa afirmação sobre a qualidade de um livro se baseia na comparação e na apreciação de seus distintos elementos (Colomer, 2002). Vejamos a seguir alguns deles para exemplificar em que devemos fixar nossa atenção ao avaliar os livros.

5.1.1. A análise da narrativa literária

	Discurso			
Alguém *Narrador*	explica *Aspecto: Modalidade Voz Temporalidade*	a alguém *Receptor*	uma	**História** *Fatos Lógica causal Espaço Personagens*

Pozuelo (1988)

Nesta definição há dois elementos: um, a *história*, define o material e objeto do relato. A narrativa é definida por uma série de acontecimentos enlaçados de forma lógica em uma estrutura, sujeitos a uma cronologia, inscritos em um espaço e causados ou sofridos pelos personagens. O outro elemento, o *discurso*, define-se como a maneira em que o leitor se inteira da história graças ao narrador. No primeiro capítulo deste livro, aplicamos este esquema aos contos populares para contemplar a forma simples de um relato. Ali vimos que a forma de contar uma história implica:

1. O aspecto ou a maneira como o narrador percebe a história: quem vê o que ocorre para poder contá-lo.
2. A modalidade escolhida para contar a história (mostrar diretamente o que ocorre ou dizê-lo, narrar ou descrever), a forma de fazê-lo (direta ou indiretamente) etc.
3. A voz que fala.
4. A ordem cronológica na qual as coisas ocorrem e a forma como o narrador as ordena para contá-las.

Também assinalamos que as narrativas para primeiros leitores começavam a distanciar-se das formas mais simples para introduzir complicações em diferentes pontos da construção. É assim que os livros infantis e juvenis estabelecem um itinerário crescente de variações narrativas na medida em que se espera que os leitores sejam competentes para entendê-las (Colomer, 2009). As histórias podem complicar-se em formas como as seguintes:

- Com estruturas que contenham linhas argumentativas diversificadas. Por exemplo, aparece um personagem que conta sua própria história e esta fica inserida na principal, que se retoma para continuar o relato.
- Com alterações na ordem cronológica da exposição por meio de saltos no tempo, seja para trás ou para adiante; por exemplo, começando com um conflito já organizado, para dar um salto na continuação até o início do problema.

- Deixando sem explicitar uma parte da informação, esperando que o leitor deduza o que não foi dito; por exemplo, com ambiguidades não esclarecidas, finais abertos etc.
- Combinando diferentes vozes narrativas que se alternam no relato da história ou que se distanciam dela por meio da ironia, por exemplo.

Ou seja, em cada um dos elementos com os quais se constrói uma narrativa tem-se um leque de possibilidades. Umas resultam mais difíceis que outras para o leitor, mas do que se trata ao avaliar a qualidade é analisar se as opções do autor ao escolher os elementos construtivos se encontram realmente a serviço do que se deseja contar e se todos estes aspectos colaboram para ampliar a experiência literária de sua leitura.

A) *A linguagem*

O trabalho que o autor teve com a linguagem é um aspecto que merece especial atenção. A "textura" das palavras que ouvimos em nosso cérebro ao ler é algo essencial para o valor literário de uma obra. Ao analisar o texto, frequentemente se pensa apenas em sua dificuldade e está muito espalhada a ideia de que é necessário valorizar a quantidade de palavras desconhecidas ou seu registro culto para medi-la, mas há que lembrar que a maioria das palavras que se aprende a partir de um determinado momento procede, justamente, da leitura. No entanto, existem outros aspectos, tão ou mais importantes, para levar em conta, como a riqueza, precisão e qualidade das imagens da linguagem utilizada, atendendo à "paleta de cores" de um texto que não se propõe simplesmente a informar sobre um acontecimento.

Assim, há que se estar alerta ante o empobrecimento de textos baseados em frases simples e coordenadas que contêm o que o personagem vê ao seu redor ou o que está sucedendo, quase como se se tratasse de um argumento cinematográfico. E, já que o diálogo é muito utilizado nos livros infantis, vale a pena fixar-se especialmente nele.

O diálogo tornou-se mais curto e mais econômico nas últimas décadas. Os audiovisuais se veem obrigados a chamar a atenção em poucos segundos e a mantê-la por meio da ação. A repercussão destes meios nos hábitos de recepção dos meninos e meninas levou os autores a aumentarem a ação reduzindo as descrições e as explicações do narrador. Sem dúvida, introduzir muito diálogo facilita a leitura e pode servir aos leitores menores porque economiza texto. Mas também faz com que o leitor tenha de prestar muita atenção à densa informação facilitada pelos personagens, deva ser muito rápido no processo de dedução e, sem um narrador que lhe conte, pode encontrar-se "sozinho" na compreensão do que acontece. Assim, pois, muito diálogo às vezes não significa mais simplicidade.

Outro aspecto importante da avaliação dos diálogos é que não soem falsos. É preciso muita habilidade ao passar informações por meio dos diálogos para que isto não ocorra. São os personagens que falam e não há que ouvir o autor informando ao leitor ou dando um sermão moral por meio deles, como sucede em muitos livros infantis.

Pauta da avaliação dos diálogos

- O leitor deve ter indicações claras sobre quem fala.
- Cada personagem deve ter uma voz própria, adequada a suas características e que não sirva de empecilho à mensagem do narrador.
- O diálogo deve ser verossímil e, ao mesmo tempo, mover-se dentro das convenções do texto, que nunca o reproduz como se se tratasse de uma gravação.
- Os diálogos dão conta de uma conversação; portanto, como na vida real, as invenções devem responder tanto às perguntas diretas como às implicações derivadas da situação.
- Os diálogos devem manter uma boa relação com o progresso da história, oferecendo informação sem prolongar-se tediosamente ("'Olá', disse o gato. 'Olá', respondeu o menino" etc.).
- O diálogo deve colaborar com o narrador em um equilíbrio que permita pensar que os leitores terão suficiente ajuda para entender adequadamente a história.

B) O início das narrativas

Analisar como começa uma narrativa é importante para avaliar suas possibilidades de êxito entre os leitores. Nas primeiras páginas, a história deve estabelecer o mundo de ficção, oferecer elementos ao leitor que lhe permitam juntar-se ao tom do relato e seduzi-lo para continuar a leitura. As obras devem oferecer, pois, suficiente informação para poder imaginar os personagens e o quadro da ação, e devem introduzir, ao mesmo tempo, interrogações que suscitem o desejo de saber mais sobre elas. Vejamos, a seguir, alguns excelentes inícios de obras que podem ilustrar estes aspectos.

A ilha de Gont, uma montanha solitária que se levanta a mais de 1.000 metros acima do tormentoso Mar do Nordeste, é uma famosa região de magos (U. Le Guin: *Un mago de Terramar*).

Todas as crianças do mundo, menos uma, crescem. E não apenas crescem, senão que em seguida sabem que hão de crescer. Nossa Wendy soube disso da seguinte maneira (J. M. Barrie: *Peter Pan*).

O Squire Trelawney, o doutor Livisey e os outros cavalheiros me encarregaram de escrever detalhadamente tudo o que se refere à "Ilha do tesouro", sem deixar outra coisa por dizer além da posição da ilha, já que ainda ficaram ali para recolher algumas das riquezas encontradas. Tomo a pena, pois, no ano de 17... e retrocedo até o tempo em que meu pai era o dono da pousada chamada "Almirante Benbow", quando o velho navegante, com o rosto moreno de sol, marcado por um corte, entrou em nossa casa na qualidade de hóspede (R. L. Stevenson: *A ilha do tesouro*).

— Tom!
Nenhuma resposta.
—Tom!
Nenhuma resposta.
— Onde se meteu esse garoto? Tom!
A velha senhora abaixou os óculos e olhou por cima todo o quarto; depois colocou os óculos e voltou a olhar, desta vez por cima dos arreios (Mark Twain: *As aventuras de Tom Sawyer*).

No primeiro exemplo vemos como uma só frase é capaz de lembrar um cenário completo, situar o gênero do livro e suscitar o interesse do leitor com uma declaração insólita. No segundo, Barrie coloca, de início, o tema do livro. Na continuação introduz um personagem, envolvendo logo a cumplicidade do leitor por meio do possessivo "nossa Wendy", e é dela que o narrador vai falar no trecho que se segue. Mas deixou traiçoeiramente instalada na mente do leitor esta semente motivadora: "Menos um". O famoso início de *A ilha do tesouro*, por outro lado, usa o recurso convencional do trabalho de escrever, mas é difícil oferecer mais informação em tão poucas linhas. Inclusive se atreve a revelar o final da história antes de arrastar o leitor até a entrada excitante de um pirata em uma tranquila pousada. Pelo contrário, há muito pouca informação explícita no início de *Tom Sawyer*. Mas a chamada da tia Polly é como ligar o interruptor da focalização no protagonista que caracteriza a obra e nos faz esperar ansiosos a aparição de um Tom, que sabemos já, em conflito com o mundo regrado dos adultos, uma encarnação do canto à infância que vai constituir a obra.

C) *O final das histórias*

O desenlace é outro elemento fundamental para a valorização das narrativas porque dá sentido ao que foi lido e provoca a reação emotiva do leitor. Assim, por exemplo, em *El desastre*, de Claire Franek, é precisamente o final o que nos faz saber que as catástrofes cumulativas que estão ocorrendo sucedem somente nos jogos manipulados por umas crianças, produzindo retrospectivamente uma volta humorística na história. E, se *La isla*, de Armin Greder, terminasse de forma tranquilizadora, em lugar de ver os ilhéus expulsando o estrangeiro em direção ao mar e fortificando sua ilha para evitar novas chegadas, a inquietude social que desvela no leitor não alcançaria a mesma intensidade.

Mudanças nas formas de desenlace nos livros infantis		
Até os anos 70 do século XX	Os contos acabam "bem"	João e Maria, Heidi, Dos años de vacaciones
	Ou acabam bem segundo a mensagem didática, embora seja "mau" para o protagonista que não tinha se comportado de modo adequado	Struwwelpeter (Pedro Melenas)
Na atualidade	Finais felizes	¡Julieta, estate quieta!, de Rosemary Wells
	Ou acabam relativamente felizes (nos que se assume um problema sem que este despareça ao final da história)	Nana Vieja, de Margaret Wild e Ron Brooks
	Finais abertos	Zorro, de Margaret Wild e Ron Brooks
	Finais negativos	¡Ahora no, Bernardo!, de David McKee La isla, de Armin Greder
	Finais a distintos níveis	Las brujas, de Roald Dahl

O final dos livros infantis é um dos aspectos que mais tem variado nas últimas décadas, ampliando-se com novas opções. Até os anos 1970, o protagonista podia cair em mãos de uma bruxa e estar a ponto de ser devorado, como ocorre em *João e Maria*, ser separado de sua família e dos que o cercam para servir na cidade, como em *Heidi*, de Spyri, ou ter que sobreviver como um Robinson adolescente em *Dos años de vacaciones*, de Verne. Mas o leitor podia ter a certeza de que, por mais que se ficasse horrorizado, triste ou tenso, no fim experimentaria um alívio. O conflito desapareceria para sempre e o leitor poderia emergir catarticamente de sua viagem literária com a satisfação da felicidade.

O desenlace positivo dos contos populares foi justamente um dos aspectos mais valorizados pelos psicólogos que analisaram a literatura infantil ao longo do século. Karl Bhüler o fez já em 1918, e a obra psicanalítica de Bettellheim (1975) o ressaltou especialmente ao dizer que a mensagem essencial dos contos para crianças é "que, crescendo e trabalhando duramente, e chegando à maturidade, algum dia sairão vitoriosos". A psicanálise deu tanta ênfase à virtude tranquilizadora do final feliz que criticou os poucos desenlaces que não eram nitidamente positivos, como os de alguns contos de Andersen, dominado pelas correntes românticas de sua época (*A vendedora de fósforos*, *O soldadinho de chumbo* etc.), e rechaçou, é claro, o castigo final dos antigos contos didáticos.

Mas, na literatura infantil e juvenil atual, há muitas obras que não adotam a norma do final feliz, salvo os que terminam com a aceitação do conflito, deixam o final aberto ou optam por um desenlace claramente negativo.

a) A *aceitação* de seus problemas por parte do protagonista constitui uma nova versão do final feliz. A mudança foi provocada pela introdução de temas psicológicos nos contos, já que, se o conflito provém do próprio interior – da agressividade, ciúme ou intolerância do personagem –, ou bem surge no encontro com as adversidades inevitáveis da vida – como a doença ou o desamor –, dificilmente o desenlace pode eliminar as causas do conflito. Um caso evidente é o da morte:

- A morte aparecia com frequência nas narrativas infantis tradicionais, mas não tinha a ver com o desenlace, e sim cumpria uma simples função narrativa: o desenvolvimento da ação forçava os órfãos a tomar a iniciativa ou resolvia o desaparecimento de personagens que já haviam exercido o seu papel.
- Em último caso, quando a morte se situava no núcleo do conflito, se resolvia a contradição oferecendo ao protagonista a possibilidade de reunir-se com os seres queridos no além, como em *Marcelino,*

pão e vinho, de Sanchez Silva, de maneira que podia manter-se a sensação de um bom final.

- No entanto, a literatura atual aborda a morte como tema principal e trata, precisamente, do sentimento interno de perda e da impossibilidade de remediá-la. Porque o que se pretende é fazer ver às crianças que o conflito é parte incontestável da vida, a solução narrativa se desloca em direção à maturidade do personagem, em direção à sua capacidade de aceitação e controle dos sentimentos negativos suscitados. Os álbuns *El pato y la muerte*, de Wolf Erlbruch, *Yo las queria*, de Maria Martinez Vendrell e Carme Solé, *Nana Vieja*, de Margaret Wild e Ron Brooks, ou a narrativa *Un puente hacia Therabithia*, de Katherine Paterson, são excelentes exemplos da delicadeza sem concessões que caracteriza a atitude educativa atual.

b) O final *aberto* é outra opção para terminar as obras, deixando sem fecho a narrativa. O grau de abertura pode ser maior ou menor, mas deve afetar aspectos substanciais da obra para poder considerá-lo como tal. Seu uso obedece a propósitos distintos:

- É adequado para mostrar uma visão mais completa da realidade, em que a maioria dos conflitos não se soluciona de uma vez por todas ou, ao menos, não de maneira completa. Assim, a forma de final feliz que acabamos de descrever no trecho anterior mantém sempre um certo grau de abertura.
- É muito frequente quando se tratam de temas sociais: por um lado, porque, se os conflitos descritos se situarem em contextos muito concretos, ou inclusive históricos, o final feliz poderia resultar totalmente inverossímil à luz dos sentimentos do leitor; por outro lado, porque a narrativa pretende, não apenas que o leitor conheça as situações, mas que adote um compromisso moral diante delas. Então, a mensagem consiste em afirmar que as coisas podem não acabar bem e que, portanto, há muito trabalho para fazer no mundo real.

- Os finais mais nitidamente abertos são os que não se propõem a tratar questões morais, senão que perseguem unicamente o jogo literário. As obras que se baseiam no humor e na imaginação tendem a ampliar o jogo com as expectativas do leitor para além do final do conto. Frequentemente o deixam sorridente ou esperançoso, sem poder precisar o que aconteceu ou não na história que acaba de terminar, ou bem deixam que decida o seu final.

A falta de uma resolução clara e definitiva das expectativas geradas durante a leitura obriga o leitor a dar uma atenção maior ao prazer de outros aspectos e níveis de significados. O final aberto pretende ser, pois, um toque de atenção que force o leitor a ir além da curiosidade argumental, já como conscientização, já como jogo. Diz Christina Nöstlinger no título de um capítulo de *Filo entra en acción*:

> (...) não se chega a nenhum "final feliz" porque uma história "policial" como esta não pode ter "final feliz". A não ser que haja leitores tão duros e insensíveis que só lhes interesse saber quem era o ladrão (204).

c) O final *negativo*. Se os finais abertos se relacionam com o aprendizado da ambiguidade, do jogo imaginativo ou da consideração reflexiva, o desenlace negativo supõe uma frustação muito impactante diante das expectativas criadas. Uma tal ferida só pode ser utilizada se se pretende produzir um forte efeito no leitor. Ou seja, se se pretende provocar, ou o riso, como ocorre com as mudanças de tom nos álbuns para primeiros leitores, ou a raiva e o pranto, como sucede na novela juvenil, quase sempre a serviço do impacto emotivo nas obras sobre temas "duros" de tipo social, dando um passo de dureza além do final aberto.

d) A mistura de elementos de um ou outro dos tipos assinalados.

- Em *Las brujas*, de Roald Dahl, os protagonistas conseguem vencer a convenção de bruxas inglesas e evitar sua maquinação contra a infância (final positivo). Mas esta vitória tem como contrapartida que o menino protagonista seja transformado em rato e que, portanto, lhe restem poucos anos de vida (final negativo). Ele os dedicará a combater esperançosamente as bruxas dos demais países embora não saibamos se o conseguirá (final aberto). Em qualquer caso, este futuro cheio de aventuras não pode ocultar o fato de que nos encontramos ante uma forma experimental de desenlace. Tanto é assim que a versão cinematográfica desta narrativa não ousou assumi-lo e o suavizou com a fórmula mais tradicional de final feliz, fazendo com que o menino recuperasse sua figura humana.

- A mistura de elementos se deve ao fato de que a narrativa trata mais de um tema e cada um pode terminar de maneira diferente. Em *No pidas sardina fuera de temporada* (*Não peças sardinha fora da temporada*), de Andreu Martín e Jaume Ribera, a investigação detetivesca chega a bom termo, mas o namoro ocorrido durante a aventura permanece em aberto e a obra termina com o protagonista adolescente instalado em seu escritório esperando o possível retorno de sua amada.
- A busca da cumplicidade com o leitor provoca um final duplo: o explicitado pelo narrador e o percebido pelo leitor. É o que ocorre em *El pequeño Nicolás*, de René Goscinny, em que se requer que o leitor entenda a distância entre o que se passa na narrativa e o que o personagem-narrador interpreta para obter um contraste humorístico:

> Basta! Cada um em seu lugar! Não representareis esta comédia durante a festa. Não quero de nenhuma maneira que o senhor diretor veja isto!
> Nós ficamos com a boca aberta.
> Foi a primeira vez que vimos que a professora castigou o diretor (95).

A grande inclinação dos livros infantis pelas novas formas de desenlace suscitou algumas polêmicas no campo de sua avaliação.

- Até que ponto os finais abertos e negativos podem ser entendidos ou assimilados psicologicamente pelos meninos e meninas? Robert Swindells, autor de *Hermano en la tierra*, alude a esta situação para tentar justificar sua decisão:

  > Em uma certa ocasião uma mulher me disse: "Não gosto do seu livro. Não há nenhuma esperança nele". Tinha razão. Não há esperança em minha história, porque se situa depois das bombas atômicas. A esperança, a única, é que a geração de vocês demonstre ser mais sábia e mais responsável que a minha, e as bombas não sejam lançadas (220).

- Não eram melhores os finais positivos tradicionais que muitos dos que acabam com a "aceitação do conflito"? Estes últimos apresentam o problema como se o leitor devesse tomar nota literalmente de como se comporta o personagem para fazer o mesmo na vida real, enquanto que os felizes tradicionais não eram educativos porque na realidade ocorre assim, mas sim pela vivência positiva experimentada pelas crianças em sua leitura, tal como disse Bettelheim.

- Podem-se aprender as convenções da narrativa em histórias desagregadas, volúveis, sem tensão até o final? Nas histórias tradicionais, o desenvolvimento estabelece uma tensão crescente até o desenlace e existe um equilíbrio entre a capacidade do leitor para prever como vai terminar a história e o ponto da leitura em que ele efetivamente se encontra. A proliferação de livros em forma de catálogos (de sentimentos, personagens fantásticos etc.), os que descrevem um amplo panorama de problemas próprios da idade do protagonista (e do leitor) ou os que incluem múltiplas ações, explicações e jogos poderiam ir em detrimento do interesse e da aprendizagem narrativa de um leitor submetido a esta dieta.

D) *Destacar os elementos de interesse*

Nos itens anteriores assinalamos três aspectos das histórias que merecem ser avaliados especialmente: a linguagem, o início e o desfecho. É claro que todos e cada um dos elementos de uma história ou um poema podem ser analisados em profundidade, mas a tarefa de selecionar as obras se dirige a observar os pontos de interesse segundo o propósito perseguido, ressaltando só aqueles elementos que se destacam por sua contribuição positiva à obra ou, ao contrário, por sua inconsistência.

Ficha de avaliação escolar

HEIDE, Florence Parry (1971): *Tristán encoge*. Alfaguara. Madrid, 2005. (*Tristão encolheu*).

Argumento: Tristão é um menino que encolhe de tamanho entre a amável indiferença dos que o rodeiam, até que descobre que a causa do problema é um "jogo de crescer" que tinha abandonado no meio da partida. Uma vez solucionado o conflito, percebe que seu cabelo ficou verde. Convencido de que ninguém o notará, decide se calar.

1. Avaliação de aspectos especialmente interessantes

- A construção narrativa: existe uma forma gradual e calculada de construir o significado a partir dos detalhes. Vemos, por exemplo, que o conflito vai se tornando preciso progressivamente ou que uma menção engraçada às ofertas de pacotes de cereais adquire significação posterior ao converter-se na origem do encolhimento de Tristão.
- O humor: o tom da obra é humorístico e se baseia em recursos como os seguintes:
    a) A imagem típica que incorpora cada um dos personagens: a mãe está ocupada em solucionar a infraestrutura doméstica e reage de forma atemorizada e culpada, o pai mantém com segurança posições racionais e científicas, a professora e o diretor argumentam a partir dos estereótipos pedagógicos de seus papéis e hierarquias respectivas, a secretária a partir da burocracia eficiente etc.

b) Os equívocos e raciocínios lógicos a partir de uma situação absurda; por exemplo: "Sois a única família em que há dois irmãos com o mesmo nome – disse o condutor do ônibus. – Suponho que depois que lhes ocorreu 'Tristão' já não puderam pensar em outro nome".

c) O ridículo das atuações adultas do ponto de vista "objetivo" do menino que as observa, na linha de *O pequeno Nicolau*, de Goscinny.

- O apelo à empatia do leitor. A identificação e a tensão se facilitam por meio de detalhes muito próximos da experiência infantil: os sapatos saem dos pés, o menino toma café da manhã lendo as ofertas dos pacotes de cereais etc.

- O tema e os valores. O mundo descrito é confortável e cordial, mas sem relações humanas autênticas. Tristão não apenas vive solitário, mas ainda aceita a situação com naturalidade. Em troca desenvolve uma certa autossuficiência para se desenvolver no mundo e solucionar seus problemas: vive refugiado na televisão e nos jogos por correspondência, não discute nunca, toma medidas para quando já não chegue a sua aposentadoria etc. O livro aborda o problema de crescimento (e o temor de crescer que pode levar ao desejo de regressão) em meio a uma total falta de comunicação com os demais. O final é pessimista, não apenas porque o menino pensa: "Se não digo nada, não me notarão", mas também porque a suposição é confirmada imediatamente como desenlace da história.

2. Avaliação das dificuldades de compreensão

- A linguagem do relato facilita a leitura: as frases são curtas pelo fato de adaptar-se a uma descrição objetiva e realizada de uma perspectiva infantil; existem repetições que buscam efeitos humorísticos nos diálogos ("Tristão – disse Tristão –") e muitas frases são lugares-comuns por sua caracterização arquetípica dos discursos adultos: "Bem sabe Deus que procurei ser uma boa mãe".

- A possível reserva sobre a obra está na dificuldade do tema tratado para a compreensão infantil e o tratamento sem esperança que recebe.

3. Uso escolar do livro

- As crianças dos cursos intermediários do primário podem gostar do humor que contém e pela identificação imediata do contexto. Deveria-se observar sua reação ante o tema e se sua interpretação pode guiar-se em direção a uma maior complexidade.
- Também é adequado para ser apresentado e debatido por leitores maiores. O tema pode interessá-los e a qualidade do livro manterá seu interesse embora o abordem inicialmente como uma obra para crianças menores.

5.1.2. A análise da ilustração

Os meninos e as meninas podem iniciar a aprendizagem da linguagem visual através dos livros ilustrados: a forma, a textura, o traço, o ritmo, o cromatismo, as maneiras de usar a cor para representar o volume ou a luz, a composição, a perspectiva etc. Assim, se os ajuda a fixar-se nela, podem aprender as possibilidades expressivas da ilustração segundo a técnica empregada ou distinguir os recursos mais frequentes:

| Uma silhueta em preto, como em alguns desenhos do séc. XIX, de Arthur Rockman, por exemplo, requer dimensões reduzidas e não serve para representar o rosto. | A tinta no pincel se presta a um efeito inacabado, como o de um borrão. | A tinta da caneta resulta límpida e estilizada e permite muitos detalhes. | O lápis e seu trabalho de sombras pode contribuir para o efeito realista de uma obra. | O resultado translúcido da aquarela pode optar por um tom mais ligeiro ou mais pesado segundo as camadas empregadas. |

A maioria dos álbuns atuais utiliza um traço (lápis, *rotring*, caneta) e cor (aquarela ou tinta); também se aprecia a volta ao lápis de cor.	Nos últimos anos triunfam também as técnicas mistas (desenho, pintura, colagem) e inclusive a reprodução de composições em três dimensões.	A pintura (acrílica, guache, aquarela) oferece formas de colorir ao serviço da expressividade, sobretudo para os pequenos.	A colagem utiliza papéis superpostos e é uma técnica utilizada nos livros infantis desde os anos 1970.	A fotografia moderna começa a ter seu próprio espaço, sobretudo nos álbuns que não narram histórias e nas primeiras idades.

♦ *A tradição artística*: a ilustração possui também sua própria tradição em relação às artes pictóricas e visuais. Permite, pois, incorporar-se ao conhecimento de diferentes estilos e correntes artísticas. Também permite apreciar a evolução na representação visual de determinados personagens ou paisagens convencionais em nossa cultura. Assim, os estudos de Teresa Duran (2007a, 2007b) ressaltaram alguns dos itinerários produzidos na literatura infantil.

A representação do rei nos contos		
Durante muito tempo foi um rei absolutista, com manto vermelho e arminho, à semelhança da representação versalesca.	Mais tarde se converteu no rei prussiano de uniforme militar, frequente nos desenhos animados de Walt Disney, como em *Branca de Neve*.	Também tomou a aparência de um rei burguês com vestimentas civis utilizadas já por Jean de Brunhoff nos contos do rei Babar.

Comparar as imagens é simples. Por isso, os meninos e as meninas podem utilizá-las para conhecer diferentes tradições culturais, familiarizando-se tanto com os delicados traços e as pinturas verticais da tradição chinesa, como com a matizada composição dos desenhos sobre cortiça da tradição pré-colombiana na ilustração latino-americana.

- *A forma de aproximar-se do leitor:* segundo Duran, os ilustradores podem priorizar diferentes vias de comunicação. As mais utilizadas seriam as seguintes:

  1. Por empatia emotiva. É uma via que busca estimular a afetividade e a simpatia por meio do uso de formas arredondadas, cores primárias, tons suaves e outros recursos, apreciados como "linguagem para crianças" por parte dos adultos. Os desenhos de Beatrix Potter ou de Joan Ferrándiz, na Espanha, se situariam nesta linha.
  2. Por desafio intelectual. É uma via que se dirige ao intelecto para desafiar o leitor por meio de jogos de cumplicidade ou de descobrimento, presença de ambiguidades etc. Os detalhes inquietantes que Tomi Ungerer derrama em suas obras são um exemplo para este tipo de proposta.
  3. Por difusão do conhecimento. É uma via que busca transmitir informação sobre a realidade. Os ilustradores se convertem, assim, em cronistas de seu tempo ou do contexto histórico aludido tal como pode ver-se nas formas de vida da primeira metade do século refletidas nas obras de Joan Junceda, na vontade histórica de Roberto Innocenti ou no reflexo do passar do tempo na paisagem da famosa obra *Die Veränderung der Landschaft* de Jörg Müller.

- *O texto como imagem*: nos livros ilustrados o texto e a imagem dizem e mostram algo. É sua função *linguística e icônica*, respectivamente. Mas, para responder a um propósito artístico, a atenção se encontra direcionada em como o dizem e como o representam, ou seja, no plano da *expressão literária e plástica*. As letras do texto podem invadir o campo icônico e ter uma função plástica se se joga com a forma das letras ou se se distribuem perseguindo um desenho determinado.

A maneira de modelar uma onomatopeia ou a voz dos animais nos livros para os pequenos, por exemplo, pode evocar o volume e o tom do som. Inclusive, pode-se brincar com sua ausência: todos os animais têm o texto de sua voz e, diferentemente, a girafa aparece sem ele. O "Oh" do título de Josse Goffin pode servir para que um crocodilo entre no círculo da letra "o" e provoque justamente essa exclamação no leitor. Ou a vertical da letra "d", do título *Leonardo*, de Wolf Erlbruch, pode servir como apoio onde sobe o menino protagonista, assustado com o cachorro que aparece também na capa.

A quantidade e a colocação do texto nas páginas pode obedecer ao ritmo buscado pelo autor e também pode facilitar a leitura. Quanto menor é o texto, mais importa sua qualidade dramática ou poética, porque a tensão da frase deve manter a atenção até virar a página e deve conservar-se na memória. Por isso, a sintaxe das frases e as linhas no papel devem corresponder-se ao máximo na leitura para os pequenos, já que são pouco velozes e retêm a informação durante pouco tempo, ou bem a ilustração deve estar junto ao texto correspondente para que não se percam.

Normalmente, o volume do texto se situa horizontalmente na página para acompanhar o desenvolvimento cronológico da história. A posição vertical, ao contrário, concentra-se sobre as mudanças no interior da estrutura do texto e por isso é a posição natural dos poemas. Mas o texto pode distribuir-se também com maior liberdade para conseguir efeitos especiais: em *Tigre trepador*, de Pulak Biswas e Anuskha Ravishantar, um "pschtttttt!" do texto em vermelho se prolonga visualmente nas listras da pele do tigre, que se vê na página seguinte. Ou, em *Por un botón*, de Carles Canos, Joma utiliza magistralmente distintas distribuições do texto na página como um recurso a mais para produzir as mudanças de ritmo deste conto vertiginoso.

Também o tipo e o tamanho da letra ajudam a legibilidade do texto e são susceptíveis de transmitir informação adicional. O tamanho da letra está diretamente relacionado com a idade dos leitores, de forma que é maior quanto menores são os destinatários. Desde já alguns anos existem coleções denominadas "fáceis de ler", que adotam os recursos de maior legibilidade para dirigir-se aos leitores menos hábeis ou com dificuldades especiais (da vista etc.). Por outro lado, as maiúsculas se associam ao volume da voz, as cursivas ressaltam a mensagem e se utilizam para as citações, as letras que imitam as da máquina de escrever ou o manuscrito evocam respectivamente estes tipos de escrita por parte dos personagens dos contos etc. Não há senão que observar os distintos tipos de cartas entregues em *El cartero simpático* dos Ahlberg para comprovar o uso significativo da tipografia. E as revistas em quadrinhos (comics) nos acostumaram também ao uso humorístico e específico ao utilizar maiúsculas para as proibições, letras góticas, hieróglifos ou imitações da escrita chinesa para personagens antigos e destes lugares etc.

Os jogos com o tipo e distribuição das letras servem também para ajudar os menores a saber se fala o narrador ou o personagem, ou ainda se o narrador está contando algo ou perguntando diretamente ao leitor. Acostumar os meninos e as meninas a explorar o livro antes de sua leitura e a fixar-se nos aspectos do texto elaborado pelo autor para ajudá-los facilita, sem dúvida, sua compreensão posterior da obra.

5.1.3. A análise dos elementos materiais do livro

Os elementos materiais de alguns livros infantis apresentam características particulares. Pode ser que estes aspectos obedeçam simplesmente a critérios de publicação editoriais. Mas pode ocorrer que tenham sido escolhidos para contribuir à interpretação da obra em estreita interdependência uns com os outros. Vejamos, a seguir, alguns exemplos sobre a maneira como esta inter-relação pode ser significativa.

A) O formato

a) O tamanho: a edição costuma distinguir três tamanhos de livros: o que se pode segurar com uma das mãos (livros de bolso), o que se lê segurando com ambas as mãos e o que requer, ainda, o apoio de um suporte. Nos livros infantis, esta regra varia segundo a idade do destinatário (e, naturalmente, o tamanho de suas mãos) ou a função que ele exerce (leitura compartilhada com o adulto, individualmente etc.). Do ponto de vista criativo, cabe assinalar que as dimensões do livro delimitam o trabalho dos autores e o campo visual do leitor. Em geral, um formato de dimensões reduzidas favorece uma relação de intimidade com quem lê. Pode completar, por exemplo, um relato na primeira pessoa, estabelecer uma conotação de "segredo" compartilhado ou adequar-se ao mundo de ficção evocado: por exemplo, uma história de formigas ou ratinhos. O formato reduzido leva a uma ilustração miniaturizada, com maior complexidade e detalhes quanto menor seja a página. As edições pequenas contendo uma série de contos de dimensões muito reduzidas oferecem exatamente a imagem de possessão pessoal e preciosa que pode ser ampliada por este formato.

Ao contrário, a adoção de um formato de grandes dimensões estabelece uma distância física entre o leitor e o livro, que adquire caráter de espetáculo. São livros para serem lidos em grupo, como se se tratasse de uma tela, e por isso oferecem obras dirigidas a leitores infantis que vão contemplá-los com a ajuda dos adultos, talvez colocados no chão, ou nas salas de aula de educação infantil. Os temas apropriados para este formato são temas de observação de cenários (o interior de uma casa, uma paisagem etc.), de viagens por meio de mapas geográficos, de grandes animais como dinossauros ou elefantes ou de imagens que requerem uma grande proliferação de objetos por uma ou outra razão, por exemplo, para mostrar em uma só página um grande número de rostos de raças diferentes em um livro sobre a diversidade humana. O formato grande se utiliza também comercialmente em virtude de sua conotação de "grandes obras" ou "grandes autores" em cuidadas coleções de clássicos.

b) *A forma*: há livros que brincam com formatos especiais, como o *Livro inclinado*, de Peter Newel, que o é literalmente como objeto, ou outros que aparecem com as bordas recortadas reproduzindo o contorno de paisagens ou animais etc. Ao tratar dos livros interativos, vimos também formatos pouco comuns, como o sanfonado ou a superposição de páginas cortadas, mas as formas habituais dos livros são as seguintes:

- *Retangular vertical*: é o mais comum, neutro e equilibrado em sua composição. No entanto pode utilizar-se também de forma experimental por meio de divisões entre a informação contida na parte superior ou inferior (diálogos simultâneos entre os adultos e as crianças, por exemplo), divisões em colunas etc.
- *Retangular horizontal ou formato italiano*: frequentemente quer representar o mundo físico ao identificar-se com o habitual olhar humano sobre a linha do horizonte. O movimento, a ação sequencial ou o tempo encontram sua melhor expressão na horizontalidade deste formato, assim como também o fazem determinadas representações panorâmicas, como paisagens. *El maravilloso viaje a través de la noche*, de Helme Heine (*A maravilhosa viagem através da noite*), com suas comitivas de personagens, *El mar en calma y viaje feliz*, de Gohete (*O mar calmo e viagem feliz*), ilustrado por Meter Schössow com seus horizontes marítimos, ou *El hilo de la vida*, de Davide Cali e Serge Bloch (*O fio da vida*), com sua simbologia cronológica são exemplos desse formato.
- *Quadrado*: um formato popularizado nas últimas décadas. A Editora Juventud chamou precisamente de "Cuadrada" sua coleção de contos neste formato nos anos 1980, o que já indica a novidade de seu lançamento. Tem o maior poder de concentração no texto ou na imagem mostrada, o que o torna adequado para a edição de poemas ou jogos linguísticos. No entanto, pode resultar monótono para narrar uma história. Para evitá-lo, se alterna o uso de uma página com a extensão de uma mesma ilustração de página dupla, de maneira que passa a combinar-se a forma quadrada com a retangular horizontal.

c) Capa, quarta capa e guardas: a capa e a quarta capa cumprem funções parecidas com as descritas ao falar do início da narrativa, já que a leitura se inicia com a contemplação e leitura do título, da imagem, do formato, da informação da quarta capa etc. É claro, pois, que recebem muita atenção por parte das editoras desejosas de conquistar o comprador. Nos álbuns, os autores costumam estabelecer jogos significativos entre a capa e a quarta capa e inclusive com a cor ou os desenhos das guardas. Em *Frederik*, de Leo Leonni, a capa mostra o rato visto de frente, enquanto na quarta capa o vemos de costas. É como se a história estivesse dentro dele e, como observa María Cecilia Silva-Días (Colomer, 2002), é uma maneira de expressar que se trata de um personagem portador de histórias, algo muito adequado para um relato sobre a criação artística e a individualidade.

B) *A página*

A página simples e a página dupla estabelecem o espaço da leitura. A divisão entre ambos os espaços pode permitir a criação de lugares independentes que marcam o ritmo, ou podem estabelecer ecos ou contrastes entre a informação contida em ambas as partes. Também pode ocorrer que não se respeite a divisão, fazendo que a imagem e o texto de uma página invadam a outra, ou, ao contrário, que uma só página contenha distintas sequências da ação.

As possibilidades de composição de texto e imagem em uma ou duas páginas são variadíssimas nestes momentos e oferecem um grande campo de experimentação para os autores conseguirem determinados efeitos. Para isso não tiveram dúvida em incorporar os recursos de inter-relação utilizados pelas revistas em quadrinhos (comics), pela publicidade ou pela ficção digital no desenvolvimento atual dos livros infantis.

Sophie van der Linden (2006) estabelece quatro formas principais de organizar as páginas dos álbuns:

- *Dissociação*. Uma composição tradicional e muito habitual é situar o texto na página esquerda e a imagem na página direita. A imagem e o texto se contemplam alternativamente e se estabelece um ritmo lento de leitura. É uma distribuição muito pertinente para a contemplação conjunta do livro por parte de um adulto e uma criança, já que a criança observa a imagem da página ao lado enquanto o adulto lê o texto.
- *Associação*. O texto divide a página com a imagem, às vezes em partes distintas (embaixo, por exemplo) ou em quadros. Mas a colocação entre ambos pode ser utilizada então para criar determinados efeitos. Na Figura 5.1, o texto e a ilustração do *Bibundé* se misturam em uma sucessão rápida que contribui para dinamizar a leitura.

Figura 5.1. Gay, Michel (2002): *Bibundé*. Barcelona: Corimbo.

Podem ainda, desmentir um ao outro, oferecendo na imagem uma interpretação inesperada do texto, como ocorre em *Caperucita Roja* (*tal como se la contaron a Jorge*) (Figura 5.2).

Chapeuzinho, esquecendo-se do que sua mamãe lhe havia avisado, contou-lhe que ia à casa de sua avozinha. Então o lobo saiu rapidíssimo para chegar antes da menina.

Figura 5.2. Pescetti, Luis María (2002): *Caperucita Roja (tal como se la contaron a Jorge)*. Il. O'kif. Madrid: Alfaguara.

- *Espaços divididos.* A técnica da revista em quadrinhos (comic) de dividir o espaço em vinhetas pode ser utilizada também nos livros ilustrados e nas novas novelas gráficas (Figura 5.3).

Figura 5.3. Tan, Shaun (2007): *Emigrantes*. Barcelona: Barbara Fiore.

- *Conjunção.* Textos e imagens se articulam em uma composição conjunta e global. Os textos não se justapõem, como na relação associativa, mas se integram (Figura 5.4). Há maior dificuldade para estabelecer as prioridades da leitura, de maneira que a obra se aproxima da leitura interativa própria das multimídias e formatos digitais. Ao dificultar a sequência narrativa, também é habitual usar este modelo em livros de poesia ou de ficção informativa com uma grande variedade de textos e imagens espalhados pela página.

Figura 5.4. Malet, Oriol (2009): *Julia y Julio*. Barcelona: Beascoa.

C) O fundo da página

Normalmente o fundo da página é branco. É um espaço abstrato que oferece um amplo campo à ação e que favorece a concentração na cena, ressaltando o texto e a imagem.

Mas, algumas vezes, o branco do fundo toma corpo. Pode significar, por exemplo, um fundo de nuvens ou inclusive a mesma página do livro em um efeito metaficcional, como ocorre na *Historia de la ratita encerrada en un libro* (Figura 5.5). E, se o branco se enquadra, as margens se convertem em um espaço distinto onde também podem aparecer coisas secundárias.

Figura 5.5. Felix, Monique (1981): *Historia de la ratita encerrada en un libro.* Caracas: María di Mase.

A cor preta é muito pouco usada como fundo, já que obriga a utilizar as letras do texto em branco ou em outras cores, para ressaltá-las. Mas pode-se usá--la para ressaltar a cor na imagem, para situar a ação nas horas noturnas, para evocar a cegueira ou a ignorância, como em *Siete ratones ciegos*, de Ed Young.

O fundo colorido busca um efeito deliberadamente decorativo ou de sentido associado à cor utilizada. A atração infantil pelas cores lisas encontra sua correspondência nos fundos de cores brilhantes alternadas dos contos de Dick Bruna; os fundos neogóticos dos vitrais medievais dão o tom da história de *Sir Gawin y la abominable dama,* de Selene Harting, ou a capa de *El libro triste,* de Michael Rosen, ilustrado por Quentin Blake, acompanha com o azul a tristeza de um pai pela morte de seu filho.

Também os quadros que limitam as imagens podem adquirir significado, como ocorre habitualmente nas revistas em quadrinhos. Às vezes para separar, às vezes para explorar as possibilidades de combinar quadros verticais, horizontais etc., às vezes para fixar molduras expressivas como os cinematográficos. Assim se ganham possibilidades narrativas. Por exemplo, David Wiesner cria um novo plano de representação dos personagens (agora hiper-realista) que saem de suas vinhetas (Figura 5.6)

Figura 5.6. Wiesner, David (2003): *Los tres cerditos*. Barcelona: Juventud.

5.1.4. *A análise da relação entre o texto e a imagem*

A capacidade do texto e da imagem de oferecer informação através de seus próprios recursos se vê acrescida pelas possibilidades do contrato que estabelecem ambos os códigos. Assim, pois, há que analisar a informação transmitida pelo texto e pela imagem para saber se expressam uma informação substancialmente idêntica (total ou somente de um aspecto parcial) como fazia tradicionalmente a *ilustração* de um texto, colocando o leitor em uma situação muito confortável ou se, pelo contrário, como é frequente hoje em dia, texto e imagem estabelecem relações complementares ou contraditórias:

- *Informações complementares* que o leitor deve unir. Um dos códigos enche lacunas na informação do outro e ambas as mensagens se fundem em uma única mensagem. No exemplo, o texto nos diz que "durante todo o dia Olívia procura as coisas das quais necessita para formar uma banda" e passa a concretizá-lo (Figura 5.7).

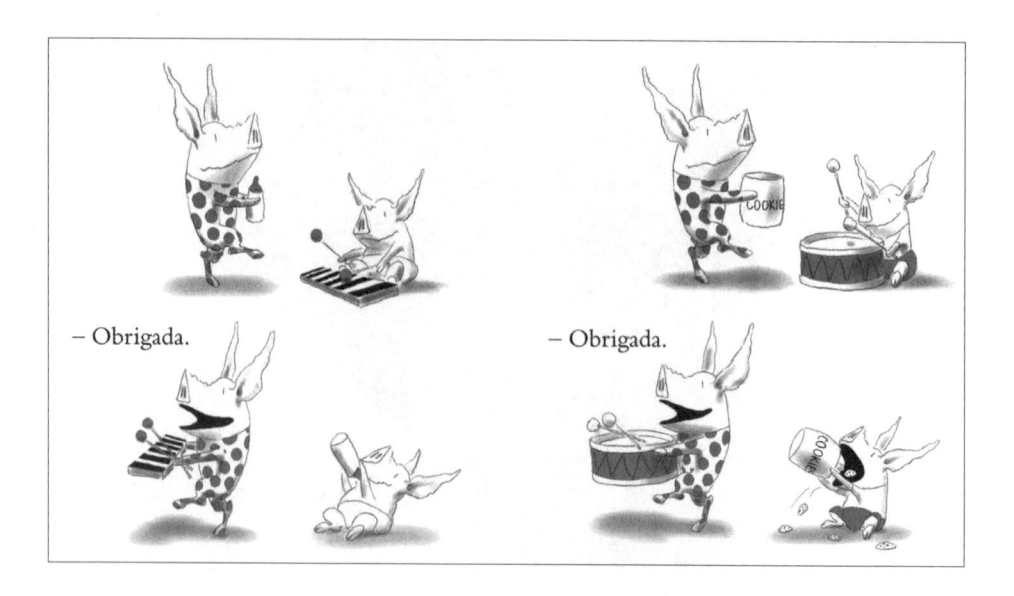

Figura 5.7. Falconer, Ian (2007): *Olivia y su banda*. México: Fondo de Cultura Económica.

- *Informações contraditórias* que o leitor deve harmonizar em um novo significado, como aqui, na evidente tensão de gradação contraposta entre texto e imagem. Cabe destacar que, neste tipo de relação, é a imagem que costuma dar a versão fidedigna do que ocorre (Figura 5.8).

Figura 5.8. Bruel, Christian (1980): *Clara, la niña que tenía sombra de chico*. Il. Anne Bozellec. Barcelona: Lumen.

- *Informações paralelas*: a contraposição entre a simples história de dois meninos que passeiam em um parque e a movimentação de personagens apenas na imagem força o leitor a tentar estabelecer uma ordem que outorgue coerência por meio de uma detalhada análise e leva a imaginar inumeráveis histórias, algumas das quais continuam sem poder se resolver no fim do livro (Figura 5.9).

Figura 5.9. Mackee, David (2005): *Odio a mi osito de peluche*. Madrid: Anaya.

- *Análise do texto*, contribuindo a fixar os pontos-chave da história, marcando seu ritmo, de forma que inclusive possa chegar a recapitular-se a história simplesmente por meio das imagens ou simplesmente prescindindo do texto (Figura 5.10).

Figura 5.10. Briggs, Raymond (2007): *El muñeco de nieve*. Barcelona: La Galera.

- *Síntese de conteúdo*: uma esfarrapada cinderela lava a roupa e seu reflexo na água nos mostra a menina transformada em princesa. A passagem de um a outro estado é o que nos conta a história que vamos ler (Figura 5.11).

Figura 5.11. Perrault, Charles (1984): *Cenicienta*. Il. Roberto Innocenti. Barcelona: Barcanova.

- Nas *versões dos clássicos,* às vezes é somente a imagem que muda para desmentir ou brincar com o texto e para obrigar-nos a reparar no novo sentido (Figura 5.12).

Figura 5.12. Perrault, Charles (1984): *Caperucita Roja*. Il. Sarah Moon. Madrid: Anaya.

Colaborações sobre diferentes elementos construtivos

Assim, pois, a imagem pode confirmar, expandir, analisar, contradizer, resumir ou acrescentar novos significados àquele contado pelo texto. E pode fazê-lo especificamente sobre um ou outro dos elementos construtivos. Ao descrever os recursos empregados para criar histórias para os primeiros leitores, vimos que a imagem podia ser utilizada para introduzir histórias secundárias na trama e para estabelecer uma ambiguidade interpretativa entre a fantasia e a realidade do ocorrido. Vamos acrescentar aqui um terceiro exemplo: a colaboração dos elementos não textuais para expressar *o ritmo e a duração* da história.

a) O ritmo: na abundante produção atual de livros animados utilizam-se procedimentos que interferem nos ritmos da narrativa. Assim, o efeito surpresa interrompe o relato e o suspende momentaneamente para renová-la na continuação. Os efeitos de contraste logrados ao longo das páginas que mudam as imagens, como em *Carrusel*, de Ernest Nister, oferecem tempos diferentes que se sucedam temporalmente e instaurem um ritmo de visão, do verão ao inverno, de vestido a nu, de uma cor a outra até chegar ao branco etc. Ou ainda, o ritmo é encarregado por criar a tensão narrativa em muitas histórias sem palavras.

b) *A duração da história*: a imagem colabora também na expressão do tempo do relato em formas como as seguintes:

- Se opta pela ilustração do momento mais intenso da história, onde se condensa a essência da narrativa (Figura 5.13).

Figura 5.13. Asch, Frank (2004): *El ratón del señor Maxwell*. Il. Devín Asch. Barcelona: Juventud.

- Se opta por modelar um momento qualquer de um processo temporal dilatado, o qual contribui à descrição da situação geral (Figura 5.14).

Figura 5.14. Buchholz, Quint (1998): *El coleccionista de momentos*. Salamanca: Lóguez.

- Se opta por reduzir ao mínimo a duração de uma ação modelando um instante fugaz, como em um gesto detido, o gesto logo antes da ação (Figura 5.15).

Figura 5.15. Dahl, Roald (2007): *Matilda*. Il. Quentin Blake. Madrid: Alfaguara.

- Movimento e duração podem expressar-se também por determinados riscos, como as convenções de velocidade das revistas em quadrinhos, a multiplicação de um mesmo personagem na cena para expressar sua atividade frenética ou a decomposição de uma só página em *várias cenas* (Figura 5.16).

Figura 5.16. Brunhoff, Jean de (2001): *La historia de Babar*. Madrid: Alfaguara.

- A sucessão das páginas implica uma progressão temporal da história. O tempo circula da esquerda para a direita. Esse é o sentido no qual os personagens avançam normalmente no papel. Pode-se jogar então ao retrocesso no espaço e no tempo, levando-os em direção à esquerda (Figura 5.17) ou ainda situá-los em direção à direita, já que, quanto mais em direção "à saída" da página se encontram, mais o leitor os perceberá em um movimento rápido. E o ritmo, ao virar as páginas, também pode dar ocasião à imagem para antecipar o relato com alguma alusão ao que virá ou, ao contrário, para dar pistas que obriguem a retroceder mentalmente reinterpretando o que já foi lido.

Figura 5.17. Sendak, Maurice (2009): *Donde viven los monstruos*. Pontevedra: Kalandraka.

Outros elementos narrativos também têm sua cumplicidade com a imagem. Por exemplo, a focalização de um personagem infantil pode expressar-se com uma imagem na altura de seus olhos, ou a correspondência de seus sentimentos interiores com o jogo de cores, algo que se tornou tema da história em *La reina de los colores,* de Jutta Bauer (*A rainha das cores*).

Ou a expressão de uma polifonia de vozes pode corresponder à modelagem de distintas representações na imagem: o que um diz, o que o outro imagina ao ouvi-lo, como em *La historia de Caperucita tal como se la contaron a Jorge,* de Luis Maria Pescetti, que vimos antes.

Guia de avaliação das imagens dos livros ilustrados

1. A ilustração é parte da história? Como se complementam texto e imagem?

   Por exemplo: a ilustração introduz uma história paralela que não figura no texto em *El calcetin de los tesoros*, de Pat Thompson (*A meia dos tesouros*).

2. Que técnica foi escolhida: gravura, colagem, pintura, caneta, lápis, fotografia etc.? Parece apropriada ao livro?
Por exemplo: a aquarela cria transparências adequadas para a expressão do outono em *El otonõ*, de Ulises Wensell.

3. As ilustrações se agregam a estilos determinados: realismo, impressionismo, expressionismo, surrealismo, arte popular, revistas em quadrinhos etc.? Parece uma escolha apropriada para ilustrar este livro?
Por exemplo: o estilo impressionista da *El viaje de Anno* (*A viagem de Anno*) coincide com sua visão da paisagem e com a escolha de quadros impressionistas (de Renoir, Seurat etc.) que estão na obra?

4. Que tamanho, formato, fundo, tipo de letra etc. foi escolhido? Parece apropriado para o tema, tom e legibilidade do livro?
Por exemplo: o fundo de sanefas góticas e o estilo de miniatura de *Sir Gawin y la abominable dama*, de Selina Harting situa a história do rei Artur no mundo medieval.

5. O que têm de especial os elementos que compõem o texto: linha, espaço, uso de cor, perspectiva etc.? Como colaboram no significado do livro?
Por exemplo: a perspectiva vista do chão dos rinocerontes de *Jumanji*, de Chris van Allsburg, os torna mais espantosos.

6. Traz novidades em relação a outras obras do mesmo autor? E com relação aos livros infantis em geral?
Por exemplo: as obras de Lela Mari, como *El globito rojo* ou *O ouriço do mar*, iniciam um jogo de transformações a partir das formas, algo inédito até então nos álbuns infantis.

7. Que tipo de resposta propicia no leitor?
Por exemplo: as ilustrações de Mercè Llimona buscam a empatia e a afetividade do leitor.

5.2. A adequação à competência do leitor

Os livros infantis e juvenis costumam ter muito presentes seus destinatários ajustando seus recursos ao que a experiência social considera adequado para umas ou outras idades. Por exemplo, a falta de comunicação entre o protagonista e seu mundo, especialmente com seus pais, é o tema comum que tratam ¡*Ahora no, Bernardo!*, de David Mckee, *Tristán encoge*, de Florence H. Parry, e *Elvis Karlsson*, de Maria Gripe. No primeiro, um álbum para primeiros leitores, um tema em princípio tão pouco adequado aos pequenos, pode ser abordado graças à distância que permite seu enfoque humorístico, sua fantasia e sua perspectiva narrativa externa. No segundo, um conto ilustrado para as idades intermediárias, persistem o humor e a fantasia, ainda que a perspectiva narrativa tenha se aproximado do protagonista e o tema se tenha ampliado em uma panorâmica sobre sua vida cotidiana na família, escola ou amigos. Finalmente, em *Elvis Karlsson*, se inclui também a vida completa do protagonista (a relação com seus pais, vizinhos, avós, amigos etc.), mas já não existem elementos humorísticos nem fantásticos, e a perspectiva narrativa se aproximou tanto do protagonista que ele acaba sendo construído a partir de uma espécie de monólogo interior, embora conservando a voz na terceira pessoa. A solução será agora o apoio nas relações afetivas com os demais e o amadurecimento pessoal. Cada um destes três passos supõe um aumento da dureza que está bem potente no grau alcançado pela terceira história, tal como pode ser apreciado no fragmento a seguir:

> Elvis sabe que ele é a origem de todas as preocupações de mamãe. Ele não saiu como ela esperava.
> No salão, sobre a vitrola, há uma fotografia de um cantor, que tem o cabelo forte e preto caindo em cachos. Mamãe tem muitos discos dele e os ouve muitas vezes. Não tem a menor ideia do que ele canta, porque canta em inglês, mas o faz muito forte. Algumas vezes mamãe até dança com sua música. Quando está contente e recorda outros tempos, antes de casar-se. Quando ele era o "ídolo" que ela admirava.
> O ídolo se chama Elvis e por essa razão ele também se chama Elvis, para que se parecesse com o autêntico Elvis da fotografia. Mas não aconteceu assim. Seu cabelo era castanho e duro como uma escova. Além disso, tem voz rouca e não canta nunca, ou seja, é lógico que mamãe tenha preocupações.

Outro dos problemas é que não tenha nascido menina; as meninas são mais tranquilas e se pode fazer vestidos, mas para os meninos não vale a pena fazer-lhes nada. E como, além disso, mamãe não vai ter mais filhos não poderá conseguir uma menina; já tem Elvis. Outra coisa boa das meninas é que são mais amáveis e mais fáceis de educar. Pelo menos isso é o que dizem as amigas ao telefone.

Muitas pessoas têm telefones brancos, mas o deles é preto; melhor assim, porque mamãe lhe conta tantas preocupações e problemas. É um monte de tristezas.

Elvis também sabe que é desobediente, terrível, e muitas coisas mais. Ser assim também é uma desgraça para ele, mas parece que ninguém para para pensar assim.

(*Elvis Karlsson*, 24)

A) *Apropriado para seus interesses*: as listas de classificação dos livros infantis e juvenis costumavam indicar uma idade apropriada para sua leitura. Isto se baseia na ideia de que os interesses e a capacidade de compreensão evoluem ao longo da infância e adolescência. Sem dúvida, os contos populares, os livros sobre peripécias de um grupo infantil ou as primeiras aventuras dos heróis refletem três tipos de fantasias que se adequam melhor a um momento ou outro da construção da personalidade.

Da mesma maneira, os temas dos livros e a perspectiva moral com que são abordados foram sempre questões muito consideradas na seleção das obras, já que são parte da reflexão de qualquer sociedade sobre os valores que se deseja transmitir às novas gerações durante sua formação. Atualmente, a ruptura dos tabus tradicionais, com a inclusão de elevadas doses de angústia na literatura infantil atual, sugere a necessidade de prever formas de mediação entre os livros e seus destinatários. Nesse sentido, muitos autores, como Emili Teixidó (2007), assinalaram repetidamente que a única condição para os livros infantis é que deem lugar à esperança nos temas abordados.

B) *Apropriado para sua capacidade leitora*: os livros estabelecem um itinerário de complexidade que começa pela quantidade de informação que o leitor deve relacionar durante a leitura. Ao falar dos primeiros leitores, temos visto que a estrutura em sequências é um recurso muito importante para facilitar a compreensão. Vejamos como progride este aspecto ao longo da infância:

Contos com pouco texto e uma unidade de sentido	Gabrielle Vicent: *Ernesto y Celestina han perdido a Siméon*
Agrupamentos de ações autônomas ou relatos curtos dentro de um quadro	Arnold Lobel: "Sapo y Sepo"
Narrativas mais longas com sentido unitário	Roald Dhal: *La maravillosa medicina de Jorge*
Narrativas mais longas divididas em capítulos de coesão crescente	Astrid Lindgren: *Pippa Mediaslargas*
Narrativas longas de trama complexa, em que a história se inter-relaciona com outras secundárias	J. K. Rowling: *Harry Potter*

Levar em conta que a evolução da competência leitora ao longo da infância não significa apenas vencer o tamanho e a estrutura de um texto. A coerência entre todos os elementos do livro é básica para prever as dificuldades de sua leitura, por exemplo, em relação às expectativas que cria no leitor. Uma ilustração demasiado infantil para o texto que a acompanha pode arruinar um livro; assim, uma capa com ilustração de Walt Disney em *Alice no país das maravilhas* é inadequada a todos para acompanhar um texto tão complexo como o de Carroll. Um formato ou uma ilustração original e forte atraem o leitor, mas, se a história é banal, devoram o texto e frustram o leitor, algo muito frequente na atualidade com o auge da imagem e as formas de consumo. Ou uma história de leitura simples mas excessivamente prolongada deixa o leitor com a sensação de que perdeu tempo.

C) *Sem tópicos de atribuição*: pouco texto e muita imagem não significam que seja uma leitura para os pequenos. E é uma sorte que seja assim porque isso ajuda os leitores com menor habilidade leitora, mas com capacidade de compreensão e interesses próprios de sua idade. Por exemplo, entre os oito e dez anos, os meninos e as meninas formam sua autoimagem como leitores e pode acontecer que seu escasso domínio de leitura, especialmente a velocidade, os encaminhe a livros com pouco texto. Se não se dispõe de livros curtos com histórias maduras, o infantilismo das narrativas reforçará definitivamente sua repulsa à leitura. Séries como as de *Geronimo Stilton* ou livros como *El secuestro de la bibliotecaria*, de Margaret Mahy, são exemplos de livros curtos que crianças dessa idade podem ler com interesse sem que se sintam discriminadas ou marginalizadas em suas leituras. E existem álbuns ilustrados, novelas gráficas e relatos curtos ideais para um destinatário adolescente.

Assim, pois, deve-se avaliar o livro em seu conjunto para considerar se pode *ensinar a ler* no sentido já assinalado, acolhendo o leitor em seu estágio atual e forçando-o a avançar na complexidade e riqueza das obras. Em continuação, a análise de um álbum permite ver a forma em que uma narrativa pode favorecer a leitura dos primeiros leitores.

5.2.1. *Exemplo de análise de* ¡Julieta, estate quieta!, *de Rosemary Wells*

Ao pegar o livro, a imagem oferece uma informação que não está contida no texto: os personagens formam uma família de ratos humanizados. Situa-se, pois, na tradição do gênero de histórias de animais, e concretamente de ratos, tão abundantes para estas idades.

Figura 5.18. Wells, Rosemary (2008): *¡Julieta, estate quieta!* Madrid. Alfaguara.

Primeira sequência

Ao pequeno Salustiano lhe dão o jantar cedo E Papai joga com Flor porque é a irmã mais velha Salustiano deve deitar-se depois de jantar	Começa com três cenas cotidianas nas quais se veem os pais atendendo o filho pequeno e sua irmã mais velha. A atenção dos adultos às necessidades do bem-estar infantil (comer, dormir, tomar banho etc.) é o imaginário de bem-estar por excelência dos contos para a primeira infância. Narrativa em forma de versos. Esta escolha facilita a leitura, já que as palavras rimadas ajudam a compreensão e, principalmente, a recordação posterior que permite uma releitura fluida. O texto assinala a característica de "menor" e "maior" dos dois filhos da família, enquanto que, em todas as imagens, aparece um terceiro personagem, uma ratinha de tamanho médio, em atitude claramente aborrecida. Este é um dos poucos contos infantis que não começa com o protagonista da história. O leitor espera encontrar-se com ele, porque o título criou a expectativa de sua existência. O silêncio do texto ao longo de três cenas é, pois, um recurso deliberado para destacar o problema tratado pela história: a sensação de invisibilidade dos irmãos do meio no seio da vida familiar.
E, enquanto isso, o que faz Julieta? Esperar e ficar quieta...	O texto focaliza, por fim, a protagonista para explicitar seu sentimento de marginalização. Faz isso dirigindo-se diretamente ao leitor para incitá-lo a associar-se com o narrador na pergunta que dá ocasião para a formulação do conflito. Nesse momento, já foram estabelecidos o quadro, os personagens e o tema. Trata-se de um conflito psicológico próximo da experiência dos meninos e meninas, uma das principais tendências da literatura infantil atual.

"Pois, já não tenho vontade!" E dá um golpe na janela Organiza em um momento um ataque violento: Tira os doces da Flor, leva uma sova de horror...	Primeira ideia da protagonista para solucionar o problema: uma rebelião separada também em três ações.
E papai e mamãe: "Julieta, por favor, fique quieta..." E Flor, que já está furiosa: "Porque serás tão maçante!"	Reação dos demais personagens, que apenas acentuam o conflito. A voz é dada aos personagens para obter a máxima economia de meios. O texto cita o nome da personagem que fala, e são os sinais de pontuação – um recurso de língua escrita – que marcam diretamente as palavras. Esta momentânea transparência do narrador, que apenas dá entrada aos personagens com esse "E" que encadeia a ação, aborrece a leitura de um texto desnecessário. É um recurso quase teatral e muito frequente neste tipo de livros.

Segunda sequência

Salustiano, embora não queira, deve entrar na banheira Flor prepara pastéis com mel e farinha na cozinha Papai seca com cuidado Salustiano ensopado E, enquanto isso, o que fez Julieta? Espera e fica quieta... "Pois, já não me dá vontade" E se afunda na lama	Absolutamente paralela à anterior. Três novas cenas cotidianas com uma Julieta marginalizada da vida familiar, a mesma reação da protagonista com sua segunda tentativa de mudança e a mesma intervenção repressora dos demais membros da família. O paralelismo estrutural se mantém nas palavras do texto: o olhar em direção a Julieta se dá com um estribilho intermitente que marca claramente o tema anunciado no título. Alguns versos se repetem exatamente iguais, outros com uma variação mínima ("que já

E com um só puxão caem os móveis de montão E o papagaio de Flor se enreda no estendedor... E Papai e Mamãe: "Julieta, por favor, fique quieta..." E Flor, que continua furiosa: "Porque serás tão maçante!"	está furiosa" / "que continue furiosa"), repetição que simplifica a leitura, mas que marca também a diferença da passagem do tempo e insiste na reiteração da situação. Por outro lado, a imagem ajuda a entender quem fala nessa "Pois já não me dá vontade".

Terceira sequência

Salustiano é muito pequeno e em seguida tem sono Enquanto isso Flor está estudando com Papai Salustiano quer uma história para dormir contente E, enquanto isso, o que faz Julieta? Espera e fica quieta... Julieta grita: "Vou-me embora! Nunca saberão onde estou!"	Começa de forma idêntica às duas anteriores. Mas desta vez, como é habitual nos contos populares e em muitas histórias, a terceira tentativa de solução conduz a uma via mais frutífera. Julieta não repete sua ação destrutiva, apenas decide ir embora. O recurso apela a uma fantasia muito humana e adotada pelos meninos e meninas segundo a qual se pode castigar os outros pelo seu desafeto por meio do próprio afastamento. A força com que é expresso ("Nunca saberão onde estou!") corresponde também à nitidez e à ênfase das avaliações infantis.
Logo não se escuta um ruído porque Julieta se foi Alarmam-se Mamãe e Papai: "Que estranho! Onde estará?" E Flor se diz arrependida: "Há que procurá-la em seguida"	A plácida descrição da vida cotidiana em cada uma das três sequências da narrativa voltou a romper-se. Mas agora a ruptura provém de um súbito silêncio que contrasta com os motins anteriores. Esta paz inquietante é que alarma os membros da família, tal como a protagonista – e o leitor identificado com ela – pretende. A explicação do alarme segue o elenco de vozes das sequências de repressão anteriores: primeiro a reação do pai e da mãe como uma voz conjunta e depois a intervenção da irmã

	mais velha. Uma narrativa tão parecida permite destacar a diferença significativa entre esta reação e as anteriores. Por exemplo, no contraste da adjetivação da irmã mais velha entre "furiosa" e "arrependida", em que a mudança lembra, precisamente, o adjetivo anterior e destaca o desejo cumprido da protagonista de que a família se arrependa de sua atitude com relação a ela.
Inquietos e preocupados a buscam por todos os lados Registram cada lugar do armazém à caixa do correio Mamãe está morta de susto: "Foi-se embora! Que desgosto!" Papai continua procurando: "Talvez esteja só brincando…"	A descrição das ações de busca se detalha nas imagens, enquanto o texto se dedica a explicitar claramente a reação emotiva de afeto que se conseguiu ("inquietos e preocupados", "morta de susto").

Resolução do conflito	
Que alegria imensa quando se abre a despensa "Já voltei", diz Julieta A família está completa!	A ratinha regressa satisfeita ao seio da família e o texto expressa o sentimento de alegria pela união completa de *todos* os membros da família.

A análise do conto mostra, portanto, alguns dos recursos que se incorporaram às narrativas infantis para facilitar a leitura dos destinatários:

1. **Algumas condições de enunciação simples**: um narrador externo, em terceira pessoa e sem focalizar, que pode interpelar diretamente

ao leitor; uma história em tempo passado, com um desenvolvimento cronológico linear, descrita ao modelo de gênero de animais humanizados, centrada no conflito de um personagem facilmente identificável para o leitor, situada em um quadro de espaço-tempo altamente genérico ("uma casa de família"), que evolui por meio de uma cadeia de causas e consequências e que se resolve com o desaparecimento do conflito.
2. Uma estrutura narrativa simples e perfeitamente orquestrada, dividida aqui em três sequências compostas, cada uma delas, pelos seguintes elementos: três ações descritivas, uma focalização no problema, uma reação da protagonista – as duas primeiras por meio, também, de três ações de rebelião –, uma reação dos outros membros da família – as duas primeiras idênticas e a terceira com uma pequena, mas decisiva variação – e uma solução do conflito por meio da busca e da reconciliação familiar.
3. Uma narrativa em versos dísticos que facilitam a previsibilidade, ao mesmo tempo que exploram as pequenas variações do texto.
4. Uma intervenção do narrador presidida pela economia do texto e a cessão direta de voz aos personagens.
5. Uma estreita colaboração entre texto e imagem, na qual esta última acolhe os aspectos descritivos das ações e dos personagens, de modo que o texto pode se dedicar à descrição dos estados de ânimo, especialmente por meio dos adjetivos utilizados.

Ao mesmo tempo, os recursos escolhidos alcançam uma qualidade literária que pode ir se ajustando às expectativas do leitor: a adequação da forma de narrar o tema tratado, especialmente em seu início; a adjetivação precisa; a busca da proximidade da experiência infantil; o humor das imagens ao recriar tanto a provocação desafiadora como a satisfação da resolução afetiva; os ritmos sucessivos de agitação e calma, com o estribilho descontínuo que interpela a audiência e com uma imagem que se expande intermitentemente nas páginas do livro etc.

É assim que os bons contos buscam os temas e a forma de narrá-los que mais possam adequar-se aos interesses e às habilidades de leitura das crianças. Escolhê-los bem permite manter neles a convicção de que os contos merecem seu esforço e que esse esforço possa ter êxito.

5.3. A diversidade de funções

Um terceiro eixo da seleção vem determinado pela consideração sobre a diversidade dos leitores e sobre os diferentes propósitos da seleção dos livros. Ou seja, além da qualidade intrínseca das obras e de sua adequação às capacidades de leitura dos destinatários, há que pensar concretamente "para quem" e "para que" se está escolhendo um livro.

5.3.1. *Para leitores diferentes*

É evidente que todos os adultos não gostam dos mesmos livros. Os meninos e meninas também. Não há livros infalíveis "para um menino de oito anos" ou para "minha filha que não gosta de ler". É preciso conhecer esse menino e essa filha para saber que título ou que tipo de narrativa tem maiores possibilidades de êxito. No entanto, a seleção de livros deve antecipar-se a esta diversidade, de maneira que contenha um leque suficientemente amplo para encontrar o título determinado que requer cada leitor em um momento concreto.

É fácil comprovar que nesta tarefa frequentemente se estabelecem seleções com critérios numéricos de rentabilidade. Tende-se a estabelecer uma média homogeneizadora que contempla apenas os melhores livros dentre aqueles que podem agradar a um maior número de leitores. Mas é preciso considerar que os leitores de gosto minoritário também contam. Há que incluir, portanto, aqueles livros que provavelmente serão pouco lidos em termos quantitativos, mas aos quais demos a confiança de pensar que representarão uma experiência importante para os leitores que o leram. No outro extremo, é preciso contar também com livros que podemos considerar "sedutores", livros que, por alguma qualidade especial – sua facilidade, seu tema, a moda etc. –, podem incitar a ler os meninos e meninas que desenvolveram uma certa repulsa ou uma certa indiferença em relação à leitura.

Se atendemos, não à previsão de leitores concretos, mas de contextos determinados, é evidente também que a seleção deve antecipar o tipo de leitura que pode adequar-se às expectativas culturais dos alunos de uma escola ou dos usuários de determinada biblioteca. Por exemplo, deverá assegurar-se de que se dá espaço a livros que tratam sobre o mundo próprio e conhecido (a tradição popular, livros de conhecimento da flora e da fauna do lugar, ficções que reflitam suas formas de vida etc.), ou ainda, se se encontram ali crianças de outros países, será bom pensar em contos de suas culturas de origem.

5.3.2. Para realizar experiências literárias diferentes

Há que dar oportunidade de conhecer diferentes gêneros de poesia, contos curtos, narrativas mais longas, álbuns etc. em suas diferentes possibilidades. Por exemplo, quando se escolhem narrativas, deve-se incluir histórias humorísticas, fantásticas, realistas, históricas, poéticas etc., evitando um só modelo de texto ou de imagem. Embora o folclore tenha grandes qualidades, não deve formar a maior parte da biblioteca dos menores. Como também é conveniente evitar a proliferação do gênero fantástico para adolescentes, apesar de sua abundância na oferta editorial atual e de sua aceitação por parte deste público. As leituras ao longo dos cursos escolares podem servir então para aprendizagens conscientes das variações dos gêneros literários. Por exemplo, os alunos podem observar as distintas possibilidades do humor, tal como se mostrou no quadro do capítulo dois.

A liberdade do leitor para formar suas preferências se baseia no conhecimento de enorme diversidade que tem a seu alcance. Não se deseja o que não se conhece e, portanto, os mediadores devem planejar estratégias de introdução das distintas possibilidades e devem negociar com cada leitor o desafio de sua abertura a novas experiências. Assim, os livros apresentados na classe ou na biblioteca, ou as leituras coletivas programadas ao longo dos cursos, devem obedecer a um plano prévio de diversidade que não resulte em que os alunos tenham lido coletivamente *James y el melocotón gigante* entre os 8 e os 10 anos, *Charlie y la fábrica de chocolate* e *Las brujas* entre os 10 e os 12 anos e *Matilda* ou *Boy* entre os 12 e os 16 anos, por mais que as obras de Dahl despertem um interesse inquestionável.

5.3.3. Para propósitos variados

Existem livros muito indicados para usar na aprendizagem escolar: para aprender a ler, para estimular a escrever, para apresentar um contexto geográfico ou histórico do que se está tratando, para falar dos costumes de um animal, para conhecer os mitos clássicos etc.

Também podem apresentar-se determinados conjuntos de livros como possível leitura livre relacionada com os temas que se está trabalhando. Se se está elaborando um bestiário ou uma novela de cavalarias, há que deixar ao alcance dos alunos uma boa seleção deste tipo de obras para que possam lê-las, folheá-las, para aproveitar seu interesse se conseguimos despertá-lo, para que busquem neles recursos para seus escritos etc.

E existem livros próximos do jogo, que combinam a busca na imagem, a resolução de adivinhações, a surpresa, os catálogos de seres fantásticos e atividades associadas etc., que podem ficar reunidos em caixas fora das estantes e serem recomendados para momentos de leitura e jogo, em momentos tediosos ou em dias de chuva.

Há que cercar a seleção básica de leituras com todas estas possibilidades para que os livros penetrem de mil formas diferentes na vida das crianças. Aqui estão alguns exemplos de títulos que se prestam a ser utilizados para propósitos diferentes na escola ou na biblioteca:

Anno: *El viaje de Anno*. Barcelona: Juventud. Yvan Pommaux: *Detective Jonh Chatterton*. Caracas: Ekaré.	Um traço essencial destes títulos é a grande quantidade de referências culturais que convoca sua contemplação. Pode-se aproveitar isso por meio de uma exposição virtual ou real ou de cartões-postais dos lugares em que transcorre, reproduções dos quadros e esculturas ou contos citados etc.

Jonh Burningham: ¿Qué prefieres? Madrid: Kókinos. Antje Damma y Martina Nommel: Pregúntame. Madrid: Anaya.	A pergunta direta ao leitor destes título os torna idôneos para a atividade *oral* e imaginativa entre as crianças.
Chris van Allburg: *Los mistérios del señor Burdick*. México: Fondo de Cultura Económica.	Um título, uma imagem misteriosa e uma frase referente a algum momento do texto. O desafio de construir histórias que se ajustem aos três elementos essenciais ao livro resulta numa motivação para a *escritura* da narrativa.
Roberto Innocenti: *Rosa Blanca*. Salamanca: Lóguez. Ruth Vander Zee: *La historia de Erika*. Pontevedra: Kalandraka.	Estes álbuns não se podem entender sem conhecer o genocídio dos judeus. Sua discussão permite *adquirir conhecimento* sentindo-se envolvido.
Itsvan Banyal: *Zoom*. México: Fondo de Cultura Económica. Hans Jürgen Press: *Aventuras de la Mano Negra*. Barcelona: Planeta y Oxford.	Antecipar, verificar os detalhes, inferir etc. são processos necessários para a leitura. Estes títulos jogam com estas *habilidades* e se prestam à leitura compartilhada que leva a exercitá-las em suas imagens.
Ángela Lago: *De noche en la calle*. Caracas: Ekaré. (Cena de rua) Michèle Lemieux: *Noche de tormenta*. Salamanca: Lóguez.	Muitos livros apresentam dilemas de conduta ou denunciam situações sociais. O debate moral sobre seu significado oferece uma excelente via para a educação moral e cívica das crianças.

Em resumo, portanto, pode-se afirmar que uma seleção de livros deveria oferecer um duplo leque de experiências leitoras de qualidade, adequadas tanto à evolução psicológica como à competência leitora de cada destinatário, e úteis para distintos propósitos de leitura. Este princípio "programático" deve reger a confecção de um corpus adequado a cada contexto correto. Para isso é conveniente partir das recomendações da crítica especializada, mas na realidade é cada medidor que deve selecionar os livros a partir de seu conhecimento direto, tanto das obras quanto dos leitores.

Atividades sugeridas

1. *A reflexão sobre o próprio itinerário leitor*

1.1. Rever os títulos que foram lembrados na atividade de reflexão sobre a própria história leitora no capítulo um. Acrescentar uma avaliação sobre a qualidade do livro segundo a crítica, por um lado, e sobre sua própria avaliação como leitor, por outro; por exemplo: "'Pesadillas' é uma coleção considerada de pouca qualidade, mas todos a lemos e me fez sentir parte da comunidade de leitores entusiastas".

2. *A qualidade dos livros*

2.1. Comparar o primeiro parágrafo das quatro narrativas de *Voces en el parque*, de Anthony Browne. Explicitar a grande quantidade de informação sobre cada um dos personagens-narradores que são capazes de oferecer um texto tão breve, de maneira que o caráter e a situação de cada um ficam claramente definidos. Observar que para isso também contribui a imagem que acompanha o texto como contraste que se estabelece entre os quatro.

2.2. Comparar estes cinco inícios de diferentes versões de *Branca de Neve*, contrastando seu destinatário e a qualidade da experiência de leitura que oferecem.

> Era uma vez, no meio do inverno, em que os flocos de neve caíam do céu como se fossem plumas. Sentada numa janela com moldura de ébano, uma rainha estava cozendo. Enquanto cozia e olhava para fora picou o dedo com a agulha e três gotas de sangue caíram na neve.

E tão bonito se via o vermelho sobre a neve branca que a rainha disse para si mesma: "Se eu tivesse uma criança tão branca como a neve, tão encarnada como o sangue e tão negra como a madeira da janela!"
Blanca Nieves y los siete enanos, um conto dos irmãos Grimm, versão espanhola de Felipe Garrido. Madrid: Asuri.

Um dia de inverno em que os flocos de neve caíam do céu como plumas, se encontrava uma rainha sentada junto a uma janela cuja moldura era de ébano. Estava cozendo. E, como se pôs a contemplar a neve enquanto continuava cozendo distraidamente, picou o dedo com a agulha e três gotas de sangue caíram na neve. E ao ver tão belo o vermelho sobre a neve, pensou: "Se tivesse um menino tão branco como a neve, tão vermelho como o sangue e tão negro como a madeira desta moldura..."
Tartar, Maria (ed). *Los cuentos de hadas clássicos anotados.* Barcelona: Ares y Mares, 2002 (83-84).

Havia uma vez um rei e uma rainha que tiveram uma filha que se chamava Branca de Neve.
Luz Orihuela (adapt.): *Blancanieves.* Barcelona: Combel.

Há muitos anos, em um dia de inverno, a rainha Rosabel cozia ante a janela. Sem dar-se conta picou o dedo e umas gotas de sangue caíram sobre a neve. Naquele momento teve um desejo: "Quisera ter uma filha de pele branca como a neve, de lábios vermelhos como o sangue e os cabelos louros como o ouro".
Blancanieves y los siete enanitos. Barcelona: Printing Súria.

Quando Lady Hawthorn se picou com a agulha de seu chapéu e viu seu sangue derramado sobre a neve, desejou que o filho que esperava fosse uma menina; vermelha como o sangue e branca como a neve.
Uma filha que a acompanhasse em sua solidão.
Ana Juan: *Snowhite.* Alicante: Edicions de Ponent, 2001.

2.3. Escrever brevemente um diálogo entre uma avó e seu neto que se ajuste à situação narrada em *Las brujas*, de Roald Dahl, em que a avó deve informar a seu neto que:

- as bruxas têm narizes com enormes agulheiros para poder cheirar os meninos,

- o cheiro dos meninos é mais penetrante quanto mais limpos estão,
- a sujeira impede a emissão do cheiro dos meninos.

Escrever o diálogo contrastando-o com a pauta de avaliação dos diálogos facilitada. Depois analisar como se deve resolver este diálogo em *Las brujas*, já que se trata de um exemplo excelente para ver como se dá muita informação mantendo a personalidade dos personagens e o interesse do leitor.

2.4. Escolher uma ilustração e analisar detidamente sua relação com a história: como assume o tom desta, que permite antecipar, o que acrescenta etc. (em www.literatura.gretel.cat, catálogo *Made in*, item: *Educación visual*, podem-se ver múltiplos exemplos a respeito). Alguns títulos que se prestam a isso:

>Banks, Kate; Hallensleben, George: *Si La luna pudiera hablar*. Barcelona: Juventud.
>Escala, Jaume: *Magenta, la petita fada*. Il. Carme Solé Vendrell. Barcelona: Lumen (*Magenta, la pequeña hada*).
>Müller, Jörg: *El soldadito de plomo*. Salamanca: Lóguez.
>Nogués, Jean-Côme: *Príncipe de Venecia*. Barcelona: Zendrera Zariquey.
>Sheldon, Dyan; Blythe, Gary: *El canto de las ballenas*. Madrid: Kókinos.
>Tan, Shan: *Emigrantes*. Barcelona: Barbara Fiore.
>Vander, R.; Innocenti, Roberto: *La historia de Erika*. Pontevedra: Kalandraka.
>Vicent, Gabrielle: *Ernesto y Celestina han perdido a Simeón*. Zaragoza: Marenostrum.
>Wiesner, David: *Flotante*. México: Océano.
>Wild, Margaret; Brooks, Ron: *Nana Vieja*. Caracas: Ekaré.

2.5. Realizar uma exposição de livros que mostrem o uso do formato, capas, fundos, páginas etc., para conseguir determinados efeitos. Continuar a exposição com livros que sirvam de resposta às perguntas do Guia de avaliação de imagens do capítulo.

2.6. Fazer uma ficha de avaliação de uma narrativa curta seguindo o modelo de Tristán encoge (Tristão encolhe) oferecido no capítulo.

3. Adequação à competência leitora

3.1. Decidir a idade aproximada do "destinatário" dos seguintes livros, atendendo ao seu tamanho, à quantidade de páginas, à dificuldade de leitura e de interpretação, e interesse próprio da idade:

> Darío, Rubén: *Margarita*. Il. Monika Doppert. Caracas: Ekaré.
> Minne: *Me encanta*. Il. Natali Fortier. Madrid: Kókinos.
> Scieszka, Jon; Smith, Lane: *El apestoso hombre queso y otros cuentos maravillosamente estúpidos*. Barcelona: Thule.
> Selznick, B.: *La invención de Hugo Cabret*. Madrid: SM.

4. A adequação a distintas funções

4.1. Preparar uma seleção de 15 títulos que nos agradem para a aula de um curso determinado (pode ser feito como continuação do plano elaborado no capítulo dois) e distribui-los sucessivamente em compartimentos segundo diferentes formas de organização: tipos de livros, gêneros, temas, nível de dificuldade, sejam clássicos ou atuais etc. Comprovar que todos oferecem uma boa diversificação da experiência literária às crianças e que há livros para atender distintas capacidades leitoras dentro da mesma idade. Durante a revisão podem ir-se acumulando perguntas úteis para avaliar e melhorar as seleções; por exemplo, em uma para as primeiras idades, podemos perguntar-nos se os livros selecionados levam em conta que:

1. possam ser visitados muitas vezes pelas crianças por sua riqueza de detalhes,
2. o texto seja bastante interessante em relação à imagem para sustentar a ideia de que vale a pena aprender a lê-lo,
3. não se tenha privilegiado a preocupação didática com o que as crianças podem aprender neles,
4. não se tenha privilegiado os livros simplesmente ternos, bonitos ou com imagens estereotipadas,
5. haja livros com formas experimentais que abram novas possibilidades artísticas,

6. se iniciem gêneros, como os de aventuras, que levem a imaginação dos pequenos para além do reflexo da vida cotidiana nos livros,
7. o humor seja uma das bases de seleção, dado o grande prazer de leitura.

4.2. Assinalar três títulos – da seleção feita na atividade anterior ou acrescentados agora – que poderiam dar lugar a atividades especiais nessa aula (de dramatização, debate, trabalho plástico etc.) seguindo o exemplo do item 5.3.3 deste capítulo.

6

Para saber mais

Oferecem-se aqui algumas pistas para que o leitor interessado possa saber mais sobre alguns dos aspectos abordados ao longo dos distintos capítulos, assim como o quadro de orientações sobre a evolução da literatura infantil e juvenil.

O problema principal na atualidade não é o de encontrar uma bibliografia, mas de orientar-se nela. Os títulos escolhidos supõem possíveis passos nos aspectos a que se referem. São títulos publicados na Espanha nos últimos anos. As mesmas bibliografias das obras assinaladas oferecem novas e abundantes referências internacionais e mais especializadas sobre cada um dos temas.

6.1. Bibliografia sobre literatura infantil e juvenil

1. *Estudos gerais e históricos*

Baró, M.; T. Colomer e T. Mañá (coord.) (2007): *El patrimoni de la imaginació: Llibres d'ahir per a lectors d'avui.* Palma: Institut d'Estudis Baleàrics (aquisição em www.gretel.cat/publicacions).

Blake, A. (2005): *La irresistible ascensión de Harry Potter.* Madrid: Edaf.

Colomer, T. (dir.) (2002): *Siete llaves para valorar las historias infantiles.* Madrid: Fundación Germán Sánchez Ruipérez.

Colomer. T. (2009a): *La formación del lector literário. Narrativa infantil y juvenil actual*. Madrid: Fundación Germán Sánchez Ruipérez, 2ª ed.

Colomer. T. (coord.) (2009b): *Lecturas adolescentes*. Barcelona: Graó.

Colomer. T. (2003) *A formação do leitor literário. Narrativa infantil e juvenil atual*. São Paulo: Global. (Tradução Laura Sandroni).

Duran, T.; M. Luna (2002): *Un i un i un... fan cent*. Barcelona: La Galera.

Ediciones SM: *Anuario sobre el libro infantil y juvenil*. Madrid: SM (anual desde 2005).

Etxaniz, X. (1998): *Euskal haur etagazte literaturaren historia*. Pamplona: Pamiela.

Fernández Paz, A. (1999): *A literatura infantil e xuvenil en galego*. Vigo: Xerais.

García Padrino, F. *Libros y literatura para niños en la España contemporánea*. Madrid: Fundación Germán Sánchez Ruipérez-Pirámide.

Garralón, A. (2001): *Historia portátil de la literatura infantil*. Madrid: Anaya.

Janer Manila, G. (2002): *Infancias soñadas y otros ensayos*. Madrid: Fundación Germán Sánchez Ruipérez.

"Literatura infantil y juvenil", monográfico *Boletín de la Institución Libre de Enseñanza* 42-43, mayo de 2001.

Lluch, G. (2003): *Análisis de narrativas infantiles y juveniles*. Cuenca: Publicaciones de la UCLM-CEPLI.

Lurie, A. (2004): *Niños y niñas eternamente. Los clássicos infantiles desde Cenicienta hasta Harry Potter*. Madrid: Fundación Germán Sánchez Ruipérez.

Meek, M. (2004): *En torno a la cultura escrita*. México: Fondo de Cultura Económica.

Mendonza Filloa, A. (2008): *Textos entre textos. Las conexiones textuales en la formación del lector literário*. Barcelona: Horsori.

Millán, J. A. (coord.) (2002): *La lectura en España. Informe 2002*. Madrid: Federación de Gremios de Editores de España.

Molist, P. (2008): *Dins del mirall. La literatura infantil explicada als adults*. Barcelona: Graó (*Dentro del espejo. La literatura infantil contada a los adultos*).

Montes, G. (2001): *El corral de la infancia*. México: Fondo de Cultura Económica.

Petit, M. (2009): *El arte de la lectura en tiempos de crisis*. México: Océano Travesía.

Portell, J. (ed.) (2004): *M'agrada llegir. Com fer els teus fills lectors.* Badelona: Ara Llibres. (*Me gusta leer. Consejos para conseguir que tu hijo se convierta en lector.* Barcelona: CEAC, 2005).

Sarland, C. (2003): *La lectura en los jóvenes: cultura y respuesta.* México: Fondo de Cultura Económica.

Soriano, M. (1995): *La lectura para niños y jóvenes. Guía de exploración de sus grandes temas.* Ediciones Buenos Aires: Colihue.

Tabernero, R. (2005): *Nuevas y viejas formas de contar. El discurso narrativo infantil en los umbrales del siglo XXI.* Zaragoza: PU de Zaragoza.

"Un encuentro con la crítica y los libros para niños". *Parapara-Clave.* Venezuela: Banco del Libro, 2002.

Uría Ríos, P. (2004): *En tiempos de Antoñita la Fantástica.* Madrid: Foca.

2. Estudos sobre a literatura da tradição oral

Bettelheim, B. (1978): *Psicoanálisis de los cuentos de hadas.* Madrid: Crítica-Grijalbo.

Bettelheim, B. (2002). *Psicanálise dos contos de fadas.* 16.ª ed. São Paulo: Paz e Terra.

Cerrillo, P. C. (2005): *La voz de la memoria (estudios sobre el cancioneiro popular infantil).* Cuenca: Ediciones UCL.

Lluch, G. (coord.) (2000): *De la narrativa oral a la literatura per a infants. Invenció d'una tradició literária.* Alzira: Bromera (*Invención de una tradición literária. De la narrativa oral a la literatura para niños.* Cuenca. Ediciones de UCL, 2007).

Pelegrín, A. (2004): *La aventura de oír: cuentos tradicionales y literatura infantil.* Madrid: Anaya.

Rodríguez Almodóvar, A. (2004): *El texto infinito. Ensayos sobre el cuento popular.* Madrid: Fundación Germán Sánchez Ruipérez.

3. Seleções de livros

Equipo Peonza (2004): *Cien libros para un siglo.* Madrid: Anaya.

González, L. D.: www.bienvenidosalafiesta.com.

GRETEL: base de datos actualizada com la recopilación de las selecciones de la crítica más difundida en España: www.gretel.cat. Parágrafo "Documentos".

Molist, P. (2003): *Els llibres tranquils*. Lleida: Pagès (*Los libros tranquilos*. Madrid: Anaya, 2008).

Pagès, V. (2006): *De Robinson Crusoé a Peter Pan. Un canon de literatura infantil i juvenil*. Barcelona: Enciclopèdia Catalana (incluye atividades didácticas).

Seminario de bibliografia infantil y juvenil de "Rosa Sensat": *¿Qué libros han de ler los niños?* (vários catálogos, el último de 2009): www.xtec.es/~mmassag2/quins.htm.

www.sol-e.com (Fundación Germán Sánchez Ruipérez).

4. Educação e literatura infantil e juvenil

Baró, M.; T. Mañá; I. Velosillo (2001): *Bibliotecas escolares ¿para qué?* Madrid: Anaya.

Bonnafé, M. (2008): *Los libros, eso es bueno para los bebés*. Barcelona: Océano.

Chambers, A. (2009): *Dime. Los niños, la lectura y la conversación*. México: Fondo de Cultura Económica.

Colomer, T. (2008): *Andar entre libros. La lectura literaria en la escuela*. México: Fondo de Cultura Económica, 2ª ed.

Colomer, T. (2007): *Andar entre livros. A leitura literária na escola*. Trad. Laura Sandroni. São Paulo: Global.

Duran, T.; R. López (2002): *Leer antes de leer*. Madrid: Anaya (inclui uma bibliografia para crianças de 0-6 anos).

Machado, A.M. (2002): *Lectura, escuela y creación literaria*. Madrid: Anaya.

Mata, J. (2009): *10 ideas clave: animacion a la lectura: hacer de la lectura una práctica feliz, transcendente y deseable*. Barcelona: Graó.

Reyes, Y. (2007): *La casa imaginaria. Lectura y literatura en la primera infancia*. Bogotá: Norma.

Teixidó, E. (2007): *La lectura i la vida*. Barcelona: Columma (*La lectura y la vida*, Barcelona: Ariel).

5. Ilustração e livro álbum

Arizpe, E.; M. Style (2005): *Lectura de imágenes. Los niños interpretan textos visuales*. México: Fondo de Cultura Económica.

Castillo, M. (1997): *Grans il.lustradors catalans*. Barcelona: Barcanova.

Colomer, T.; B. Kummerling; M. C. Silva-Díaz (coords.): *Cruce de miradas. Nuevas aproximaciones al libro-álbum*. Barcelona: Banco del Libro--GRETEL.

Díaz, F. H. (2007): *Leer y mirar el libro álbum: ¿un género en construcción?* Bogotá: Norma.

Duran, T. (2007): *Àlbums i altres lectures*. Barcelona: Rosa Sensat (*Álbumes y otras lecturas*. Barcelona: Octaedro).

"El libro-álbum: invención y evolución de un género para niños". *Parapara Clave*. Venezuela: Banco del Libro, 2000.

García Padrino, J. (2004): *Formas y colores: las ilustración infantil en España*. Cuenca: Ediciones UCL.

Obiols, N. (2004): *Mirando cuentos: lo visible y lo invisible en las ilustraciones de literatura infantil*. Barcelona: Alertes.

Silva-Díaz, M. C. (2005): *La metaficción como un juego de niños: una introducción a los álbumes metaficcionales*. Caracas: Banco del Libro.

6. Poesia e teatro

Cerrillo, P.; J. García Padrino (coords.) (1990): *Poesía infantil. Teoría, crítica e investigación*. Cuenca: UCL.

Opie, I.; P. Opie, J. Hassall (1979): *The Oxford Nursery Rhyme Book*. Oxford: Oxford University Press.

Tejerina, I. (2004): *Dramatización y teatro infantil*. Madrid: Siglo XXI, 2ª ed.

6.2. Centros de documentação

Banco del Libro de Venezuela: bancodellibro.blogspot.com.

Biblioteca virtual Cervantes: www.cervantesvirtual.com/portal/platero/index.shtml

http://www.cervantesvirtual.com/boletines/cervantesvirtualc/70/index.shtml.

Biblioteca Xavier Benguerel. Centre de Documentació del Libre infantil: ajuntament.barcelona.cat/biblioteques/bibxavierbenguerel/ca/remote/node/40867.

Centro de Estudios de Promoción de la Lectura y Literatura Infantil de la Universidad de Castilla-La Mancha: /www.uclm.es/cepli.

FNLIJ – Fundação Nacional do Livro Infantil e Juvenil: www.fnlij.org.br/

Fundación Germán Sánchez Ruipérez. Centro de Documentación e Investigación: www.fundaciongsr.es.

6.3. Autores e ilustradores atuais: os prêmios Andersen

O Prêmio H. C. Andersen é o prêmio de maior prestígio no campo da literatura infantil e juvenil. Foi criado em Zurique, em 1953, ao mesmo tempo que se decidia a criação da Organização Internacional do Livro Infantil e Juvenil (IBBY – do nome em inglês International Board on Books for Young People). Esta organização continua sendo a encarregada de destacar anualmente um autor e um ilustrador de livros infantis. As três primeiras convocatórias se fizeram em relação a uma obra concreta, mas desde 1962 passou a ser um prêmio pela trajetória global dos autores e ilustradores. A obra da maioria dos premiados está traduzida na Espanha, e conhecer os nomes destes autores pode oferecer um bom panorama da edição literária internacional para crianças e adolescentes.

Autores

1956	Eleanor Farjeon	Grã-Bretanha
1958	Astrid Lindgren	Suécia
1960	Erich Kästner	Alemanha
1962	Meindert Dejong	EUA
1964	René Guillot	França
1966	Tove Jansson	Finlândia
1968	James Krüss	Alemanha
	José María Sánchez Silva	Espanha

1970	Gianni Rodari	Itália
1972	Scott O'Dell	EUA
1974	María Gripe	Suécia
1976	Cecil Bodker	Dinamarca
1978	Paula Fox	EUA
1980	Bohumil Ríha	Tchecoslováquia
1982	Lygia Bojunga Nunes	Brasil
1984	Christine Nöstlinger	Áustria
1986	Patricia Wrightson	Austrália
1988	Annie M. G. Schmidt	Holanda
1990	Tormod Haugen	Noruega
1992	Virginia Hamilton	EUA
1994	Michio Mado	Japão
1996	Uri Orlev	Polônia
1998	Katherine Paterson	EUA
2000	Ana Maria Machado	Brasil
2002	Aidan Chambers	Reino Unido
2004	Martin Waddell	Irlanda
2006	Margaret Mahy	Austrália
2008	Jürg Schubiger	Suíça
2010	David Almond	Reino Unido
2012	Maria Teresa Andruetto	Argentina
2014	Nahoko Uehashi	Japão

Ilustradores

1966	Alois Carigiet	Suíça
1968	Jirí Trnka	Tchecoslováquia
1970	Maurice Sendak	EUA
1972	Ib Spang Olsen	Dinamarca
1974	Farshid Mesghali	Irã
1976	Tatiana Mavrina	União Soviética
1978	Svend Otto Sorensen	Dinamarca
1980	Suekichi Akaba	Japão

1982	Zbigniew Rychlicki	Polônia
1984	Mitsumasa Anno	Japão
1986	Robert Ingpen	Austrália
1988	Dusan Kállay	Tchecoslováquia
1990	Lisbeth Zwerger	Áustria
1992	Kveta Pacovská	Tchecoslováquia
1994	Jörg Müller	Suíça
1996	Klaus Ensikat	Alemanha
1998	Tomi Ungerer	França
2000	Anthony Browne	Reino Unido
2002	Quentin Blake	Reino Unido
2004	Max Velthuijs	Holanda
2006	Wolf Erlbruch	Alemanha
2008	Roberto Innocenti	Itália
2010	Jutta Bauer	Alemanha
2012	Peter Sis	República Tcheca
2014	Roger Mello	Brasil

6.4. Evolução cronológica da literatura infantil e juvenil universal e na Espanha até o início da etapa atual (a partir da restauração democrática de 1917)

Século XVII

1659 – *Orbis Pictus*. J. A. Comenius
1668 – *Fábulas*. Jean de La Fontaine
1697 – *Histórias ou Contos do Tempo Passado*. Charles Perrault

Século XVIII

1704 – *As mil e uma noites. Contos árabes de autor desconhecido*. Traduzidos por A. Galland.
1719 – *Robinson Crusoé*. Daniel Defoe
1726 – *As viagens de Gulliver*. Jonathan Swift

1744 – *A Little Pretty Pocket-Book*. John Newbery

1751 – John Newbery funda o primeiro periódico infantil: *The Lilliputian Magazine*

1780 – *Mother Goose's Melody*

1781 – *Fábulas*. Tomás de Iriarte

1782 – *Fábulas literarias en verso castellano*. Felix de Samaniego

1798 – Se funda *La Gaceta de los niños*, primeiro periódico infantil em espanhol

Século XIX

1816 – *Nussnacker und Mausekönnig*. E. T. A. Hoffman

1819 – *Contos de Grimm*. Jacob e Wilhem Grimm

1826 – *O último dos Moicanos*. James F. Cooper

1835 – Começa a publicação dos contos de Hans Ch. Andersen

1843 – *David Copperfield*. Charles Dickens

1845 – *Pedro Malazartes*. Heinrich Hoffman

1846 – *Book of Nonsense*. Edward Lear

1852 – Começa a publicação das obras de Júlio Verne

1855 – Começa a publicação dos contos russos traduzidos por Alexander Afanásiev

1862 – *Cuentos de Hadas*. Tradução dos contos de Perrault em espanhol por Josep Coll i Vehí

1865 – *Alice no país das maravilhas*. Lewis Carroll

1866 – *Lo llibre de la infantesa. Rondallari catalá*. Terenci Thos i Codina

1868 – *As mulherzinhas*. Louise M. Alcott

1876 – *As aventuras de Tom Sawyer*. Mark Twain

1876 – Primeiras versões espanholas do italiano *Giannetto* (1837) de L. A. Parravicini. *O Juanito* é o exemplo mais divulgado dos livros escolares didáticos na Espanha

1877 – *Cuentos, oraciones, adivinhas y refranes populares e infantiles*. Fernán Caballero (primeira antologia folclórica infantil)

1878 – *Under the Window*. Kate Greenaway

1878 – *The Diverting History of John Gilpin*. Ilustrada por Randolph Caldecott.

1881 – *Heidi*. Johanna Spyri
1883 – *Le avventure di Pinocchio*. Collodi
1883 – *Merry Adventures of Robin Hood*. Howard Pyle (adapt.)
1883 – *A ilha do tesouro*. Robert L. Stevenson
1884 – *Adventures of Huckleberry Finn*. Mark Twain
1884 – Começam a aparecer os "contos" da editorial Calleja
1894 – *O livro da selva*. Rudyard Kipling
1896 – *Rondaies mallorquines d'en Jordi des Recó*. Antoni María Alcover

Primeira metade do século XX

1900 – *O mágico de Oz*. L. Frank Baum
1901 – *O conto de Peter Rabbit*. Beatriz Potter
1903 – *Call of Wild*. Jack London
1903 – *Rebecca of Sunnybrook Farm*. Kate Douglas Wiggin
1904 – Funda-se a revista catalã *Patufet*
1906 – *Peter Pan*. James M. Barrie
1906 – *Nils Holgerssons underbara resa genom sverige*. Selma Lagerlöff
1908 – *Wind in the Willows*. Kenneth Graham
1910 – *O jardim secreto*. Frances H. Burnett
1910 – *Les extraordinàries aventures d'en Massagran*. Josep Maria Folch i Torres
1912-1917 – Se inicia a publicação dos contos de *Pinoccho* e *Pinocho y Chapete*. Salvador Bartolozzi
1917 – Se funda a revista infantil *TBO*
1918 – Se funda a revista vasca de historieta gráfica *Teles esta Miko*
1918 – Na Catalunha são criadas as primeiras seções infantis de bibliotecas públicas de Espanha
1926 – *O ursinho Pooh*. Alan A. Milne
1928 – *Emil e os detetives*. Emil Kästner
1929 – *Tintin*. Hergé.
1929 – *Celia, lo que disse*. Elena Fortún
1931 – Tem início a coleção de álbuns de "Père Castor" na França
1931 – *A história de Babar*. Jean de Brunhoff

1932 – *Little House in the Big Woods*. Laura Ingalls Wilder
1934 – *Mary Poppins*. Pamela Travers
1935 – *Hermanos Monigotes*. Antoniorrobles
1937 – *The Hobbit*. John R. R. Tolkien
1937 – *Es més petit de tois*. Lola Anglada
1943 – *O pequeno príncipe*. Antoine de Saint-Exupéry
1945 – *Píppi Meialonga*. Astrid Lindgren

De 1950 a 1977

1950 – *The Lion, the Witch and the Wardrobe*. C. S. Lewis
1950 – *Canciones para niños*. Gloria Fuertes
1950 – *Folklore de Catalunya*. Joan Amades
1950 – Têm início as *Rondalles valencianes* de Eric Valor
1952 – *Charlotte's Web*. Elwyn B. White
1952 – *Marcelino, pão e vinho*. José María Sánchez Silva
1952 – *Diário*. Anne Frank
1953 – Funda-se o IBBY e criam-se os Prêmios Andersen
1959 – *O jardim da meia-noite*. Phillippa Pearce
1959 – *Un món per a infants. Primer llibre de lectura*. Joan Füster (València)
1961 – *Memorias dun neno labrego*. Xosé Neiras Vila
1963 – *Onde estão as coisas selvagens*. Maurice Sendak
1963 – Se funda o editorial La Galera
1965 – *El polizón del Ulises*. Ana Maria Matute
1967 – Primeros títulos galegos do Editorial Galaxia
1970 – *Are You There Good? It's Me, Margaret*. J. Blume
1977 – *La guia fantàstica*. Jones Sennell

Bibliografia

Referências bibliográficas

Amat, V. (2009): *Expressar les preferències literàries: una experiència a través d'albums ilustrats*. Trabajo de Máster. Universitat Autònoma de Barcelona.

Antoniorrobles (1968): *Rompetacones y cien cuentos más*. México: Oasis.

Bernstein, B. (1975): *Class, Codes and Control*. Londres: Routledge and Kegan Paul. 2.ª ed.

Bettelheim, B. (1977): *Psicoanálisis de los cuentos de hadas*. Barcelona: Crítica.

———. (2002): *Psicanálise dos contos de fadas*. São Paulo: Paz e Terra. 16.ª ed.

Bettelheim, B. y Zela, K. (1982): *Aprender a leer*. Barcelona: Crítica.

Bonnafé, M. (2008): *Los libros, eso es bueno para los bebés*. México: Océano Travesía.

Bruner, J. (1988): *Realidad mental y mundos posibles. Los actos que dan sentido a la experiencia*. Madrid: Gedisa.

Bülher, K. (1918): *The Mental Development of the Child*. Londres: Routledge & Kegan Paul, 1949.

Camps, A. (coord.) (2003): *Secuencias didácticas para aprender a escribir*. Barcelona: Graó.

Cañamares, C. (2004): "Algunos roles sexistas en los álbumes ilustrados infantiles: ¿un nuevo sexismo?", R. Cerrilo, S. Yuber y E. Larrañaga: *Valores y lectura: estudios multidisciplinares*. Cuenca: Universidad de Castilla-La Mancha, 147-172.

Cendán Pazos, F. (1986): *Medio siglo de libros infantiles y juveniles en España (1935-1985)*. Madrid: Fundación Germán Sánchez Ruipérez-Pirámide.

Chambers, A. (2007a): *¿Quieres que te cuente un cuento? Una guía para narradores y cuentacuentos*. "Formemos lectores". Caracas: Banco del Libro.

_____. (2007b): *Díme. Los niños, la lectura y la conversación*. México: Fondo de Cultura Económica.

_____. (2007c): *El ambiente de lectura*. México: Fondo de Cultura Económica.

Chartier, A.-M. y Hébrard, J. (1994): *Discursos sobre la lectura (1880-1980)*. Barcelona: Gedisa.

Chartier, A.-M. (2002): "La littérature de jeunesse à l'ècole primaire: histoire d'une rencontre inachevée". H. Zoughebi: *La littérature dès l'alphabet*. París: Gallimard, 141-157.

Colomer, T. (1999): *Introducción a la literatura infantil y juvenil*. Madrid: Síntesis.

_____. (dir.) (2002): *Siete llaves para valorar las historias infantiles*. Madrid: Fundación Germán Sánchez Ruipérez.

_____. (2008a): "La constitución de acervos". E. Bonilla; D. Goldin y R. Salaberría (coords.): *Bibliotecas y escuelas. Retos y desafíos en la sociedad del conocimiento*. México: Océano, 378-405.

_____. (2008b): *Andar entre libros. La lectura literaria en la escuela*. México: Fondo de Cultura Económica, 2.ª ed.

_____. (2008c): "Entre la literatura i les pantalles: l'auge de la fantasía épica". T. Colomer (coord.): *Lectures adolescents*. Barcelona: Graó (trad. cast. 2009).

_____. (2009): *La formación del lector literario. Narrativa infantil y juvenil actual*. Madrid: Fundación Germán Sánchez Ruipérez, 2.ª ed.

Colomer, T. e I. Olid (2009): "Princesitas con tatuaje: las nuevas caras del sexismo en la ficción juvenil". *Textos de Didáctica de la lengua y la literatura*, 51, 55-67.

Colomer, T.; B. Kümmerling y M. C. Silva-Díaz (2010): *New Directions in Picturebook Research*. Londres: Routledge.

Delmiro Coto, B. (2002): *La escritura creativa en las aulas. En torno a los talleres literarios*. Barcelona: Graó.

Díaz-Plaja (2009): "Entre libros: la construcción de un itinerario lector proprio en la adolescencia". T. Colomer (coord.): *Lecturas adolescentes*. Barcelona: Graó.

Duran, T. (2007a): "La ilustración de los cuentos populares". G. Lluch: *Invención de una tradición literaria. De la narrativa oral a la literatura para niños*. Cuenca: Ediciones de la Universidad de Castilla-La Mancha.

_____ (2007b): *Albums i altres lectures*. Barcelona: Rosa Sensat.

Duran, T. y N. Ventura (1979): *Setzevoltes, contes per narrar*. Barcelona: Guix.

Equipo Peonza (2004): *Cien libros para un siglo*. Madrid: Anaya.

FGSR (2000): *100 obras de literatura infantil del siglo XX*, CLIJ, 130, 58-159.

Foucambert, J. (1976): *La manière d'être lecteur*. París: OCDL (traducción castellana: *Cómo ser lector*. Barcelona: Laia, 1989).

Fountas, I. C. y Pinnel, G. S. (1996): *Guided Reading*. Port Mounth: Heinemann.

Graves, D. H. (1992): *Estructurar un aula donde se lea y se escriba*. Buenos Aires: Aique.

Haas Dyson, A. (1989): "*Once-upon a time* reconsidered: the development dialectic between function and form". *Technical Report*, 36.

Hanán Díaz, F. (2006): La magia ¿una eterna necesidad? *Enlaces con la crítica*, 13. Banco del Libro de Venezuela, 2-7.

_____ (2007): *Leer y mirar el libro álbum: ¿un género en construcción?* Bogotá: Norma.

Hollindale, P. (1989): "Ideology and the children's book". *Signal 55*. Thimble Press, 3-22.

Hoodgland, C. (1994): "Real 'wolves in those bushes': readers take dangerous journeys with *Little Red Riding Hood*". *Canadian Children's Literature*, 73: 7-21.

Huck, Ch. *et al.* (1987): Children's Literature in the Elementary School. Ohio State University: Holt, Rinehart and Winston, Inc., 4.ª ed.

Jean, G. (1988): *El poder de los cuentos*. Barcelona: Pirene.

Jolles, A. (1930): *Formes simples*. París: Seuil, 1972.

Lacau, M. H. (1966): *Didáctica de la lectura creadora*. Buenos Aires: Kapelusz.

Léon, R. (1994): *La Littérature de jeunesse à l'école*. París: Hachette.

Little Miss Muffet Fights Back. Feminists on Children's Media (1974). *Feminist Book Mart*. NJ, 18-20.

Lluch, G. (2003): *Análisis de narrativas infantiles y juveniles*. Cuenca: Ediciones de la Universidad de Castilla-La Mancha.

_____. (coord.) (2007): *Invención de una tradición literaria. De la narrativa oral a la literatura para niños*. Cuenca: Ediciones de la Universidad de Castilla-La Mancha.

MacDonald, R. (1982): "The tale re-told: feminist fairy tales". *Children's literature assotiation quarterly*, 7: 18-20.

Machado, A. M. (2002): *Lectura, escuela y creación literaria*. Madrid: Anaya.

Meek, M. (2004): *En torno a la cultura escrita*. México: Fondo de Cultura Económica.

Nájera Trujillo, Cl. (2008): *... pero no imposible. Bitácora de la transformación de una biblioteca escolar y su entorno*. México: Océano Travesía.

Olid, I. (2009): "Entre chicos y chicas: la fuerza de los estereotipos. La 'nueva' *chick lit* para adolescentes". T. Colomer (coord.): *Lecturas adolescentes*. Barcelona: Graó.

Pagès, V. (2006): *De Robinson Crusoe a Peter Pan. Un canon de literatura juvenil*. Barcelona: Proa.

Patte, G. (1988): *¡Dejadles leer!* Barcelona: Pirene.

Pennac, D. (1993): *Como una novela*. Barcelona: Anagrama.

_____. (2008): *Como um romance*. Porto Alegre: L&PM.

Petit, M. (2009): *El arte de la lectura en tiempos de crisis*. México: Océano.

Poslaniec, Ch. (2008): *(se) Former à la littérature de jeunesse*. París: Hachette.

Pozuelo, J. M. (1988): *Teoría del lenguaje literario*. Madrid: Cátedra.

Propp, V. (1928): *Morfología del cuento*. Madrid: Fundamentos, 1971.

Rodríguez Almodóvar, A. (2004): *El texto infinito. Ensayos sobre el cuento popular*. Madrid: Fundación Germán Sánchez Ruipérez.

Sarland (1985): "Piaget, Blyton and story: children's play and the reading process". *Children's Literature in Education*, 16 (2): 102-109.

Schoesmith Timion, Ch. (1992): "Estrategias de los niños para seleccionar libros", en Irwin, J. y Doyle, M. A. (comps.): *Conexiones entre lectura y escritura*. Buenos Aires: Aique.

Solé, I. (1993): *Estrategias de lectura*. Barcelona: Graó.

Soriano, M. (1975): *Los cuentos de Perrault. Erudición y tradiciones populares*. Buenos Aires: Siglo XXI.

Subirats, M. y Brullet, C. (1988): Rosa y azul. *La transmisión de los géneros en la escuela mixta*. Madrid: Instituto de la Mujer.

Teixidó, E. (2007): *La lectura i la vida*. Barcelona: Columna.

Tejerina, I. (2003): "Educación literaria y lectura de textos teatrales". *Textos de didáctica de la lengua y literatura*, 33: 104-117.

Thompson, S. (1955-1958): *Motif-Index of Folk-Literature*. Copenhague: Rosenkilde & Bagger.

Van der Linden, S. (2006): *Lire l'album*. La Puy-en-Velay: l'Atelier du possin soluble.

Wells, G. (1988): *Aprender a leer y escribir*. Barcelona: Laia.

Zipes, J. (1983): *The Trials and Tribulations of Little Red Riding Hood: Versions of the Tale in Sociocultural Context*. Londres: Heinemann.

Obras infantis e juvenis citadas no texto

Não se incluem os títulos recomendados e os do trecho "Atividades sugeridas" a não ser que também estejam citados no texto.

Ahlberg, A. y J.: *El cartero simpático*. Barcelona: Destino.

Ahlberg, A. y J.: *Policías y ladrones*. Madrid: Altea.

Ajubel: *Robinson Crusoe*. Valencia: Media Vaca.

Albanell, J.: *Dolor de rosa*. Barcelona: Laia.

Alcántara, R.: *La pequeña Wuli*. Il. Gusti. Madrid: SM.

Alcántara, R.: *El temible Safrech*. Il. J. Serrano. Barcelona: Aura Comunicación.

Allsburg, A. van: *Jumanjí*. México: Fondo de Cultura Económica.

Allsburg, A. van: *La escoba de la viuda*. México: Fondo de Cultura Económica.

Allsburg, A. van: *Los misterios del señor Burdick*. México: Fondo de Cultura Económica.

Alonso, F.: *Mateo y los reyes magos*. Il. M. Urdiales. Madrid: Altea.

Anno, M.: *El viaje de Anno*. Barcelona: Juventud.

Asch, F.: *El ratón del señor Maxwell*. Il. D. Asch. Barcelona: Juventud.

Ballester, A.: *No tinc paraules*. Valencia: Media Vaca.

Balzola, A.: "Munia". Barcelona: Destino.

Balzola, A.: *Munia y el cocolilo naranja*. Barcelona: Destino.

Banyal, Istvan: *Zoom*. México: Fondo de Cultura Económica.

Bataille, M.: *Abecedario*. Madrid: Kókinos.

Bauer, J.: *La reina de los colores*. Salamanca: Lóguez.

Bauer, J.: *Madrechillona*. Salamanca: Lóguez.

Baumann, K.: *¡Sécame los platos!* Il. M. Foreman. Madrid: Altea.

Beskow, E.: *El huevo del sol*. Barcelona: ING.

Beskow, E.: *Los niños del bosque*. Barcelona: ING.

Biswas, P.: *Tigre trepador*. Il. A. Ravishantar. Barcelona: Thule.

Blythe, G.: *El canto de las ballenas*. Madrid: Kókinos.

Briggs, R.: *El muñeco de nieve*. Barcelona: La Galera.

Browne, A.: *Gorila*. México: Fondo de Cultura Económica.

Browne, A.: *Zoológico*. México: Fondo de Cultura Económica.

Bruel, C.: *Clara, la niña que tenía sombra de chico*. Il. Bozellec, A. Barcelona: Lumen.

Bruna, D.: "Mify". Barcelona: Destino.

Brunhoff, Jean de: *Historia de Babar*. Madrid: Alfaguara.

Buchholz, Q.: *El coleccionista de momentos*. Salamanca: Lóguez.

Burgas, A.: *Alícia i el país de meravelles*. Il. I. Blanch. Barcelona: La Galera (*Alicia y el país de maravillas*).

Burningham, J.: *¿Qué prefieres?* Madrid: Kókinos.

Butler, R.: *Al galope*. Barcelona: Ediciones B.

Calatayud, M.: *El árbol inquieto*. Madrid: SM.

Cali, D.: *El hilo de la vida*. Il. S. Bloch. Barcelona: Ediciones B.

Cano, C.: *¡Te pillé Caperucita¡* Madrid: Bruño.

Cano, C.: *Per un botó*. Il. Joma. Barcelona: La Galera (*Por un botón*).

Carle, E.: *El grillo silencioso*. Madrid: Kókinos.

Carle, E.: *La pequeña oruga glotona*. Madrid: Kókinos.

Carter, D.: *Un punto rojo; 600 puntos negros*; etc. Barcelona: Combel.

Chambers, A.: *Breaktimes*. Londres: Bodley Head.

Christopher, J.: *Los guardianes*. Madrid: Alfaguara.

Cirici, D.: *Libres de vòlics, laquidambres I altres espècies*. Il. M. Balaguer. Barcelona: Destino (*Libro de voliches, laquidamios y otras especies*).

Cole, B.: *El libro apestoso*. México: Fondo de Cultura Económica.

Cole, B.: *Lo malo de mamá*. Madrid: Altea.

Company, M.: "Nana Bunilda". Il. A. Asensio. Madrid: SM.
Company, M.: "Les tres bessones i...". Il. Roser Capdevila. Barcelona: Planeta ("Las tres mellizas y...").
Cottin, M.: *El libro negro de los colores*. Il. R. Faría. Barcelona: Libros del Zorro Rojo.
Cousins, L.: "Maisy". Barcelona: Serres.
Dahl, R.: *Charlie y la fábrica de chocolate*. Madrid: Alfaguara.
Dahl, R.: *Cuentos en verso para niños perversos*. Madrid: Alfaguara.
Dahl, R.: *James y el melocotón gigante*. Madrid: Alfaguara.
Dahl, R.: *Las brujas*. Madrid: Alfaguara.
Dahl, R.: *La maravillosa medicina de Jorge*. Madrid: Alfaguara.
Dahl, R.: *Matilda*. Madrid: Alfaguara.
Damma, A.; M. Nommel: *Pregúntame*. Madrid: Anaya.
Delessert, E.: *Cómo el ratón descubre el mundo*. Madrid: Altea.
Denou, V.: "Teo". Barcelona: Planeta.
Ende, M.: *Jim Botón y Lucas el Maquinista*. Barcelona: Noguer.
Ende, M: *La historia interminable*. Madrid: Alfaguara.
Ende, M.: *Momo*. Madrid: Alfaguara.
Erlbruch, W.: *El pato y la muerte*. Barcelona: Barbara Fiore.
Erlbruch, W.: *Leonardo*. La Llevir: Virus Editorial.
Erlbruch, W.: *Los cinco horribles*. Barcelona: Juventud.
Falconer, I.: "Olivia". Barcelona: Serres.
Farias, Juan: *Crónicas de media tarde*. Incluye los títulos *Años difíciles*, *El barco de los peregrinos* y *El guardián del olvido*. Valladolid: Miñón.
Félix, M.: *Historia de la ratita encerrada en un libro*. Caracas: Maria di Mase.
Fanek, C.: *El desastre*. Caracas: Ekaré.
Galeano, E.: *La piedra arde*. Il. L. de Horna. Salamanca: Lóguez.
García Sánchez, J. L.: *La niña invisible*. Il. M. Á. Pacheco. Madrid: Altea.
Gay, M.: *Bibundé*. Barcelona: Corimbo.
Gil, C.: *La princesa que bostezaba a todas horas*. Il. E. Odriozola. Pontevedra: OQO.
Ginesta, M.: *La boca riallera*. Il. A. Ballester. Barcelona: Destino (*La boca risueña*).
Gisbert, J. M.: *El guardián del olvido*. Il. A. Ruano. Madrid: SM.

Goethe, J. W. von: *El mar en calma y viaje feliz*. Il. M. Schössow. Barcelona: Juventud.
Goffin, J.: *¡Oh!* Pontevedra: Kalandraka.
Goffin, J.: *¡Sí!* Pontevedra: Kalandraka.
Gómez, R.: *7 x 7 cuentos crudos. Aunque éste no sea un buen sitio para nacer*. Il. J. R. Alonso. Madrid: SM.
Goscinny: *El pequeño Nicolás*. Il. Sempé: Madrid: Alfaguara.
Greder, A.: *La isla*. Salamanca: Lóguez.
Grejniec, M.: *¿A qué sabe la luna?* Pontevedra: Kalandraka.
Gripe, M.: *Elvis Karlsson*. Madrid: Alfaguara.
Gripe, M.: *Los hijos del vidriero*. Madrid: SM.
Guía para chicas. 250 actividades con mis amigas. Barcelona: Edebé.
Harting, S.: *Sir Gawain y la abominable dama*. Il. J. Wijng. Madrid: Altea.
Härtling, P.: *Ben quiere a Ana*. Madrid: Alfaguara.
Härtling, P.: *La abuela*. Madrid: Alfaguara.
Heide, H.: *El marvilloso viaje a través de la noche*. Salamanca: Lóguez.
Heine, F. P.: *Tristán encoge*. Il. E. Gorey. Madrid: Alfaguara.
Hoffman, E. T. A.: *El cascanueces y el rey de los ratones*. Il. J. Gabán. Madrid: Anaya.
Honneger-Lavater, W.: *Le Petit Chaperon rouge. Une imagerie d'après un conte de Perrault*. París: Adrien Maeght.
Innocenti, R.: *Cenicienta*. Madrid: Anaya.
Innocenti, R.: *El último refugio*. Zaragoza: Edelvives.
Innocenti, R.: *Rosa Blanca*. Salamanca: Lóguez.
Janosch: *¡Qué bonito es Panamá!* Madrid: Alfaguara.
Jolivet, J.: *Zoo lógico*. Barcelona: Diagonal.
Kerr, J.: *Cuando Hitler robó el conejo rosa*. Madrid: Alfaguara.
Kesselman, G.: *El regalo*. Il. P. Montserrat. Barcelona: La Galera.
Kingsley, Ch.; Fot. Z. Holloway: *Los niños del agua*. Il. H. Taylor. México: Océano.
Kurtz, C.: "Óscar". Barcelona: Juventud.
Lago, A.: *De noche en la calle*. Caracas: Ekaré.
Lancely Green, R.: *El rey Arturo y sus caballeros de la tabla redonda*. Il. Arthur Rackham. Madrid: Siruela.
Lemieux, M.: *Noche de tormenta*. Salamanca: Lóguez.

Lienas, G.: *El diari vermell de la Carlota*. Barcelona: Destino (*El diario rojo de Carlota*).
Lindgren, A.: *Miguel el Travieso*. Barcelona: Juventud.
Lindgren, A.: *Pippa Mediaslargas*. Barcelona: Juventud.
Lindo, E.: "Manolita Gafotas". Madrid: Alfaguara.
Lionni, Leo: *Frederick*. Barcelona: Lumen.
Lobel, A.: *Historias de ratones*. Madrid: Alfaguara.
Lobel, A.: *Sapo y Sepo son amigos*. Madrid: Alfaguara.
Löof, Jan: *La historia de la manzana roja*. Pontevedra: Kalandraka.
López Narváez, C.: *Historia de una gallina*. Madrid: Espasa Calpe.
Losantos, C.: "Espacios". Barcelona: La Galera.
Luján, J.: *Ser y parecer*. Il. Isol. Madrid: Kókinos.
Mahy, M.: *El secuestro de la bibliotecaria*. Madrid: Alfaguara.
Mallorquí, C.: *La cruz del Dorado*. Barcelona: Edebé.
Mari, I.: *El erizo de mar*. Madrid: Anaya.
Mari, I.: *El globito rojo*. Pontevedra: Kalandraka.
Martí Pol, M.: *L'aniversari*. Il. C. Solé Vendrell. Barcelona: Hymsa (*El aniversario*).
Martín, A.; J. Ribera: *No demanis llobarro fora de temporada*. Barcelona: Columna (*No pidas sardina fuera de temporada*, Madrid: Alfaguara).
Martín, D.: *Frédéric + Frédéric/Frédéric*. París: Gallimard.
Martín Gaite, C.: *Caperucita en Manhattan*. Madrid: Siruela.
Martín Gaite, C.: *El castillo de las tres murallas*. Barcelona: Lumen.
Martínez Vendrell, M.: *Jo les volia*. Il. C. Solé Vendrell. Barcelona: Destino (*Yo las quería*).
Matute, A. M.: *El polizón del Ulises*. Madrid: Lumen.
Mckee, D. *¡Ahora no, Bernardo!* Madrid: Anaya.
Mckee, D.: *Elmer*. Bogotá: Norma.
Mckee, D.: *¡Odio a mi osito de peluche!* Madrid: Anaya.
McPherson, A.; A. Macfarlane: *Diario de un joven maníaco*. Alzira: Algar.
Meyer, S.: *Crepúsculo*. Madrid: Alfaguara.
Mi primer libro de poemas. Madrid: Anaya.
Minarik, E. H.: *Osito*. Madrid: Alfaguara.
Molist, P.: *Dos fils*. Il. E. Urberuaga. Barcelona: La Galera (*Dos hilos*).

Müller-Medej, S.: *La niña de la lista de Schindler*. Madrid: MR.
Navarro, R.: "Clásicos contados a los niños". Barcelona: Edebé.
Newell, P.: *Libro inclinado*. Barcelona: Thule.
Nister, E.: *Carrusel*. Barcelona: Montena.
Nöstlinger, Ch.: *Filo entra en acción*. Madrid: Espasa Calpe.
Nöstlinger, Ch.: *Konrad o el niño que salió de una lata de conservas*. Madrid: Alfaguara.
Obiols, M.: *Abracadabra*. En *Tatrebill en contes uns*. Barcelona: PAM (*Datrebil: 7 cuentos y un espejo*. Madrid: Espasa Calpe).
Olfers, Sybille von: *Los niños de las raíces*. Barcelona: ING.
Ormerod, J.: *Buenos días*. Barcelona: RBA.
Oxembury, H.: "Los libros del chiquitín". Barcelona: Juventud.
Pakovská, K.: *Teatro de medianoche*. Barcelona: Montena.
Paola, T. de: *Oliver Button es un nena*. León: Everest.
Paola, T. de: *Un pasito y otro pasito*. Caracas: Ekaré.
Paterson, K.: *Un puente hacia Therabithia*. Barcelona: Noguer.
Pedrolo, M. de: *Trajecte final*. Barcelona: Edicions 62.
Pelegrín, A.: *El huerto del limonar*. Zaragoza: Edelvives.
Pelegrín, A.: *Poesía española para niños*. Madrid: Alfaguara.
Perrault, Ch.: *Caperucita roja*. Il. Sarah Moon. Madrid: Anaya.
Persson, L.: "Cinco lobitos". Barcelona: La Galera.
Pin, I.: *Pequeño agujero*. Salamanca: Lóguez.
Pommaux, Y.: *Detective Jonh Chatterton*. Caracas: Ekaré.
Postman, L.: *El jardín de la bruja*. Barcelona: Lumen.
Press, H. J.: *Aventuras de la Mano Negra*. Barcelona: Planeta y Oxford.
Proysen, A.: *La señora Cucharita*. Barcelona: Juventud.
Roca, F.: *Jesús Betz*. México: Fondo de Cultura Económica.
Rodríguez Almodóvar, A.: *La verdadera historia de Caperucita Roja*. Pontevedra: Kalandraka.
Rosen, M.: *El libro triste*. Il. Q. Blake. Barcelona: Serres.
Rosen, M.: *Vamos a cazar un oso*. Il. H. Oxembury. Caracas: Ekaré.
Ross, T.: *Caperucita Roja*. Madrid: Alfaguara.
Ross, T.: *¡Quiero el tito!* Madrid: Espasa Calpe.
Rowling, J. K.: "Harry Potter". Barcelona: Salamandra.

Rubio, A.: *La mierlita*. Il. I. Ferrer. Pontevedra: Kalandraka.

Sáez Castán, J.: *Los tres erizos*. Caracas: Ekaré.

Salinger, J. D.: *El guardián entre el centeno*. Madrid: Alianza.

Santos, C.: *Krysis*. Barcelona: Diagonal.

Schroeder, B.: *La bella y la bestia*. Barcelona: Lumen.

Sendak, M.: *Donde viven los monstruos*. Pontevedra: Kalandraka.

Sennell, J.: *Patancrás Xinxolaina*. Barcelona: La Galera (*Pantacracio Jinjolaina*).

Sís, Peter: *Madlenka*. Barcelona: Lumen.

Solé Vendrell, C.: *L'aniversari*. Barcelona: Hymsa (*El aniversario*).

Solé Vendrell, C.: *La luna d'en Joan*. Barcelona: Mars (*La luna de Juan*).

Sorribas, S.: *El zoo d'en Pitus*. Barcelona: La Galera (*El zoo de Pitus*).

Stevenson, J.: *¡No nos podemos dormir!* Madrid: Anaya.

Stilton, G.: Barcelona: Planeta.

Swindells, R.: *Hermano en la Tierra*. México: Fondo de Cultura Económica.

Tan, S.: *El árbol rojo*. Barcelona: Barbara Fiore.

Tan, S.: *Emigrantes*. Barcelona: Barbara Fiore.

Tashlin, F.: *El oso que no lo era*. Madrid: Alfaguara.

Teixidó, E.: *L'ocell de foc*. Barcelona: Cruïlla (*Marcabrú y la hoguera del hielo*. Barcelona: Planeta-Oxford).

Thompson, P.: *El calcetín de los tesoros*. Il. T. Ross. Madrid: Espasa Calpe.

Trastos, J.; O. Malet: *Julia y Julio*. Barcelona: Beascoa.

Twain, Mark: *Las aventuras de Huckleberry Finn*. Barcelona: Edebé.

Ungerer, T.: *El sombrero*. Madrid: Alfaguara.

Ungerer, T.: *Los tres bandidos*. Pontevedra: Kalandraka.

Urberuaga, E.: *La selva de Sara*. Zaragoza: Edelvives.

Vander, R.: *La historia de Erika*. Il. R. Innocenti. Pontevedra: Kalandraka.

Varvasovsky, L.: *Los osos de Ni-se-sabe*. Madrid: Altea.

Velthuijs, M.: "Sapo". Caracas: Ekaré.

Vincent, G.: "Ernesto y Celestina". Zaragoza: Marenostrum.

Vincent, G.: *Ernesto y Celestina han perdido a Simeón*. Zaragoza: Marenostrum.

Wells, R.: *¡Julieta, estate quieta!* Madrid: Alfaguara.

Wensell, U.: *El otoño*. Barcelona: Perramon.

Werner, H.: *El topo que quería saber quién había hecho aquello en su cabeza*. Il. W. Erlbruch. Madrid: Alfaguara.

Whitman, W.: *El astrónomo*. Il. L. Long, Barcelona: Serres.
Wiesner, D.: *Flotante*. México: Océano.
Wiesner, D.: *Los tres cerditos*. Barcelona: Juventud.
Wild, M.: *Nana Vieja*. Il. R. Brooks. Caracas: Ekaré.
Wild, M.: *Zorro*. Il. R. Brooks. Caracas: Ekaré.
Yeoman, J.: *La rebelión de las lavanderas*. Il. Q. Blake. Madrid: Altea.
Young, E.: *Siete ratones ciegos*. Caracas: Ekaré.

Teresa Colomer – filóloga, doutora em ciência da educação e professora titular de didática de língua e literatura na Universidade Autônoma de Barcelona – é uma das mais conhecidas especialistas espanholas em literatura infantil e juvenil. Como conferencista, orientou e impulsionou a participação ativa e o estímulo à compreensão leitora em diferentes foros e países. Também coordena e dirige diversas publicações sobre esse tema. Atualmente é diretora da Rede de Pesquisadores de Literatura Infantil das Universidades da Catalunha e, junto com o Banco do Livro da Venezuela e a Fundação Germán Sánchez Ruipérez, organiza um mestrado em livros e literatura para crianças e jovens.

Entre suas obras destacam-se: *Andar entre livros* (Global, 2007), *A formação do leitor literário* (Global, 2003), que obteve o Prêmio Cecília Meireles de livro teórico pela Fundação Nacional do Livro Infantil e Juvenil, e *Siete llaves para valorar las historias infantiles* (2005), estas duas últimas publicadas na Espanha pela Fundação Germán Sánchez Ruipérez.

Outras obras da autora publicadas pela Global Editora

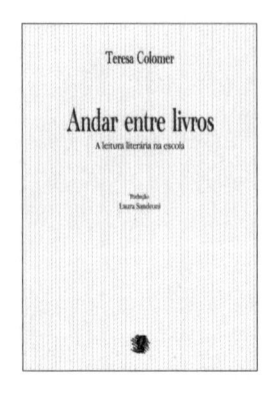

Andar entre livros

A formação do leitor literário